KB202636

영적인 궁금증과 명쾌한 답변

강요셉 지음

96가지의 영적인 궁금증을 해결하게 하는 책

성도는 영적으로 박식해야 영적전쟁에 승리 한다.
영적인 사고를 해야 영적인 것이 깨달아 진다.

영적인 궁금증은 성령께서 주시는 시험이다.

성령출판사

영적인 궁금증과
명쾌한 답변

성령

들어가는 말

필자는 하나님의 은혜로 지난 13년간 성령치유사역을 하였습니다. 성령치유 사역을 하면서 체험한 바로는 성도들이 영적인 면에 취약하다는 것입니다. 영적인 지식이 없어서 불필요한 고통을 당하고 살아가고 있는 성도가 많다는 것입니다. 영적이면서 육을 입고 사는 성도가 영적인 지식이 없으니 눈을 뜨고 있으나 소경과 같은 삶을 살고 있는 것입니다. 그래서 영적인 문제가 발생하면 바른 처방을 하지 못하는 것은 불을 보는 것과 같습니다. 기도를 할 때도 자신에게 일어나는 이상한 현상이 성령의 역사인지 악한 영의 역사인지 분별할 수가 없습니다. 영육의 고통을 당하면서도 이 고통이 어떤 원인과 이유로 생긴 것인지 알도리가 없습니다.

그래서 하나님이 주신 권능을 사용하지도 못하면서 당하면서 살아가고 있습니다. 한 차원 깊게 분별하면 쉽게 문제의 원인을 알고 해결할 수가 있는데 영적인 지식이 없으니 그저 당하고 살고 있습니다. 문제는 영적인 신기한 현상을 상담하려고 해도 명확하게 답변을 해줄 사역자도 그리 흔하지 않다는 것입니다.

참으로 안타까운 현실입니다. 영의세계는 신묘막측(神妙莫測)합니다. 감히 인간의 이성으로 헤아릴 수 없을 정도로 신기하고 오묘합니다. 반드시 영의 눈을 뜨고 말씀과 성령으로 한 차원 깊게 분별해야 하는 세계입니다. 보이지 않기 때문에 알려고 하지도 않고, 바르게 분별하지도 않고, 보이지 않는 세계를 보이는 이성으로 해석하려고 하니 오류가 생길 수밖에 없습니다. 문제는 이것을 마귀가 노린다는 것입니다. 영적전쟁을 해야 하는 성도가 영의세계를 잘 모르니 당하고 살아가는 것은 당연한 것입니다.

그래서 필자가 지난 세월 영적인 사역을 하면서 체험한 영적인 궁금증을 모아 한권의 책으로 집필했습니다. 이 책을 통하여 조금이나마 영적인 문제에 명쾌한 해답을 드리기 위해서입니다. 이 책을 통하여 영적인 궁금증들을 해소하고 영적인 면에 박식 해져서 하나님의 군사로서의 사명을 감당하며 살아가시기를 바랍니다.

주후 2014년 03월 10일

충만한 교회 성전에서

저자 강요셉목사.

세부적인목차

들어가는 말 -3
1부 성령의 역사 궁금증
01장 성령세례는 믿을 때 받았지요. -10
02장 성령의 불을 받아야 되지요. -16
03장 성령의 불만 받으면 다 되나요. -24
04장 안수 받을 때 손이 찌릿찌릿 해요. -27
05장 몸에 진동이 강해요. -31
06장 기도하면 몸이 뒤틀려요. -36
07장 기도할 때 가슴이 답답해져요. -41
08장 성령충만하면 머리가 흔들려요.-44
09장 일어서서 춤을 추고 싶어요. -46
10장 홀짝 홀짝 뛰어다녀요. -48
11장 등과 허리가 뜨거워지면 어떤 은사 받았나요. -50
12장 진동을 해야 성령 충만한 것이지요. -57
13장 성령세례가 모르게 임하는 경우가 있나요. -63
14장 은사 나타나면 성령 받은 것이지요.-66
15장 방언기도하면 성령세례 받은 것이지요.-69

2부 기도관련 궁금증
16장 기도를 많이 하는데 짜증과 신경질이 심해요. -72
17장 기도할 때는 모르는데 돌아서면 갑갑해요. -76
18장 기도를 오래하려해도 하지 못해요. -80

19장 기도를 조금 하다보면 하품이 나와요. 84

20장 대적기도 할 때 이상한 현상이 나타나요. -86

21장 기도를 하다보면 머리가 아파요. -89

22장 기도할 때마다 울음이 나와요. -91

23장 기도를 하다보면 허리 어깨 가슴이 아파요. -93

24장 방언기도 소리가 이상해요. -95

25장 내가 귀신방언을 한 대요. -97

3부 내적상처 궁금증

26장 담임목사 설교에 상처를 잘 받아요. 101

27장 기도가 깊어지지 않아요. 103

28장 나이가 드니 몸의 이곳저곳이 아파요. -107

29장 남편하고 싸워서 이겨야 좋아요. -110

30장 술 냄새만 나면 혈기가 나요.-114

31장 여러 질병으로 고통을 당하고 있어요. -117

32장 열심히 믿음생활해도 변하지 않아요. -120

33장 영의 만족을 못하여 방황하고 있어요. -124

34장 조그만 일에도 화를 잘 냅니다. -129

35장 항상 마음이 답답해요. -133

36장 혈기와 분이 너무 많아요. -135

4부 귀신역사 궁금증

37장 내 딸이 귀신이 보인대요. -138

38장 칠판에 글을 쓸 때 팔이 떨려요. -141

39장 영적인 눌림에서 해방 받고 싶어요. -143

40장 깊은 잠을 자지 못하고 불안해요.-148

41장 아랫배 안에서 움직이는 것이 있어요. -151

42장 3년간 아픈 옆구리 통증 치유될 수 있나요. -154

43장 귀신역사 무시하면 되는 가요.-157

44장 강한 기운이 들어왔는데 무시하면 되는 가요. -161

45장 영적전이에 대하여 알고 싶어요. -163

46장 기도하다 만난 사람 생각만하면 오싹해요. -165

47장 부부간에 영적결합에 대해 알고 싶어요. -168

48장 귀신은 한번만 축귀하면 모두 떠나지요. -174

5부 불치질병 궁금증

49장 만성두통을 치유 받고 싶어요. -178

50장 반신불수인 저를 치유할 수 있나요. -186

51장 빈혈과 심장병을 치유 받게 해주세요. -188

52장 신유은사를 받고 싶어요. -190

53장 심장병과 류머티즘을 치유 받고 싶어요. -194

54장 허리통증과 어깨통증을 치유 받고 싶어요. -196

6부 정신문제 고통 궁금증

55장 공포와 두려움으로 고생해요. -200

56장 가위눌림 후 자신감이 없어요. 205

57장 공황장애 치유할 수 있나요. -208

58장 내 동생 치유될 수 있을까요. -211

59장 불면증을 치유 받을 수 있나요. -215

60장 내 아들을 어찌하면 좋을까요. -218

61장 입에서 구취가 심해요. -223

62장 자폐인 내 아들을 어찌하면 좋을까요. -226

63장 환청과 정신분열증을 치유 받고 싶어요. -229

7부 환경고통 궁금증

64장 물질문제를 해결할 수 있을까요. -233

65장 물질이 자꾸 새나가요. -237

66장 사업 잘 되게 할 수 있을까요. -240

67장 열심히 하면 문제가 해결되지요.-244

68장 왕따 당하는 내 아들 어찌하나요-247

8부 뼈와 신경고통 궁금증

69장 어깨통증과 허리디스크로 고생해요.-251

70장 오십견을 치유 받을 수 있나요.-254

71장 틀어진 골반을 치유할 수 있나요. -257

72장 허리디스크를 치유 받을 수 있나요. -260

73장 허리와 영적문제를 치유 받고 싶어요. -263

9부 교회문제 궁금증

74장 교회를 개척하는데 조언부탁해요. -266

75장 내 영을 지키기가 힘들어요. -271

76장 목사님 제가 어떻게 해야 할까요? -275

77장 성령의 역사 일으킨다고 해임 당했어요. -279
78장 목회하면 어려움이 풀린다는데 맞나요. -282
79장 주일 예배는 거룩하게 드려야만 하나요. -286

10부 대물림 고통 궁금증
80장 대물림에서 해방 받는 길은 없나요. 294
81장 남묘호랭객교를 친정아버지가 믿어요. -297
82장 무당이 친가에 있어요. -301
83장 스님이 외가에 있어요. -304
84장 알코올의 대물림을 치유하고 싶어요. -308
85장 저의 가계의 고통을 어찌할까요? -313

11부 영성관련 궁금증
86장 하나님의 음성은 들어야 하나요. -317
87장 많이 알면 영성이 깊은 것이지요. -322
88장 어린이가 성령체험하면 안되나요. -325
89장 이상한 꿈을 꾸었는데 무시하면 되는가요. -331
90장 어려우면 신령한 사람을 찾고 싶어요. -335
91장 성령 충만한 교회에 다니면 되지요. -341
92장 안수를 받으면 어떤 유익이 있나요. -345
93장 영의통로를 뚫고 싶어요. -351
94장 영적인 면에 관심이 많아요. -356
95장 세상에 3종류의 성도가 있다지요. -359
96장 왜 신천지를 두려워하나요. -363

1부 성령의 역사 궁금증

01장 성령세례는 믿을 때 받았지요

Q. 목사님! 수고가 많으십니다. 저는 지방에서 장로교회를 다니는 청년입니다. 목사님 책을 읽고 많은 은혜를 받고 있습니다. 우리 교회 목사님은 예수를 믿을 때 성령세례를 받았으니 별도로 성령세례를 받을 필요가 없고 성령으로 충만을 받아야 한다고 하십니다. 그런데 저의 절친한 친구가 순복음 교회를 다닙니다. 저하고 영적인 이야기를 하다가 성령세례에 대한 말이 나왔습니다. 그 친구가 하는 말이 반드시 성령세례를 받아야 한다고 합니다. 그래야 권능 있는 믿음 생활을 할 수가 있다는 것입니다. 목사님! 다시 성령세례를 받아야 합니까?

A. 성령세례에 대한 견해가 다릅니다. 장로교에서는 예수를 믿을 때 성령이 믿게 하여 성령세례를 받았으니, 이제 성령으로 충만을 받아야 한다고 합니다. 성령충만을 강조합니다. 웨슬리안 알미니안주의 교회들(감리교, 성결교, 오순절교), 그중에서 특히 오순절 순복음 교회에서는 성령을 받는 것, 혹은 성령이 임하는 것을 즉 "성령세례"를 받는 것으로 중시합니다.

그리고 오순절교회에서는 성령세례 받은 증거가 필수적으로 방언이라고 주장합니다. 이것이 장로교회와 순복음교회의 대표적인 차이 중의 하나입니다. 과연 "성령세례"가 있습니까? 그리고 "성령세례"는 구원과 관계가 있습니까? "성령세례"의 시점은 언제입니까? 구원받은 자도 "성령세례"를 받아야 합니까? 이 문제는 아직도 결론이 나지 않는 문제입니다. 장로교단도 성령세례란 용어를 인정합니다. 그러나 순복음 교회에서 말하는 성령세례의 의미가 다릅니다.

간단히 말하면 장로교에서는 성령세례의 순간을 "성도가 믿을 때"로 규정합니다. 그러나 순복음교회에서는 성령 세례의 순간을 "방언을 할 때"로 규정합니다. 무슨 말입니까? 장로교회의 입장에서는 성령세례가 성도의 구원과 관련이 있다고 주장한다는 말입니다. 반면에 순복음교회의 입장에서는 성령세례가 이미 구원받은 자에게 주어지는 것으로써 능력과 관련이 있다고 봅니다.

그러므로 장로교회에서는 성령으로 거듭나서 구원받은 자는 성령 세례를 받았기 때문에 또 다시 성령세례를 받아야 한다는 것을 인정하지 않고 내주하는 성령의 활동에 의한 "성령 충만"만을 인정합니다. 저는 이렇게 설명을 합니다. 장로교에서 말하는 "성령세례"는 예수를 믿고 영이 살아나 하나님과 교통할 수 있는 것입니다. 성령이 영 안에 내주하신 것입니다. 반면 오순절교회의 "성령세례"는 내주하신 성령이 성도의 영-혼-육을 완전하게 장악하는 것을 말합니다. 저는 "성령세례"를 "성령폭발"이라고 표현하기도 합니다. 성령폭발이란 내주하신 성령께서 성도를 완전하게 장악한다는 뜻입니다. 용어를 쉽게 이해하도록 설명한 것이니 오해가 없으시기를 바랍니다.

그럼 왜 성령으로 세례를 받아야 되느냐 입니다. 무조건 성령으로 세례를 받아야 한다고 하지 말고 왜 성령으로 세례를 받아야 하느냐는 것입니다. 이것을 바르게 알고 성령으로 세례를 받으려고 해야 한다는 것입니다. 왜는 간단합니다. 예수님이 요단강에서 세례요한에게 물로 세례를 받은 다음에 성령으로 세례를 받으셨기 때문입니다. 성령으로 세례를 받고 성령의 이끌림을 받아 광야에 가서서 마귀의 시험을 성령의 인도와 말씀으로 승리하시니 천사가 수중을 들고 그때부터 회당에서 말씀을 증거 하실 때 권능으로 귀신들의 정체가 폭로되었습니다. 성령으로 세례를 받으시기 전에는 그저 말씀만 전하셨으나 성령의 세례를 받고 말씀을 전하니 권능이 나타나기 시작을 한 것입니다. 마가복은 1장 27절은 이렇게 말합니다."다 놀라 서로 물어 이르되 이는 어찜이냐 권위 있는 새 교훈이로다 더러운 귀신들에게 명한즉 순종하는 도다 하더라" 사람들은 다 놀라서 말했습니다. "이는 어찜이냐 권세 있는 새 교훈이로다 더러운 귀신에게 명한즉 순종하는도다" 예수님의 권세는 귀신의 순종으로 나타납니다.

그리고 예수님이 성령으로 세례 받는 것을 강조하셨기 때문입니다. "요한은 물로 세례를 베풀었으나 너희는 몇 날이 못 되어 성령으로 세례를 받으리라 하셨느니라"(행1:5). 몇 날이 못 되어 성령으로 세례를 받는 다고 말씀하십니다. 그러면서 이렇게 말씀하십니다."오직 성령이 너희에게 임하시면 너희가 권능을 받고 예루살렘과 온 유대와 사마리아와 땅 끝까지 이르러 내 증인이 되리라 하시니라."(행 1:8). 우리에게 성령이 임하시면 예수님의 증인이 되어진다고 말씀하십니다. 어떻게 해야 주님의 증인이 되어질까 고심하고 애쓰는 것이 아니라, 성령이 임하시면 되어 진다는 것입니다. 예수님을 닮아가는 것이 우리의 노력으로 되어지는 것이 아닙니다. 성령이 임하시면 성령께서 우리를 예수님을 닮은 삶으로 만들어 가십니다. 우리가 애를 써가며 예수님을 닮아가려는 것이 율법의 신앙이고, 성령께서 예수님을 닮아가게 만드시는 것이 은혜의 삶입니다. 우리가 할 수 있는 일은 모든 일에 하나님만 인정하는 삶입니다.

우리가 바르게 알아야 할 것은 예수님을 닮아간다는 것은 예수님과 같은 권세도 포함이 됩니다. 예수님과 권세 있는 삶을 살면서 예수님의 지상명령을 순종하려면 반드시 성령으로 세례를 받아야 합니다. 성령으로 세례를 받은 다음부터 땅의 사람이 하늘의 사람으로 바뀌는 것입니다. 반드시 하늘의 사람으로 변해야 땅의 사람에게 역사하던 귀신이 떠나가기 때문입니다. 귀신이 떠나가야 자유 함을 찾을 수 있습니다. 그래서 예수님 이렇게 말씀하시는 것입니다."믿는 자들에게는 이런 표적이 따르리니 곧 저희가 내 이름으로 귀신을 쫓아내며 새 방언을 말하며 뱀을 집으며 무슨 독을 마실지라도 해를 받지 아니하며 병든 사람에게 손을 얹은즉 나으리라 하시니라"(막16:17).

그럼 이제 어떻게 해야 성령으로 세례를 받을 수 있느냐는 것입니다. 우리가 바르게 알아야 할 것은 위로부터 임하시는 성령은 오순절 마가의 다락방사건으로 종료가 되었습니다. 그러므로 성령으로 세례와 불로 장악이 되려면 성령의 역사가 있는 장소에 가는 것이 빠릅니다. 성령의 불로 장악되고 성령의 역사를 체험하려면 성령의 역사가 있는 장소에 가는 것이 좋습니다. 자신이 과거 한번 성령의 세례를 체험했었다면 혼자 기도해도 성령의 불로 장악될 수가 있습니다.

자신이 한 번도 성령의 세례를 체험하지 못했다면 성령의 기름부음심이 있고 성령의 불의 역사가 나타나는 장소에 가서 성령의 불로 충만 받는 것이 맞습니다. 성령의 체험과 장악은 장작불의 원리와 같습니다. 성령의 불로 충만하고 성령의 역사를 체험한 사람들이 많이 모이는 장소는 성령의 역사가 강합니다. 성령은 어디에 계시는가, 먼저 내 영 안에 계십니다.

그리고 우리 안에 계십니다. 또 말씀 안에 계십니다. 그러므로 성령체험을 하지 않았다면 성령의 역사가 있는 장소에 가셔야 성령을 쉽게 체험하고 장악을 당할 수가 있습니다. 또 한 방법은 성령 받은 자에게 가서서 말씀을 듣고 안수를 받는 방법이 있습니다.

위로부터 임하시는 성령의 역사는 오순절 마가의 다락방에서 임하셨습니다. 그 이후는 그때 성령 받은 사람이 말씀전하고 안수 할 때 임했습니다(행19:1-7). 성령의 불로 충만한 사람에게 전이 받는 것입니다. 성령으로 세례 받고 장악되기 원하십니까? 성령이 역사하는 장소로 가십시오. 그래야 빨리 성령으로 장악될 수가 있습니다.

성령으로 세례를 받아야 성령의 불세례를 받으면서 성령 충만이 이루어지는 것입니다. 제가 성령 사역을 하면서 체험한 바로는 성령의 세례를 받지 않으면 성령 충만에 이르기가 어렵습니다. 왜냐하면 성령께서 성도의 전인격을 장악하지 못했기 때문입니다. 그러므로 저의 견해로는 성령으로 세례를 받는 것이 옳다고 판단이 됩니다. 성령으로 세례 받고, 성령으로 충만함을 받기 위하여 내 안에 계신 성령님에게 집중해야 합니다.

02장 성령의 불을 받아야 되지요

Q. 목사님! 저는 많은 목회자들로부터 성령의 불을 받는 다고 들었고, 또 성령의 불을 받으려고 여기 저기 돌아다녔습니다. 결국에는 불을 받지 못했습니다. 성령의 불을 받는 것이 맞습니까? 아니면 내 안에 계신 성령으로부터 나타나는 것이 맞습니까? 정확한 설명을 부탁드립니다.

A. 물론 처음 한번은 성령의 불을 받아야 합니다. 다음부터는 내주하신 성령으로부터 불이 나와야 합니다. 성령의 불이 자신 안에서 나오도록 영성훈련을 해야 합니다. 성령이 역사하는 교회 시대인 지금은 성령을 받은 사람이 말씀을 전하고 기도할 때 임합니다. 이는 말씀을 전하는 사람의 심령에 임재 했던 성령이 나타난 것입니다. 성령은 먼저 성령세례를 받은 성도 안에 임재 하여 계십니다. 그리고 성령으로 세례 받은 성도들이 모인 장소에 임재 하여 계십니다. 성령으로 세례를 받은 목회자가 전하는 말씀 안에 임재 하여 계십니다. 그러므로 성령의 불은 성령으로 세례를 받은 성도의 마음속에서 나오는 것입니다. 그런데 아직도 많은 목회자나 성도가 성령의 불이 하늘에서 떨어지는 줄로 압니다. 저에게 질문을 많이 합니다. 목사님! 우리 교

회에서는 성령의 불이 하늘에서 떨어진다는데, 왜 목사님은 성령 받은 성도의 심령에서 올라온다고 하십니까? 그래서 제가 잘 설명을 합니다. 지금 하나님은 예수를 영접한 성도의 마음 안에 계십니다. 예수님은 요한복음14장 20절에서 "그 날에는 내가 아버지 안에, 너희가 내 안에, 내가 너희 안에 있는 것을 너희가 알리라"하셨습니다.

로마서8장 10-11절에서는 "또 그리스도께서 너희 안에 계시면 몸은 죄로 말미암아 죽은 것이나 영은 의로 말미암아 살아 있는 것이니라. 예수를 죽은 자 가운데서 살리신 이의 영이 너희 안에 거하시면 그리스도 예수를 죽은 자 가운데서 살리신 이가 너희 안에 거하시는 그의 영으로 말미암아 너희 죽을 몸도 살리시리라"하셨고, 고린도전서 3장 16절에서는 "너희는 너희가 하나님의 성전인 것과 하나님의 성령이 너희 안에 계시는 것을 알지 못하느냐"했습니다. 빌립보서 2장 13절에서는 "너희 안에서 행하시는 이는 하나님이시니 자기의 기쁘신 뜻을 위하여 너희에게 소원을 두고 행하게 하시나니"라고 하십니다. 이렇게 볼 때에 분명히 성령의 불은 내 안에서 나오는 것이 맞습니다. 하나님이 성도의 마음 안에 계시기 때문입니다. 성령의 불이 자신 안에서 나오는 것을 인정하지 않으면 이런 현상이 나타납니다. 밖에서 역사하는 불만 받으려고 하기 때문에 영의통로가 뚫리지를 않습니다. 왜냐하면 밖에다가만 관심을 집중하기 때문입니다. 내 안에 관심을 가져야 자신이 보이는데 밖에다가 관심을 두니 자신이 보이지 않는 것입니다.

그래서 밖에다가 관심을 두니 영의통로가 열리지를 않습니다. 영의통로가 막혀있으니 항상 갈급합니다. 성도는 심령에서 은혜가 올라와야 영의 만족을 얻을 수가 있습니다. 밖에서 들리고 보이는 것을 가지고 은혜를 받으려고 하니 항상 심령이 갈급한 것입니다. 교회나 은혜의 장소에 가서 말씀을 듣고 예배를 드릴 때는 은혜를 받는 것 같습니다.

그러나 마치고 돌아서면 허전합니다. 기도를 할 때도 마찬가지입니다. 기도를 하면 마음이 편안해지는 것 같습니다. 조금 지나면 심령이 갑갑해집니다. 밖에서 역사하는 성령의 불을 받아서 몸은 뜨거운데 마음은 평안하지 못합니다. 마음이 평안하지 못하니 성품이 변하지 않습니다. 남이 하는 조그마한 소리에도 참아내지 못하여 혈기를 냅니다. 성령의 불이 마음에서 올라오지 않으니 육체에 역사하는 세상신이 역사하기 때문입니다.

좀처럼 심령이 변하지 않으니 그리스도인으로서 본을 보이지 못합니다. 세상 믿지 않는 사람들보다 더 악하고 혈기를 잘 냅니다. 이런 성도가 기도하는 것을 보면 거의 목에서 나오는 소리로 기도를 합니다. 기도할 때 나름대로 생각하기는 성령으로 충만하다고 생각하는데 절대로 그렇지 못합니다.

이런 성도가 밖에서 역사하는 성령의 불을 잘 받습니다. 밖에서 역사하는 불로 인하여 육체가 훈련되어 있기 때문입니다. 성령이 역사하면 뜨거움도 강합니다. 그러니 성령의 불을 받았다고 믿어버리는 것입니다. 마음속에서 불이 나오게 하지 않으니 육체에 역사하던 세상신이 떠나가지를 않습니다. 기도를 해도 세상신이 적응을 하여 같이 기도하면서 꼼짝도 하지 않습니다. 이런 분들이 모두가 이구동성으로 하는 말이 얼마 전에 어디에서 성령의 강한 불을 받았다고 합니다.

예를 든다면 이런 경우입니다. 제가 어느 기도원에 간적이 있습니다. 기도 시간이 되었습니다. 강단에서 집회를 인도하시는 목사님이 성령의 불을 받아라! 불! 불! 불! 하니까? 어느 여성이 욱욱하는 것입니다. 제가 물었습니다. 왜~ 그렇게 몸을 움츠리면서 욱욱합니까? 그랬더니 이렇게 대답을 합니다. 강사 목사님의 성령의 불이 강하기 때문에 자기에게 그런 현상이 나타난다는 것입니다. 이는 잘못 이해한 것입니다. 우리 안에 역사하는 성령의 불은 밖에서 역사하여 나에게 와서 느끼게 할 수도 있습니다. 그렇다고 욱욱하는 것은 아닙니다.

제가 지금까지 성령치유 사역을 하면서 욱욱하는 분들을 안수하여 영의통로를 뚫으면 속에서 말로 표현하기 힘들 정도로 더러운 것들이 나옵니다. 이 더러운 것들이 나가고 나면 절대로 욱욱하지 않고, 조용하고 평안하게 영으로 기도를 합니다. 얼굴이 평안하게 보일 정도로 평안해집니다. 욱욱하게 하는 것은 상처 뒤에 역사하는 악한 영들입니다. 이들이 떠나가고 나면 잠잠해 지면서 평안을 느끼고 영으로 깊은 기도를 합니다.

이렇게 성령의 불을 받는다고 하는 분들이 상처를 많이 가지고 있습니다. 자신의 속에서 떠나보내지 않고 받아들이기 때문입니다. 은혜의 장소에 가서 말씀 듣고 기도할 때는 충만한 것 같습니다. 3일만 지나면 갈급해 집니다. 혈기가 나고 괜히 짜증을 많이 냅니다. 심령의 영이 막혀있어서 일어나는 현상입니다. 이런 분들은 절대로 영의 만족을 누리지를 못합니다.

마음의 상처와 상처 뒤에 역사하는 세상신이 영을 압박하기 때문입니다. 치유를 받으려면 호흡을 깊게 들이쉬고 내쉬면서 배에서 나오는 소리로 주여! 주여! 주여! 를 한 5분만 하면 영의 통로가 뚫리기 시작하는 것을 본인이 느끼게 됩니다. 성령의 임재를 지속적으로 받았기 때문에 영의통로를 뚫기가 쉽습니다. 그런데 보통 이런 분들이 자아가 강하여 주여! 주여! 주여! 하면서 기도를 하지 않습니다. 몸을 움츠리고 으으으 하면서 자신만 인정해주는 성령의 불을 받았다고 믿기 때문입니다.

자신이 성령의 불을 받는 방법을 터득하여 그대로 행동합니다. 이런 분은 좀처럼 변화되지 않습니다. 자아가 강하기 때문입니다. 제가 지금까지 십 년이 넘도록 성령 사역을 하면서 나름대로 체험한 결론에 의하면 영의통로를 뚫어야 되는 분들은 이렇습니다. 기도할 때나 안수를 받을 때 몸이 뜨거워지면서 경직이 되는 성도입니다. 기도를 하루라도 쉬면 마음이 갑갑하여 죽을 것 같다고 말하는 분입니다. 기도할 때 몸의 진동이 심하게 나타나는 성도입니다. 방언 기도할 때 몸이 뜨거워지면서 땀을 많이 흘리는 성도입니다. 안수를 받을 때 으으으 하면서 몸이 굳어지고 뜨거워지는 성도입니다. 일어서서 기도하다가 잘 넘어지는 성도입니다. 기도하다가 깜박깜박하면서 의식을 놓는 성도입니다. 기도할 때 뿐이고 돌아서면 갈급한 성도입니다. 다른 성도가 자신에게 조금이라도 거슬리는 말을 하면 분이 나와서 참지 못하는 성도입니다. 예배는 열심히 참석하고 기도는 많이 하는데 항상 심령이 갈급한 성도입니다. 나름대로 신앙생활은 잘한다고 생각하는데 몸이 이곳저곳 아픈 분입니다. 마음의 상처로 고생하는 분들입니다.

그리고 교회에서나 세상에서 사람들과 대화할 때 머리가 아프다던가. 속이 거북스러운 분들은 영의통로를 뚫어 속에서 불이 나오게 해야 합니다. 이런 분들은 자신의 마음속에서 불이 나오지 않아 영이 약하기 때문에 일어나는 현상입니다. 대화할 때 상대방의 나쁜 기운들이 자신에게 침투하기 때문에 영이 알아차리고 조심하라고 육이 느끼게 하는 것입니다. 이런 분들은 대화할 때 마음으로 호흡을 하여 성령의 역사를 일으켜야 합니다. 그래야 상대방의 나쁜 기운들이 타고 들어오지 못합니다. 대화를 한 후 호흡을 깊게 들이쉬고 내쉬면서 심령을 정화해야 합니다. 그렇지 않으면 나쁜 기운들이 자신 안에서 집을 지을 수도 있습니다. 경각심을 가져야 합니다.

이런 분들은 성령이 충만한 장소에 가서 은혜 받고 기도하면서 영의통로를 뚫어야 합니다. 호흡을 들이쉬고 내쉬면서 배에서 나오는 소리로 주여! 주여! 주여! 를 지속적으로 하면 기침이 나오면서 영의통로가 열립니다. 체험 있는 사역자의 도움을 받는 것이 빠릅니다. 사역자가 안수할 때 이렇게 하시기를 바랍니다. 피사역자의 머리에 한 손을 올리고, 다른 손은 등 뒤에 올립니다. 피사역자에게 지시를 합니다. 호흡을 들이쉬고 내쉬라고 말입니다. 최대한 방광이 있는 곳이 부풀어 오르도록 호흡을 깊게 들이쉬게 합니다. 호흡을 들이쉬고, 내쉬고 하면서 한 3분 동안 기다리면 웬만한 성도는 모두 영의통로가 뚫립니다. 영의 통로가 뚫리면 더러운 것들이 나오므로 사전에 꼭 휴지를 준비해야 합니다. 말로 표현 할 수 없도록 많은 오물들이 나옵니다.

피사역자의 마음 안에 있는 영으로부터 권능이 올라오니 더러운 것들이 밀려서 나오는 것입니다. 이렇게 몇 번만 하면 영의통로가 열려서 깊은 영의기도가 됩니다. 마음이 평안해집니다. 구습이 변합니다. 말로 표현 할 수 없는 평안이 올라옵니다. 우리는 성령의 불이 심령에서 올라오게 해야 합니다. 그래야 영적으로 변합니다. 영의 만족을 누리게 됩니다. 성령의 불이 심령에서 올라와야 예수님의 성품으로 변합니다. 영의통로가 뚫리니 영의 만족을 찾아 방황하지 않습니다.

분명하게 성령의 불은 받는 것이 아닙니다. 물론 처음에는 성령을 받아야 합니다. 그러나 성령이 장악하면 자신의 영 안에서 성령의 불이 나오는 것입니다. 자신의 영 안에서 성령의 불이 나오도록 영성을 깊게 해야 합니다. 우리 예수를 믿고 성령으로 거듭난 성도는 바르게 알고 바르게 행해야 합니다.

명확한 근거도 없는 샤머니즘적인 용어에 속지 말고 바르게 체험하기 바랍니다. 무엇이든지 받아들이지 말고 말씀으로 분별해 보는 습관을 들이시기를 바랍니다. 마귀는 어찌하든지 성도들을 속이려고 합니다.

　그것도 하나님의 말씀과 성령의 역사를 교묘하게 위장하여 침투합니다. 분별력을 길러야 합니다. 성도는 하나님의 말씀과 바른 성령 체험을 하면 변하게 되어 있습니다. 무엇이든지 열매를 보시기를 바랍니다. 아무리 뜨거운 불을 받았다고 할지라도 구습이 변하지 않으면 분별의 대상입니다. 무엇인가 잘못된 것이 있다는 것입니다. 수준을 높이시기를 바랍니다.

03장 성령의 불만 받으면 다 되나요

Q. 목사님! 저는 집사입니다. 그런데 영적인 일에 관심이 많습니다. 그래서 이곳저곳 은혜를 받으러 많이 다녔습니다. 기도원이나 영성원 같은 곳을 다녔지요. 그런데 그곳에 오신 목회자들이 성령의 불만 받으면 다된다고 말하는 것을 들었습니다. 불만 받으면 상처가 태워 없어지고, 귀신이 타서 죽는 다고 말입니다. 그리고 권능도 나타난다고 했습니다. 정말 성령의 불만 받으면 만사가 다됩니까? 정말 궁금합니다. 알려주세요.

A. 일부 목회자나 성도들이 성령의 불만 받으면 다 되는 줄 착각한다는 것입니다. 그래서 성령의 불의 역사가 있다는 교회나 기도원에서 몇 년씩 상주하면서 성령의 불을 받으려고 합니다. 얼마 전에 어느 목사는 불의 역사가 강하다는 기도원에 5년 동안 다녔는데 성령의 불을 받지 못했다는 것입니다. 그러다가 내가 저술한 "영안을 밝게 여는 비결"책을 보고 우리 교회에 왔다는 것입니다. 충만한 교회에 와서 오년동안 받지 못했던 성령의 불을 하루 만에 받았다는 것입니다. 그러나 우리는 바르게 알아야 합니다. 성령의 불을 받으려면 심령이 깨끗하게 정화되어야 한다는 것입니다. 내가 성령의 불을 체험한 시기를 뒤돌아

보면 성령으로 세례를 받고 내면의 상처를 치유 받은 다음에 성령의 뜨거운 불을 체험했다는 것입니다. 모두 내적치유를 받은 이후에 성령의 뜨거운 불을 체험했습니다. 그리고 성령의 불을 받았으면 하나님의 음성을 들어야 합니다. 성경에 보면 성령의 불이 내린 다음에 반드시 하나님의 음성이 들렸다는 것입니다.

구약성경에 보면 하나님은 반드시 불이 임한 다음에 음성을 들려주셨습니다. 아브라함이 기도할 때 응답으로 횃불로 임하셨습니다. (창15:17)"해가 져서 어두울 때에 연기 나는 화로가 보이며 타는 횃불이 쪼갠 고기 사이로 지나더라." 횃불이 임한 다음에 하나님의 음성으로 말씀을 하셨습니다(창15:13-14). 호렙산 떨기나무에서 모세를 부르실 때도 불로 임재 하셨습니다(출3:2-5).

모세가 떨기나무가 타는 불을 볼 때 하나님이 모세를 부르시고 말씀을 하셨습니다(출3:4-5). 솔로몬이 성전 건축을 마치고 낙성식에 솔로몬이 기도를 마치니까, 불이 하늘에서부터 내려와서 그 번제물과 제물들을 사르고 여호와의 영광이 그 성전에 가득하다고 했습니다(대하7:1). 밤에 하나님이 솔로몬에게 나타나셔서 친히 말씀으로 응답을 알려주십니다(대하7:12-14). 이로보아 성령의 불이 임한 다음에 반드시 음성을 들어야 한다는 것입니다. 하나님이 불로 임재 하셨으면 보증으로 음성을 들려주십니다.

그러므로 성령의 불만 받으려고 하지 말고 음성을 들어야 한다는 것입니다. 불을 받았으면 말씀과 성령으로 심령을 치유하여 영적인 사람으로 변해야 합니다. 하늘의 사람으로 변하여 하나님의 음성을 들으려고 해야 하는 것입니다. 성령의 불은 받은 다음에 광야훈련을 받아야 합니다. 아브라함은 25년을 받았습니다. 야곱은 20년간 받았습니다. 요셉은 13년간 받았습니다. 모세는 40년간 받았습니다. 다윗은 13년간 광야훈련을 받았습니다. 예수님도 성령으로 세례를 받고 성령의 이끌림을 받으면 40일간 굶주리시며 마귀의 시험을 받으며 광야훈련을 받았습니다. 마귀의 시험을 이기자 천사들의 수종을 들며 회당에서 말씀을 전할 때 귀신이 정체를 폭로했습니다. 예수님의 말씀을 들은 서기관들이 권세있는 새 교훈이라고 했습니다. 성령의 불은 받았으면 하늘의 사람으로 변하는 훈련을 받아야 합니다. 그러므로 성령의 불만 받으면 다 되는 것이 절대로 아닙니다.

성령을 불을 받는 것도 중요하지만, 심령이 변하는 것이 더 중요하다는 것입니다. 성령의 불을 받고 심령을 치유하여 성령의 열매가 나오는 영성이 더 중요한 것입니다. 그래야 하나님이 사용하십니다. 더 많은 성령에 관한 내용은 "성령의 불로 불세례 받는 법"과 "성령의 불로 충만 받는 법"그리고 "불같은 성령의 기름 부으심"책을 활용하시기를 바랍니다.

04장 안수 받을 때 손이 찌릿찌릿 해요

Q. 안녕하세요? 저는 주중에 직장 다니며 오전에 집회에 참석중인 집사입니다. 은혜 받을 수 있는 곳이 있어 늘 감사드리고 바쁘셔서 인사한번 못 드리지만 늘 감사해하고 있습니다. 늘 기도해도 체험을 한 적이 거의 없는 것 같아요.

제가 돌덩이 성도 같네요. 집회 때 안수 받고 기도하면 손-발이 찌릿찌릿하고 게 발처럼 되는 체험을 하고 있지만, 그것이 성령세례와 연관은 없습니까? 제가 성령세례를 받았는지 모르겠습니다. 방언도 영으로 하는 것 같지 않습니다. 학생시절에 잠을 자다가 혀가 말려 올라가는 것과 같은 체험 후부터 방언기도를 하지만, 뚜렷한 체험이 아니라서 제대로 하는지도 모르겠어요.

그럼 성령세례를 위해서 기도해야 할까요? 불세례에 관한 목사님 책은 봤어요. 저도 불세례 받을 수 있을까요? 간절한데 오랫동안 허송세월만 지내다보니 많이 지쳤어요. 두서없이 글을 썼지만 알려주시길 부탁드립니다. 감사합니다.

A. 성령세례에 대하여 대단히 관심이 많으십니다. 전반적인 글을 보면 당신은 성령세례는 받았습니다. 그러나 성령이 완전하게 장악하지는 못한 것 같습니다. 집회 때 안수 받고 기도하면

손-발이 찌릿찌릿하고 게 발처럼 되는 체험을 하고 있는 것은 성령세례 받을 때 나타나는 현상입니다. 단 방언기도가 영으로 되지 않는 것 같다고 하는데 너무 걱정하지 않아도 됩니다. 방언 기도는 성령으로 장악이 됨에 따라 바뀌는 것이 보통입니다. 절대로 두려워하지 말고 나오는 대로 막 하시기를 바랍니다. 그래야 영의 막힘을 방지 할 수가 있습니다.

그런데 문제는 학생시절에 잠을 자다가 혀가 말려 올라가는 것과 같은 체험 후부터 방언기도를 한다는 부분입니다. 잠을 자다가 그런 현상이 나타난 것은 분별을 요하는 현상입니다. 당신에게 역사하는 악한 영의 역사 일수도 있기 때문입니다. 너무 걱정하지마세요. 점점 성령으로 기도하여 성령으로 충만 받으면 떠나가게 됩니다. 영적인 것은 욕심을 부리면 안 됩니다. 욕심을 부리지 말고 성령이 인도하는 대로 따라가면 됩니다. 시간이 걸리는 문제입니다.

지금까지 설명한 말을 오해해서 들을 수가 있어서 다시 한 번 말씀 드립니다. 성령님은 인격체이시지만 실제적인 어떤 능력과 에너지로써 충만하게 임하면 우리가 육체적으로도 어떤 느낌과 감각을 느끼게 됩니다. 일반적으로 불의 뜨거운 느낌, 전류가 흐르는 것과 같은 느낌, 몸이나 신체의 일부가 가벼워지는 부양감, 또는 반대로 무거워지는 것과 같은 느낌, 환한 빛이 비추어져 오는 것과 같은 느낌, 때로는 향기가 풍겨오는 것과 같은 느낌, 한없이 포근한 느낌, 시원한 느낌, 때로는 편안하여 졸리는 것과 같은 느낌 등 다양하게 느껴집니다.

　손이 찌릿찌릿 하는 현상은 성령님이 장악할 때 일어나는 현상입니다. 성령께서 당신을 장악했다는 것을 알게 하기 위하여 신호를 보내는 것입니다. 손이 찌릿찌릿 하는 현상이 언제까지 일어나느냐 입니다. 당신이 성령으로 완전하게 장악이 되었다는 것을 인정할 때까지 느끼게 하십니다. 성령이 자신을 장악했다고 인정하면 현상은 일어나지 않습니다. 당신에게 성령님이 함께 하신다는 믿음을 갖게 하기 위해서 보내는 신호입니다.

　그래서 이와 같은 현상은 성령체험의 초기에 나타나는 현상입니다. 어느 정도 신앙이 자라고 영이 깨어나 성령이 자신을 장악하면 서서히 몸으로 느끼거나 볼 수 있는 가시적인 현상이 없어집니다. 왜 그럴까요? 성령이 자신을 완전하게 장악하여 성령님과 친밀하게 되니, 육체가 성령에게 장악당하여 성령과 하나가 되었기 때문입니다.

　제가 그동안 성령사역을 하면서 체험한 결과 성령의 체험현상은 항상 일어나는 것이 아닙니다. 성령으로 변하여 영이 자라면 자란 만큼씩 몸으로 느끼거나 볼 수 있는 가시적인 현상이 현저하게 줄어듭니다. 그래서 자신이 몸으로 느끼거나 볼 수 있는 가시적인 현상이 나타났다고 영적으로 다 된 것이 아니라는 것입니다. 이는 이 책을 읽고 있는 분이 말씀과 성령으로 깊은 영성을 개발하여 성령님과 인격적이고 친밀한 관계가 되면 이해할 수가 있을 것입니다. 이는 성령님과 이런 관계가 된 것입니다.

성령이여! 임하소서. 하면 이미 성령님이 자신을 장악한 것으로 믿는 것입니다.

이를 믿고 담대하게 성령님이 주신 레마를 가지고 사역을 하면 성령이 역사하여 주시는 관계이기 때문입니다. 한마디로 성령님과 주거니 받거니 하는 관계가 되었기 때문에 성령의 임재현상이 필요가 없는 것입니다. 너무 성령의 임재현상에 관심 갖지 마시고 말씀과 성령으로 변하여 성령님과 인격적인 관계가 되려고 노력해야 합니다.

성도들을 이렇게 지도해야 성도들의 믿음이 자라서 영의 자립을 하면 영적인 군사가 되어 하나님에게 쓰임을 받을 수가 있는 것입니다. 히브리서 저자는 5장 12절에서 이렇게 말합니다. "때가 오래 되었으므로 너희가 마땅히 선생이 되었을 터인데 너희가 다시 하나님의 말씀의 초보에 대하여 누구에게서 가르침을 받아야 할 처지이니 단단한 음식은 못 먹고 젖이나 먹어야 할 자가 되었도다" 성도는 영이 자라야 합니다.

능력 있다는 목사님만 바라보고 성령의 불 받으려고 하는 무지한 성도들을 만들지 말아야 합니다. 스스로 자기에게 임재 하여 계신 성령님으로부터 불을 받고 레마를 받아 살아가는 성도를 만들어야 합니다. 다시 말하면 영적인 자립을 하는 성도가 되게 해야 한다는 것입니다. 그래야 어디를 가더라도 자기 안에 계신 성령님과 친밀한 관계를 가지면서 자기가 위치해 있는 곳을 하나님의 나라로 만드는 하나님의 군사가 될 수 있는 것입니다.

05장 몸에 진동이 강해요

Q. 저는 기도할 때 진동을 강하게 합니다. 절제할 수가 없을 정도로 강하게 흔들어대기도 하고 몸이 앞뒤로 꺾기기도 합니다. 성령 사역하는 분에게 질문했더니 성령으로 충만한 상태에서 기도하면 그런 현상이 나타난다고 하는데 맞습니까? 저는 괴로워요. 바르게 알려주세요.

A. 제가 그동안 사역하면서 체험한 바로는 기도할 때 진동이 심한 분들이 성령으로 장악이 되니 점점 안정을 찾았습니다. 당신도 점점 성령으로 장악이 되고 몸 안에 있는 상처가 배출이 되면 점점 진동하는 것이 약해지면서 없어질 것입니다. 다음 이야기를 읽어보시면 이해가 될 것입니다. 그런데 알고 계셔야 할 것은 당신은 치유 받아야할 상처가 많다는 것입니다.

허리에서부터 얼굴까지 반신불수가 되어 12월 20일부터 다음해 4월 25일 충만한 교회에 오기 전까지 반신불수가 되어 거동을 못하며 집안에서 지내던 목사님의 이야기 입니다. 친한 친구 목사님들이 충만한 교회에 가면 치유가 된다는 말을 듣고 차에 실려 우리 교회 성령치유 집회에 참석하여 은혜를 받았던 이야기 입니다. 그런데 참석한 첫날부터 강한 성령의 불을 받고 온몸이 불덩어리가 되더니 몸이 뒤틀리기 시작했습니다. 악한 귀신들이 발작을 한 것입니다. 제가 "예수 이름으로 명하노니 허리를 잡고 있는 더러운 귀신은 떠나가라"하고 안수 기도를 할 때마다 수많은 귀신들이 발작을 하면서 떠나고 소리를 지르면서 떠나갔습니다.

목사님의 이야기입니다. "저는 이때까지 내가 허리디스크와 좌골 신경통으로 이렇게 거동을 못하게 되었지, 악한 영의 역사로 이렇게 되었다고는 꿈에도 생각을 하지 않고 병원치료만 하였습니다. 한마디로 영적인 무지한이었습니다. 성령님의 인도로 충만한 교회에 와서 성령의 불을 받고 아~ 이것이 영적으로 문제가 되어 발생한 것이구나! 체험적으로 인정을 했습니다.

저는 충만한 교회에 오기 전에 영적인 집회에 참석을 많이 했습니다. 심지어는 미국에 가서 빈야드 집회도 참석을 했습니다. 그때도 몸이 뒤틀리고 발작을 했습니다. 거기 있는 사역자들이 성령의 불을 받은 것이라고 했습니다. 저는 성령의 불을 받았기 때문에 저에게 악한 영이 역사한다는 것은 꿈에도 생각을 못했습니다. 저의 허리를 아프게 하는 것은 악한 영의 역사라고 인정을 하니 귀신이 떠나가고 치유되기 시작하다가 며칠 지나니 저 혼자도 걸을 수가 있었습니다.

강 목사님이 안수 기도를 하면 할수록 몸이 편안해졌습니다. 허리 아픈 것이 점점 없어졌습니다. 몸이 뒤틀리고 발작하는 것도 없어졌습니다. 정말 신기할 정도로 안정을 찾았습니다. 치유 되고 능력을 받으니 심령이 읽어지는 지식의 말씀의 은사가 나타나고 안수 기도하면 강요셉 목사님 같이 성령의 역사가 강하게 나타납니다. 그래서 다시 목회를 시작하니 교회가 점점 부흥이 되었습니다. 몇 개월 다니면서 치유를 받으니 이제 몸도 완치가 되었습니다. 저를 치유하신 하나님에게 영광을 돌립니다."

이렇게 안수를 받고 치유하면 진동하는 것이 현저하게 줄어듭니다. 이분도 몸이 뒤틀리고 발작하는 것이 없어졌습니다. 첫째 날과 둘째 날은 교회의 접의자를 다 차고 다닐 정도로 몸이 뒤틀리고 발작을 했습니다. 점차 치유되어 안정을 찾고 심령에서 성령의 불이 나오는 기도를 하니 목사님에게 역사하던 귀신들이 떠나간 것입니다. 이렇게 기도하고 안수하면 할수록 안정을 찾아야 바른 성령의 역사를 체험하는 것입니다. 우리 속지 맙시다.

이분도 외국 빈야드 집회에까지 참석했다는데 누구 하나 바로 알려줘서 치유해준 사역자가 없었다는 서글픈 사실입니다. 지금 외국이나 한국이나 성령의 역사에 대한 영적인 분별 수준들이 이렇습니다.

여기에서 한 가지 더 알아야 할 것은 일반적인 교회에서 열심히 신앙생활을 하면서 부흥회 때 성령을 체험한 분들입니다. 저에게 전화가 오는데 목사님 저는 3년 전 부흥회에서 성령체험을 했습니다. 그런데 기도가 안 됩니다. 왜 그런가요? 이런 분들은 모두 영이 막힌 것입니다. 한마디로 성령을 체험했을 때 심령을 정화시켜야 하는데 그렇지 못하여 상처와 악한 영의 역사가 심령에서 일어나 영이 막힌 것입니다. 이런 분들은 모두 성령의 임재가운데 내면의 상처를 치유하면서 악한영의 역사를 몰아내야 합니다. 그래야 영의 통로가 열려 기도가 됩니다. 심령의 문제를 해결하지 않으면 성령으로 기도가 되지 않습니다.

최초 성령을 체험하면 이런 현상이 나타날 수가 있습니다. 몸이 뻣뻣해집니다. 몸이 뜨겁거나 따뜻합니다. 몸이 시원해집니다. 바람이 느껴집니다. 몸에 전기가 감전된 것같이 찌릿찌릿합니다. 감동이 옵니다. 눈물이 납니다. 자꾸 뒤로 넘어지려고 합니다. 손에 힘이 주어집니다. 몸에 힘이 빠지기도 합니다. 기분 나쁘지 않은 소름이 끼칩니다. 향기가 납니다. 몸이 떨리거나 흔들립니다. 손발이 저리는 느낌을 받습니다. 몸이 떨리거나 흔들립니다. 근육이나 피부의 한 부위가 떨립니다. 호흡곤란을 느끼기도 합니다. 신체 부위가 커지는 느낌이 듭니다. 물을 먹는 것 같습니다. 잔잔하게 내려오는 것 같습니다. 기뻐집니다. 영적인 생각이 나면서 흥분됩니다. 소리가 질러집니다. 입으로 바람이 불어집니다. 자신은 낮아지고 하나님의 경외하심이 느껴집니다. 방언 찬양이 나오기도 합니다. 눈이 부셔 눈을 깜빡깜빡거립니다. 배가 묵직해지면서 힘이 들어갑니다. 술에 취한 것 같이 어지러움을 느낍니다. 잠이 오는 것 같이 졸음이 옵니다.

성령을 초기에 체험하면 이와 같은 현상을 느끼고 체험합니다. 왜냐하면 성령께서 자신에게 역사하고 있다는 것을 알게 하기 위해서 일으키는 역사입니다. 성도가 체험과 믿음이 없어서 성령님이 자신에게 역사한다는 것을 잘 믿지 못하기 때문입니다. 성령님은 인격이시기 때문에 이렇게 알고 느끼게 역사하시는 것입니다. 그러나 차츰 성령의 깊은 임재에 장악이 되면 잔잔해지면서 몸으로 느끼는 가시적인 현상이 점차로 줄어듭니다. 점차로 줄어든다면 자신이 성령으로 장악이 되고 있는 증표입니다. 그러나 계속적으로 임재 체험 현상이 나타나면 문제가 있는 것입니다. 알고 대처하기를 바랍니다.

　우리는 무슨 현상을 보고. 체험하는 것에 중점을 두지 말고, 자신이 예수님의 성품과 같이 변화되고 있는지에 관심을 두어야 합니다. 너무 나타나는 현상에 눈을 돌리면 영안이 열리지를 않습니다. 바른 성령의 역사가 일어나면 변화되지 말라고 해도 변화되게 되어 있습니다. 그리고 성령 사역을 하시는 분들은 영들을 분별하는 능력을 깊고 수준 높게 개발하여 성도들이 불필요한 고통을 당하지 않도록 지도할 수 있어야 합니다.

06장 기도하면 몸이 뒤틀려요

Q. 안녕하세요. 요즘 목사님 책과 집회 참석으로 은혜를 많이 받고 있습니다. 배운 대로 방언 기도할 때 계속해서 입이 벌어지고 소리를 지르게 되고 몸이 비틀어지는 현상이 일어나는데 절제하면 곧 그칩니다. 절제하지 말고 그냥 놔두어야 하는지 절제하고 다시 기도해야 하는지를 잘 모르겠습니다. 아내도 저처럼 심하지 않지만 호흡기도 몇 번만 해도 입이 벌어지고 하품도 나고 속이 이글거린다고 합니다. 좋은 현상인지요. 귀신이 나가는 현상인지요? 꼭 회신 부탁드립니다. 심적으로 많이 부드러워졌고 인내심도 많이 강해진 것을 느끼게 됩니다. 답변 부탁드립니다. 아직 영적으로 초보라서 모든 것이 궁금합니다.

A. 질문하신 분의 이와 같이 나타나는 현상은 성령을 체험하고 일어나는 초기 현상입니다. 지속적으로 깊은 영의기도를 하여 심령 안의 상처를 몰아내야 합니다. 시간이 좀 걸릴 것입니다. 전문적인 성령치유를 하는 곳에 가서서 어느 정도 말씀과 성령으로 정화가 되면 그런 현상이 점차 없어질 것입니다.

추가해서 다시 설명하면 이렇습니다. 성령의 역사가 강한 장소에서 생명의 말씀을 듣고 기도를 하면서 안수를 받으면 자신의 두 팔이 슬슬 움직여지기 시작을 합니다. 조금 지나면 팔이 아주 빠르게 빙빙빙 돌려지면서, 몸이 좌우 양옆으로 흔들립니다. 꿇어앉은 자신의 무릎 앞쪽이 진동과 함께 들려지면서, 약 30센티미터 정도 몸이 붕붕 뜨면서 입으로는 주여! 주여! 감사! 감사 합니다. 감사합니다. 하기도 합니다. 한번만 하는 것이 아니고 수십 차례 뛰기도 합니다. 몸이 뒤틀리기도 합니다. 몸이 뒤틀리면서 괴성이 나오기도 합니다.

일부 성도들은 이러한 첫 경험에서 너무 놀라고, 기이해서 기절하는 줄 알기도 합니다. 자신과 함께 은혜 받는 다른 분들은 이러한 성령의 기이한 역사로 자신이 은혜 받았다고 하구요. 자신은 붕붕 뜨면서 뛰고 있는데 구경하는 옆에 분들이 더 은혜를 받는다고 하시고 이렇게 경험할 때 자신의 의지는 어찌할 수 없는 것이 보통입니다. 그럴 때 자신의 두 손은 양 옆으로 좍 벌려져 있거나 위로 올려져있기도 합니다. 무릎은 꿇어 앉아있는 상태이구요. 상식적으로 생각할 때 도저히 이런 상태에서는 뛸 수 없는 일이지요. 나중에 집에서 문을 잠그고 찬양을 하고 기도를 하면서 그 상태로 뛰어 보려니 꼼짝도 안합니다.

이러한 현상이 나타나는 사람의 유형이 있습니다. 영적인 것을 사모하는 마음이 강하게 열려있는 사람입니다. 감성이 풍부하여 성령이 장악하기 쉬운 부드러운 심령입니다. 상처가 있고 영적으로 열려있는 사람입니다. 마음이 강하고 계산적인 사람은 이런 현상이 잘 나타나지 않습니다. 자신은 그렇지 않다고 할지라도 합리를 추구하고 영적인 현상을 논리적으로 이해하려고 하는 사람에게는 잘 나타나지 않습니다.

한번만이 아니고 간절히 찬양하고 기도하면 꼭 이러한 현상이 나타나는데 몇 회 정도 경험을 하기도 합니다. 계속 나타나는 것이 아니고 자신 안에 있는 상처들이 배출이 되면 될수록 이런 현상은 나타나지 않습니다. 성령이 자신을 완전하게 장악하면 점점 이런 현상이 나타나지 않습니다. 초기 성령이 장악할 때 자신 안에 있는 상처가 치유되면서 일어나는 현상이기 때문입니다. 이런 현상을 지극히 감사함으로 기쁨으로 이 모든 체험을 받아야 합니다. 자신의 나이 많은 것과는 아무 상관이 없는 것입니다. 하나님이 주시는 은혜에는 성별 나이 학력에 아무 제한이 없으십니다.

이러한 체험 이러한 상태는 초기 성령 충만함이요, 성령의 임재하심의 한 모습이랍니다. 이렇게 기도하다가 강렬한 성령의 임재로 붕붕 너무 자주 뛰는 것을 제한한다거나 절제해야 할 사안은 아닙니다. 성령이 역사하는 대로 따라가는 것이 좋습니다.

성령님이 자신의 전인격(영-혼-육)을 장악하기 위하여 임재하시면 그렇게 성령체험의 반응을 보이는 것이 당연한 것입니다. 많은 분들이 이야기하신 것처럼, 잘못된 것이라든지, 이단이라든지, 금해야할 사안이라든지, 그런 것과는 상관이 없는 아주 정상적인 오히려 권면할만한 성령의 초기 임재현상입니다

(권면한다고 누구나 이처럼 그렇게 되는 것은 아니겠지만). 성령의 임하실 때의 몸의 영적 반응이니 염려하지 마시고 더욱 성령님이 이끄시는 대로 기도에 힘쓰시기를 바랍니다.

그러나 이런 현상이 일어나는 것만 관심을 가지면 안 됩니다. 성령의 역사가 자신을 장악하여 육에 역사하는 악한 기운을 기침이나 울음이나 토함을 통하여 배출해야 합니다. 자꾸 배출하면 할수록 상처가 치유되니 마음이 평안해지고, 기도가 깊어지고, 성경말씀의 비밀이 보이는 영안이 열리기도 합니다. 좌우지간 지속적으로 이런 현상이 일어나는 것은 권장할 만한 사안이 아닙니다. 초기에 일어나는 현상이기 때문입니다.

성령이 장악하여 치유되면 점점 빈도가 약해지다가 더 이상 나타나지 않는 것이 보통입니다. 성령의 역사를 체험하면 자신 안에 상처를 배출해야 합니다. 그래야 전인격이 성령으로 장악되어 영적인 성도로 변합니다. 몸의 진동이나 떨림은 그 자체는 은사가 아니지만, 초기 성령체험의 대표적인 한 현상이라 말할 수 있겠지요. 그리고 몸의 진동이나 떨림이 있는 성령체험 중 은사를 받기도 하고 특정한 은사가 나타나기도 할 수 있으나, 은사자체는 아니지만, 은사의 전조(시작, 징후)현상이라 표현하는 것이 좋겠습니다.

손이 찌릿찌릿하면서 손가락이 게 발 같이 오그라드는 경우도 있습니다. 이런 경우는 부모님이 중풍으로 고생하시다 돌아가신 후손들에게서 많이 나타납니다. 몇 번 깊은 치유를 하면 모두 빠져나가는 것이 보통입니다. 만약에 그냥 모르고 지날 경우 부모와 같이 중풍이 걸릴 수가 있습니다. 성령께서 미리 알게 하시어 중풍을 예방할 수 있게 하십니다. 성령의 역사는 예방 신앙에 아주 중요한 기여를 하십니다.

당신에게 나타나는 현상을 빨리 해결을 받으시려면 저희 교회에서 매주 토요일 실시되는 집중치유에 예약하여 치유를 받으시면 나타나는 현상이 없어질 것입니다. 지금 상태를 그냥 두면 더욱 강하게 묶일 수가 있으니 주의해야 합니다.

지속적으로 성령의 충만을 받아 심령에서 평안이 올라오고 영안이 열려서 성경 말씀 속에서 비밀이 깨달아져야 합니다. 일어나는 현상만 가지고 너무나 예민하게 생각하지 마세요. 아직 영적으로 깨달아야할 시간이 필요합니다. 영적인 원리들을 많이 깨달아서 지금 목사님 부부에게 일어나는 현상을 스스로 깨달아 알 수 있는 수준이 되어야 합니다.

07장 기도할 때 가슴이 답답해져요

Q. 안녕하세요. 목사님! 저는 지방에 사는 집사입니다. 목사님의 책을 읽고 영적인 것을 깨닫고 있습니다. 책을 읽을 때 마다 영적인 궁금증이 해소되니 감사합니다. 그런데 한 가지 궁금증이 있습니다. 교회에 가서 목사님이 하라고 하신 대로 기도를 하면 가슴이 답답해집니다. 왜 그런 현상이 나타나는가요? 알려주세요.

A. 기도를 영으로 하니까, 성령이 충만해져서 나타나는 현상입니다. 당신의 마음 안에서만 성령의 역사가 일어나가 밖으로 나타나지 않기 때문에 일어나는 현상입니다. 상처가 성령의 역사로 드러날 때 가슴이 답답해집니다. 지금 당신의 영적수준이 상처를 밖으로 배출할 수 있는 능력이 되지 않기 때문입니다. 영의 통로를 뚫어야 합니다.

영의 통로가 열리게 하려는 그 조건과 상태는 여러 가지이지만 첫째 의지를 발동해야 합니다. 본인이 영의 통로를 열겠다는 의지를 발동하여 불같은 성령으로 세례를 받는 것이 제1의 원리요, 그 다음은 말씀과 성령으로 내적 치유하는 것이 제2의 원리요, 귀신 추방의 제3 원리입니다. 이 모든 것은 혼자의 영력이나 힘으로는 불가능합니다. 성령 충만하고 체험이 많은 사역자의 도움을 받는 것이 좋습니다. 아니 그렇게 하는 것이 빨리 영의 통로가 열리게 할 수 있습니다.

그리하여 생각이 영적으로 바뀌고, 마음이 감동되어, 마음의 열리면 성령이 역사하시니 영적인 믿음이 생겨서, 본인의 의지가 발동되어, 본인의 원하는 대로 기도가 되고 몸과 마음이 움직여지고, 적극적인 행동으로 옮겨지는 과정을 거쳐야 합니다. 이 영적 원리는 모든 것에 적용됩니다.

영의 통로가 열려 불이 나오는 기도를 하기 위해서 성도가 자신에 대하여 알아야 할 사항은 이렇습니다.

① 자신이 마귀의 공격을 받는 감정을 찾아내야합니다. 자신이 영성의 발전에 저해 요소를 찾아내어 제거 하라는 것입니다. 예로서, 잡념, 죄, 습관, 꿈, 생각, 잘 통제하지 못하는 것 등등을 찾아서 고쳐나가야 합니다. 어떻게 치유하느냐 말씀과 성령으로 깊은 역사에 의한 내적 치유와 깊은 영의 기도로 치유해야 합니다. 사람은 스스로 자기 통제가 가능하도록 만들어졌습니다. 그런데 오늘날 우리가 자기 통제를 못하는 이유는 죄 성과 상처 때문입니다.

그러므로 예수를 믿는 믿음과 성령의 은혜 안에서는 이 모든 것이 회복되기 때문에 자기 통제가 가능합니다. 이것을 다른 말로 하면 성령의 은혜로 말미암아 공격받는 감정을 치유할 수 있다는 의미입니다. 자신의 공격받는 분야를 찾아 내적 치유하시기를 바랍니다.

② 자신의 공격받는 분야를 꼭 찾아내야 합니다. 예를 들어 혈기나 분노의 경우 자신의 상처와 조상의 유전까지 찾아 들어가야 합니다. 부계와 모계 쪽으로 계속 추적하여 찾아내세요. 상처라고 하면 태아, 유아, 소년기, 부모 등 원인을 찾아내야 합니다. 그래서 치유해야 합니다.

③ 그 죄와 관련된 지속적이고 뚜렷한 경험들을 파고 들어가세요. 그리고 지식의 말씀의 은사와 지혜의 말씀의 은사를 통하여 해결하세요. ⓐ 그때의 감정을 뿌리를 찾아서 제거하세요. ⓑ 거기에 레마의 말씀과 성령의 능력과 주님의 피를 뿌립니다. ⓒ 뿌리 뒤에 역사하는 영을 찾아내야 합니다. 그 찾는 이유는 그때 그 사건을 통하여 들어온 영을 찾아야 하기 때문입니다. 분명히 그 때 타고 들어온 것이 있습니다. ⓓ 그 영의 정체를 드러내고 쫓아내고 몰아내고 반대 영을 공급합니다. 이 원리는 모든 영적인 전쟁을 할 때 적용되는 원리입니다. 이 원리를 적용하여 영적인 전쟁도 하시기를 바랍니다.

이렇게 해도 답답한 가슴이 뚫리지 않으면 성령의 역사가 강한 장소에 가서서 기도하면서 막힌 영의통로를 뚫어야 합니다. 그것이 제일 빠른 방법입니다. 누구든지 처음 한번은 전문적인 성령사역자의 도움을 받아 영의통로를 뚫어야 합니다. 혼자 기도해서 영의통로를 뚫는 것은 힘이 드는 일입니다.

08장 성령 충만하면 머리가 흔들려요

Q. 목사님의 영성 깊은 책을 읽고 은혜 받고 있는 권사입니다. 영적인 것들을 많이 깨닫게 되어 항상 감사하고 있습니다. 그런데 한 가지 궁금증이 있습니다. 언제인가부터 기도가 깊어지면 저의 머리가 흔들립니다. 어떤 때는 아주 사정없이 흔들려서 머리가 어지러울 때도 있습니다. 이것이 무슨 현상인지 궁금합니다. 알려주세요.

A. 기도하여 성령이 충만하게 되면 무의식에 있는 것들이 밖으로 드러납니다. 권사님의 무의식에 머리를 흔드는 요소가 잠재하여 있다는 것입니다. 제가 지금까지 성령치유 사역을 하면서 체험한 결과 이것은 무당의 영의 역사입니다. 권사님의 무의식에 이약하게 무당의 영의 영향이 있다는 것입니다. 아마 가계를 더듬어 올라가 보면 반드시 무당이었던 분이 있을 것입니다.

그 영향으로 기도할 때 머리가 흔들리는 것입니다. 너무 걱정할 필요가 없습니다. 성령의 깊은 역사가 권사님을 장악하면 없어집니다. 문제는 권사님의 교회가 성령의 강력한 역사가 있느냐 없느냐가 문제입니다. 성령의 역사가 장악하면 떠나갑니다.

그런데 문제는 기도가 깊어지지 못한다는 것입니다. 조금 깊어지려면 머리가 흔들리기 때문입니다. 이를 해결하는 방법이 있습니다. 기도하시다가 머리가 흔들리면 거기에 관심을 두지 말고 계속 마음 안에 하나님을 찾으면서 기도를 하는 것입니다.

계속 호흡을 들이쉬면서 하나님! 내쉬면서 하나님 도와주세요. 호흡을 들이쉬면서 하나님! 내쉬면서 하나님 도와주세요. 호흡을 들이쉬면서 하나님! 내쉬면서 하나님 도와주세요. 호흡을 들이쉬면서 하나님! 내쉬면서 하나님 도와주세요. 깊은 임재에 들어갈 때까지 인내력을 가지고 기도해야 합니다.

그렇게 하여 깊은 임재 안에 들어가면 머리를 흔드는 것이 없어지기도 합니다. 좌우지간 성령의 역사가 일어나야 합니다.

더 빨리 해결은 받으려면 전문 성령치유 하는 곳에 가셔서 치유를 받는 것입니다. 시간이 많이 소요될 것입니다. 순간 안수 한번 받아서 치유되지 않습니다. 마음에 여유를 가지고 성령으로 기도하다가 보면 떠나갑니다. 너무 예민하게 행동하지 마시기를 바랍니다. 자꾸 깊은 영의기도를 하려고 노력하시기를 바랍니다. 기도가 깊어지면 성령이 충만해지므로 머리가 흔들리는 현상이 점점 약해지면서 치유가 될 것입니다.

09장 일어서서 춤을 추고 싶어요

Q. 안녕하세요. 목사님! 저는 부산에 사는 김 집사입니다. 목사님의 책을 통해 영적인 눈을 뜨고 있습니다. 참으로 감사합니다. 그런데 한 가지 질문이 있습니다. 제가 얼마 전부터 찬양을 하거나 기도를 하여 어느 정도 성령이 충만해지면 일어서서 춤을 추고 싶습니다. 정말 강한 충동이 옵니다.

그런데 문제는 영적인 책을 읽고 기도를 많이 해도 마음이 항상 답답합니다. 영적인 갈급함이 저를 주장합니다. 가슴이 답답하여 아이고 답답해~ 아이고 답답해~ 소리가 저절로 나옵니다. 왜 이런 현상이 나타납니까? 부산에서 영성 사역하는 분들에게 물어보아도 시원하게 아는 사람이 없습니다. 목사님! 시간이 없으시지만 저를 위하여 알려주세요.

A. 영적인 일에 관심이 많으십니다. 원래 사람은 영적인 존재이기 때문입니다. 그래서 성도들은 영의 만족을 누려야 되는 것입니다. 영의 만족을 누리지 못하면 되는 것이 아무것도 없습니다. 영의 만족을 누리지 못하면 만사가 귀찮아 지기도 하지요. 집사님 저의 답변에 충격을 받지 말고 조언을 듣고 치유해야 합니다. 제가 그동안 성령사역을 하면서 집사님 같은 분들을

상담하고 치유한 경험이 많습니다. 집사님은 무당의 영의 영향을 받고 있습니다. 집사님과 같은 현상을 느끼는 거의 모든 분들이 세대에 역사하는 무당의 영의 영향을 받았습니다.

제가 집사님과 같은 분들을 만나면 물어보았습니다. 혹시 조상 중에 무당이 없었습니까? 물어보면 모두 무당이 있다고 대답을 했습니다. 그래서 무당의 영들을 축귀하니 그런 현상이 없어졌습니다. 가슴이 답답한 것도 무당의 영의 영향입니다. 저는 토요일 날 집중치유를 합니다. 집중 치유할 때 성령의 임재가 깊어지면 집사님과 같이 아이고 답답해~ 아이고 답답해~ 하는 분들이 있습니다. 그러면 제가 "예수님의 이름으로 명하노니 아이고 답답해~ 아이고 답답해~ 라고 말하는 귀신아 떠나가라." 명령하면 귀신들이 떠나갑니다. 그러면 모두 가슴이 시원하다고 합니다. 부산에서 치유 받을 곳이 없으면 할 수 없이 서울로 올라 오셔서 치유를 받아야 합니다. 시간이 흐르면 흐를수록 귀신의 영향은 강해집니다.

10장 홀짝 홀짝 뛰어다녀요

Q. 목사님! 저는 영적인 것에 아주 관심이 많은 사모입니다. 목사님 책을 읽고 많은 것을 깨닫고 있답니다. 그런데 저에게 이상한 현상이 일어날 때가 있습니다. 영적인 것에 관심이 많으니 영성 치유하는 곳에 자주 갑니다. 제가 조금 성령으로 충만해지면 일어서서 홀짝 홀짝 뛰어 다닙니다.

거기 사역하시는 분이 말하기를 성령으로 충만할 때 이런 현상이 나타난다고 하는데 저는 아무래도 이상합니다. 항상 마음에 갈급함이 사라지지 않습니다. 그래서 여기저기 돌아다니는 것입니다. 그래야 살 것 같아서 말입니다. 저에게 일어나는 현상이 무엇입니까? 알려주세요.

A. 성령은 인격적인 영입니다. 그러므로 사람들이 보기에 흉측하게 역사하시지 않습니다. 자신이 느끼기에도 마찬가지입니다. 처음 성령으로 세례를 받을 때는 사모님과 같은 현상이 일어날 수가 있습니다. 어떤 성도는 홀짝 홀짝 뛰면서 한쪽 손을 흔들어대는 분들도 있습니다. 마치 무당이 굿을 할 때 하는 모양으로 말입니다. 이러한 현상은 성령의 역사에 의하여 무의식에 숨어있던 특정한 세력이 정체를 폭로한 것입니다. 특정한

세력 중에는 무당의 영도 있을 수 있다는 것입니다. 성령께서 처음 성도를 장악할 때는 비인격적으로 역사하십니다. 성령께서 땅의 사람을 하늘의 사람으로 바꾸기 위해서 사정없이 장악하여 혼과 육을 점령해야 하기 때문입니다.

초기 성령세례를 받을 때는 별별 이상한 현상들이 다 나타나는 것이지요. 그러나 점점 성령께서 장악을 하면 모든 현상이 잠잠해지는 것이 보통입니다. 물론 성령님이 성도를 완전하게 장악하여 성도가 순종하면 성령님도 인격적으로 역사하십니다.

지금 사모님에게 나타나는 현상은 무당의 영의 역사일 수가 있습니다. 무당이 굿을 할 때 홀짝 홀짝 뛰어다니는 것을 보셨지요. 그와 같은 현상입니다. 초기 성령체험을 할 때 완벽하게 치유를 받았으면 이런 현상이 나타나지 않았을 것인데 정확하게 몰라서 지나친 것입니다. 저와 같이 개별적으로 전문적인 사역을 하는 사람만이 알아낼 수 있는 현상입니다.

일반적으로 사역을 하시는 분들은 모두 이런 현상을 성령이 충만해서 일어나는 현상인 것으로 알고 있는 분들이 많습니다. 그렇기 때문에 깊은 치유를 받지 못하는 것입니다. 사모님이 영적으로 갈급한 이유가 여기에 있습니다. 사모님에게 역사하는 무당의 영이 영의 활동을 압박하고 있기 때문입니다. 영을 압박하니 항상 갈급한 것입니다. 성령의 강한 역사가 있는 곳에 가셔서 영의통로를 뚫고 역사하는 무당의 영을 축귀해야 합니다. 그러면 기도가 깊어지고 영의 만족을 누리게 될 것입니다.

11장 등과 허리가 뜨거워지면 어떤 은사 받았나요

Q. 목사님! 안녕하세요. 제가 기도하다가 등과 허리가 뜨거워졌습니다. 손이 뜨거워지면 신유의 은사가 임한 증거라고 하던데 등과 허리는 무슨 은사가 임한 것입니까? 제가 너무나 궁금한데 잘 몰라서 질문을 드립니다. 답변 부탁드립니다. 박○○집사.

A. 성령으로 세례를 받게 되면 반드시 자신에게 느껴지는 영적현상을 체험하게 됩니다. 저는 이렇게 생각을 합니다. 무조건 뜨거워졌다고 은사가 임했다고 볼 수는 없습니다. 뜨거워지는 것은 상처가 도출되어도 뜨거워질 수가 있습니다. 또 내안에 들어와 있는 악한 영과 성령의 대립이 있을 때 뜨거워질 수가 있습니다. 질병이 치유될 때도 뜨거워질 수가 있습니다. 마귀도 뜨겁게 역사할 수가 있기 때문입니다. 성령이 장악할 때 보증의 역사로 뜨거움을 체험하기도 합니다. 그래서 은사가 임할 때 뜨거움을 체험한다고 한정하는 것은 바르지 않습니다. 그러므로 반드시 바른 분별이 필요합니다.

성령은 말이 아니고 실체이기 때문에 성령이 자신을 장악할 때 여러 생각하고 느끼지 못했던 여러 영적인 현상들이 나타납니다. 어떤 때는 두려움이 느껴지기도 합니다. 어떤 때는 말로 표현 못하는 뜨거움을 체험하기도 합니다. 이것은 일종의 살아 계신 성령의 임재의 현상이므로 두려워말고 계속 성령의 은혜를 체험하면 성령의 은사가 나타납니다.

그런데 일부 성도들이 이런 현상이 자신에게 나타나면 두려워하여 성령의 역사를 거부하고 자리를 이탈하거나 은혜 받는 일을 중단하는 경우가 많습니다.

성령을 체험하고 은사를 깊고 맑게 하려면 이런 현상이 일어나더라도 참고 견디어서 고비를 넘기면 성령의 강한 권능을 체험할 수 있습니다. 많은 분들이 이런 현상이 있은 후 영안이 열리고 성령의 강한 은사가 나타납니다. 이렇게 이해하지 못하게 일어나는 현상은 모두가 살아계신 성령의 능력이 임해서 성령님이 장악하고 만지시는 현상들입니다. 이러한 현상들이 자신에게서 나타나면 환영하고 받아들이지 못합니다.

왜냐하면 자신이 지금까지 느껴보지 못했기 때문입니다. 그리고 나타나는 현상에 다른 사람들이 자신에게 무어라고 할까 부끄러움을 느끼기 때문에 불같고 살아있는 성령을 체험하지 못하는 것입니다. 성령은 말이 아니고 실제입니다. 성령의 역사하심을 거부 말고 환영하고 받아들이시기를 바랍니다. 그러면 당신도 성령의 은사를 강하게 받고 체험할 수 있습니다.

그리고 주 은사는 은사를 받고 싶은 충동이 자꾸 일어납니다. 은사를 받아서 사용하고 싶은 충동이 강하게 일어납니다. 주 은사를 안 쓰면 연단이 옵니다. 주 은사와 연관되어 주 사명이 주어지는 것입니다. 하나님이 사용하시려고 은사를 주시는 것입니다. 예로서 필자는 지식의 말씀과 지혜의 말씀과 영분별과 능력 행함의 은사와 신유은사, 방언통역과 예언, 믿음의 은사입니다. 그리고 필자의 사모는 지식의 말씀의 은사와 지혜의 말씀의 은사와 예언의 은사와 믿음의 은사입니다. 그래서 우리 부부의 은사를 사용하도록 하나님이 필요한 사람을 자꾸 우리 교회에 보내주기 때문에 제가 사역을 매주 하는 것입니다.

은사를 사용하면 할수록 기쁨이 옵니다. 속으로 너무 하고 싶다는 욕구가 일어납니다. 그리고 사람들이 찾아옵니다. 저는 정말 기쁨으로 집회를 인도하고 사역을 합니다. 자신이 하기가 싫어도 하나님이 밀어주는 사역이 주 은사입니다. 이것이 무슨 말이냐 하면 예를 들어 신유은사가 있는 사람은 질병치유를 받으려고 하는 사람이 자꾸 자기에게 찾아온다는 것입니다. 이것을 보증의 역사라고 하는 것입니다. 세상 말로는 붙임의 역사라고도 합니다. 하나님이 은사를 사용하도록 사람들을 보낸다는 것입니다. 제가 자닌 10여 년 간 성령치유사역을 할 수 있었던 것도 하나님이 치유와 능력을 받을 사람들을 계속 보내 주셨기 때문에 사역을 계속할 수 있는 것입니다. 사람을 보내지 않는데 어떻게 사역을 계속 할 수 있겠습니까? 하나님이 은사를 사용하도록 필요한 사람을 보내시는 것입니다.

보편적으로 성령의 은사가 임할 때 자신이 느끼는 어떤 현상을 체험하기도 합니다. 하나님은 말만하시는 분이 아니고 말씀한 것을 눈으로 보고 감각으로 체험하게 하시기 때문입니다. 제가 지금까지 성령능력 치유사역을 하면서 은사별로 체험한 바를 정리하면 다음과 같습니다. 이는 보편적으로 일어나는 현상이니 이러한 체험을 해야만 은사가 나타난다고 단정하는 것은 잘못된 것입니다. 성령은 각각 사람마다 다르게 역사하기 때문입니다. 이는 성령은 인격적인 영이시기 때문에 사람의 인격에 따라 역사하십니다. 이 점 염두에 두시고 읽어 보시기를 바랍니다.

1) 계시의 은사가 임할 때 : 보통 지식의 말씀의 은사. 지혜의 말씀의 은사. 영분별 은사 등 계시의 은사가 임할 때 이런 현상을 체험합니다. 얼굴과 입술이 뜨거워집니다. 머리가 시원해 집니다. 기도할 때 환상이 보이기도 합니다. 사람을 볼 때 이상한 형체가 순간 보이기도 합니다. 머리에 손을 얹어 기도할 때 어느 장기가 좋지 못하다 감동이 오기도 합니다. 말씀을 읽을 때 말씀 속의 내용이 영상화되기도 합니다. 전해지는 말씀이 영적인지 혼적인지 율법인지 분별이 갑니다. 집회에 참석하여 사람들을 바라볼 때 심령상태가 느껴지기도 합니다. 답답하게, 검게, 아니면 성령 충만하게, 육적 충만하게 보이고 느껴집니다. 머리에 손을 얹고 안수할 때 영적인 느낌이 감지됩니다. 뻑뻑하거나 갑갑한 느낌이 감지됩니다. 가정이나 어느 장소에 들어가면 영적 감동이 느껴집니다. 아 악한 영의 역사가 강하구

나! 또는 성령이 충만한 가정이구나 하고 감지가 됩니다. 꿈이나 환상으로 잘 보이기도 합니다. 안수를 할 때 자신도 모르게 어느 부위에 손이 갑니다. 이성간 조심해야 합니다. 자신이 잘 모르는 지역에 가더라도 어떤 영적 느낌이 감지가 됩니다. 이런 영적인 감지가 되면 계시의 은사가 열린 증거입니다. 계속 훈련하면 밝히 보입니다.

2) 발성의 은사가 임할 때 :보통 방언의 은사, 방언통역의 은사, 예언의 은사 등 발성의 은사를 받은 분들의 대표적인 성령체험은 입이 뜨거워지는 것입니다. 그리고 혀가 풀려서 제어하지 못하는 성령을 체험합니다. 보편적으로 발성의 은사가 나타날 때 이런 현상을 체험합니다. 절제하지 못할 정도로 몸에 강한 진동이 옵니다. 어떤 힘이 누르는 것 같은 느낌을 받거나 몸에 무엇이 덮이는 느낌을 체험합니다. 머리가 시원해집니다. 머리가 맑아집니다. 가슴이 뜨거워집니다. 어떤 때는 답답해지기도 합니다. 입이 뜨거워집니다. 혀가 뜨거워집니다. 몸이 뜨거워집니다. 혀가 말리며 혀가 혼자서 움직여지며 알 수 없는 소리가 납니다. 입이 풀린 것 같아지면서 속에서 말이 계속 나옵니다. 사람을 보거나 이름을 보면 심령이 읽어지면서 말이 나옵니다. 성령의 임재 시에 사람을 보거나 생각하면 심령이 읽어지면서 말이 나옵니다. 입을 열어 말을 시작하면 자신이 절제하지 못할 정도로 말이 술술 나옵니다. 온몸에 불이 붙은 것처럼 뜨거워지기도 합니다. 전에 보지 못한 이상한 그림이 머릿속

을 지나갑니다. 기도할 때 성경 구절이 떠오르기도 합니다. 사람을 보면 자꾸 예언을 해주고 싶어집니다. 방언으로 기도할 때 알아듣는 말로 들립니다.

3) 권능의 은사가 임할 때 : 믿음의 은사, 신유의 은사, 능력 행함의 은사 등 권능의 은사를 받은 분들이 대표적으로 체험하는 성령의 역사는 손이 뜨거워집니다. 가슴이 뜨거워지는 것을 체험합니다. 아랫배가 뜨거워지는 것을 체험합니다. 등과 허리가 뜨거워지는 것을 체험합니다. 그러면서 마음이 안정 되고 담대해지는 것을 체험합니다. 목소리가 우렁차고 부드러워집니다. 목소리가 강하고 힘차게 나옵니다. 손에서 불이 나가는 것 같은 뜨거움을 체험합니다. 손이 떨리거나 뻣뻣해지고, 힘이 느껴집니다. 권투 글러브를 낀 것 같은 무거움을 체험합니다. 손이 병자에게 자꾸 저절로 가고, 기도해주고 싶은 마음이 생깁니다. 환자에게 손을 대는데 귀신을 쫓는 대적기도가 막 나옵니다. 환자의 영적인 더러움이 느껴지고 깊은 기도하면서 청소되는 것 같은 체험을 합니다.

환부에 손만 대었는데도 손자국이 나거나 심한 통증을 느낍니다. 병 고침에 대한 확신과 믿음이 옵니다. 병이 아무 것도 아니고 기도만 하면 나을 것 같은 믿음이 생깁니다. 자기 손으로 자기의 아픈 부위에 얹고 기도하면 순간적으로 환부가 없어지거나 환부가 새롭게 생겨나는 것이 느껴집니다. 상대편 병과 같은 종류의 통증이나 증상이 나에게 느껴지면서 상대는 호전되거나 치유가 됩니다. 상대편의 병의 원인과 상태를 그냥 보고 저절로 알게 됩니다. 질병에 따라 해결책도 알게 됩니다.

손을 대고 있으면 환자에게 무언가 흘러 들어가는 것이 느껴집니다. 환자에게 손을 대고 기도하면 귀신(동물이나 사람의 영)이 순간 보이고 쫓게 됩니다. 안수 기도하면 낫는 다는 믿음과 확신, 평강과 기쁨이 옵니다. 자신에게 영육의 문제와 질병이 있는 사람이 자꾸 찾아옵니다. 안수 기도할 때 순간 치유되는 기적을 체험합니다. 담대함이 생겨 선포하는 대로 된다는 믿음이 강해집니다. 그러나 아무런 현상을 느끼지 않더라도 은사가 임하는 경우가 많습니다. 너무 나타나는 현상에 치중하지 마시기를 바랍니다. 더 자세한 것은 "성령의 은사와 사명 감당"을 참고 하시기를 바랍니다.

12장 진동을 해야 성령 충만한 것이지요

Q. 저는 부산에 사는 김 집사입니다. 제가 궁금한 것은 진동을 해야 성령이 충만한 것이냐는 것입니다. 제가 알기로는 성령이 충만하면 편안하게 심령이 안정이 되면서 기도가 깊어지는 것으로 알고 있습니다만, 어느 곳에 가니까, 진동을 강하게 하는 상태가 성령으로 충만한 상태라는 것입니다. 어느 것이 맞습니까? 목사님 시간이 없으시지만 답변을 부탁을 드립니다.

A. 꼭 진동을 해야 성령으로 충만한 것이 아닙니다. 이는 잘못 이해하고 있는 것입니다. 저는 이렇게 진동이 심하게 일어나는 곳의 사람들을 영적으로 혼탁한 분들이라고 표현합니다. 한마디로 양신의 역사가 일어나는 것이지요. 성령이 장악을 하게 되면 당신이 알고 있는 대로 편안하게 심령이 안정이 되면서 기도가 깊어집니다. 물론 초기 성령세례를 받을 때는 강한 진동을 할 수가 있습니다. 그러나 매일 그렇게 진동을 한다는 것은 그 사람의 심령구조에 문제가 있기 때문입니다.

저는 이런 분들을 안수해서 심령의 상처를 배출하게 합니다. 그러면 진동이 서서히 약해지다가 안정이 되어 깊어지면서 상처가 치유되고 질병이 치유됩니다. 깊은 영의기도가 되어 영적으로 깊어집니다. 다음의 글을 일어보시면 이해가 되실 것입니다.

기도의 훈련을 정확하게 받지 못하여 기본을 알지 못함으로 일부 교회에서는 '성령 임재'와 '샤머니즘적 강신역사'를 분별하지 못합니다. 대략 샤머니즘적인 기도의 대표적인 현상들은 이렇습니다. 일부 기도원이나 나름대로 성령이 충만하다고 자부하는 교회의 기도회와 부흥회에서 이런 일이 종종 일어납니다.

"큰 소리로 기도하고, 누군가는 괴성을 지르며 발작 증세를 보이기도 합니다. 박수를 이상하게 치는 것은 기본이고 춤을 추거나 노래를 부르는 이도 있습니다. 각종 부흥회와 기도회 등에서 흔히 볼 수 있는 풍경입니다. 부흥회, 기도회라는 단서를 달지 않으면 여느 무속신앙의 신내림과 큰 차이점을 보이지 않습니다. 과연 기독교의 '성령 체험'과 샤머니즘의'강신'은 어떻게 다를까요?" "한국 교회 일부에서는 부흥회를 통한 신비적인 체험만을 성령의 임재로 강조하는 경향이 있습니다. 즉 성령의 임재를 몸의 신비 체험을 통해 인식할 수 있다는 것이라면서 말씀이 없고 바르지 못한 체험을 강조합니다" 그래서 일부 기독교인들은 이러한 신비 현상을 체험하길 원하며, 일부 교회는 이를 성령운동이라 명명으로 근거 없이 주장하고 있습니다. 분명하게 말하자면 바른 성령운동은 예수님의 성품으로 변하여 삶에서 성령의 열매가 보이는 것입니다. 바르게 생명의 말씀을 전하고 성령을 체험하면 변하지 말라고 해도 변할 수밖에 없습니다. 성령으로 기도하여 변화되는 성령체험을 하도록 해야 합니다. 그러나 이러한 신비적 체험을 분석해 보면, 여러 가지 면에서 타종교의 신비 체험과 별로 다르지 않음을 발견하게 됩니다. "무당들의 강신 체험에서 일어나는 황홀경과 부흥회 등에서 강조하는 기독교 성령 체험의 현상들이 특별히 다른 점이 없기 때문입니다"

우리가 바르게 알아야 집고 넘어가야 할 것은 "기독교의 성령 체험이 종교 혼합주의적 신비의 현상 가운데 하나인지, 아니면 정말 기독교의 성령 임재의 현상인지를 성경의 증언에 기초해 분석해 볼 필요가 있다는 것입니다" "영적인 면에 무지한 일부 교회는 성령 임재 현상과 귀신의 강신(무당 신내림) 현상을 명백히 분별하지 못하고 그대로 수용하고 있는 것이 사실입니다" 반드시 분별하여 치유해야 합니다. 그래야 성도들이 바른 신앙으로 바른 기도하여 하나님과 친밀하게 지낼 수가 있습니다. '성경적 영성'은 "그 본질은 예수 안에서 성령으로 이루어지며 근본은 영에 있으며, 영의 인격적 기관인 마음을 통해 작용하는 것으로 사람들의 삶에 원동력을 부여해 주며, 전인격적인 행동을 행하도록 도와주는 모든 활동"입니다. "하나님의 말씀에 순종하며 그 분의 형상을 회복하는 그리스도인의 삶 자체가 성경적인 영성"입니다. 그리고 예수님과 같이 변화되는 것을 목적으로 합니다.

반면 샤머니즘에서의 영혼은 "살아있는 사람의 영혼이 아니라 죽은 사람의 영혼"이며 샤머니즘은 그런 영혼에 대해 "신에 대한 두려움을 갖고 신을 숭배하는 사상을 갖고 있습니다" "신에게 잘 보이기 위하여 열심을 내고, 자신의 문제를 신에게 해결해 달라고 손과 발이 닳도록 비는 것입니다" "더 나아가 자연을 숭배하는 정령사상을 가지고 있어 샤머니즘의 영성은 다신론적이며 범신론적입니다. 즉 초인적 존재에 의한 길흉화복의 욕구를 충족시키는 것이 샤머니즘적 영성"입니다. 결국 "샤머니즘적 영성은 전인격적 삶에 초점을 두는 성경적인 영상과는 완전히 다르다는 것을 알아야 합니다" 성경에 나타난 '성령 체험' 현상의 특징은 권능. 능력. 예언. 황홀경. 재능. 지혜. 방언. 환상. 음성. 장소의 진동. 급하고 강한 바람 같은 소리. 등으로 나타납니다. 오늘날 '신비적 성령운동'의 현상들로 넘어짐. 웃음. 짐승의 소리. 괴성. 불. 환영. 등을 들 수가 있습니다. '신비적 성령운동'의 이런 현상은 성경이 보여주는 '성령 체험'의 현상들과 분명하게 다릅니다.

그리고 이런 체험을 했어도 전인격이 변화되지 않는 것이 특징입니다. 제가 그동안 성령치유 사역을 하면서 성령으로 기도를 하게 하고 안수사역을 한 결과 성령의 역사로 인하여 이런 현상을 일으키는 흉측한 것들이 모두 떠나가더라는 것입니다. 성도에게서 모두 떠나가니 이런 현상이 더 이상 일어나지 않았습니다. 그러므로 이런 현상을 일으키는 것은 귀신입니다. 그리고 짐승의 소리와 괴성 등으로 나타나는 '신비적 성령운동'의 현상들은 샤머니즘의 '강신 체험'에서 보이는 공포스러운 몸짓. 짐승의 소리. 목소리 변화. 광증적 발작. 등과도 유사합니다. 이는 많은 사역으로 말씀으로 무장도고 바른 체험을 한 사역자만이 구별해 낼 수가 있습니다. 상당히 신중한 분별이 필요합니다. 일부 목회자들이나 성도들이 성령으로 나타나는 현상인지 샤머니즘의 '강신 체험'에 일어나는 현상과 흡사한 것인지를 구별하지 못합니다. 그러기 때문에 성령이 충만으로 일어나는 현상으로 알고 묵인하고 지냅니다. 그러나 정확한 말씀과 체험한 성령이 역사하는 열린 영의 눈으로 보면 반드시 구별이 됩니다. "성령 임재의 체험을 강조하는 기독교 신비적인 성령운동은 성경적 성령 체험과 비교했을 때 많은 차이가 있습니다. 오히려 샤머니즘적 특성과 유사점이 많다는 것을 알 수 있습니다" 분별력을 길러야 합니다. "그러므로 신비주의적 성령운동의 체험을 강조하기보다는 체험 이후의 변화된 삶에 중점을 두는 성경적 영성을 가져야 할 것입니다" 반드시 바른 복음으로 성령을 체험하면 사람이 변하게 되어 있습니다.

"사탄과 귀신들은 거짓의 영으로 임해 사람들을 미혹하며 그들의 속성대로 사람들에게 고통만 안겨 주고, 궁극적으로는 멸망의 길로 인도 하는 것이 있다는 것을 알고 경각심을 갖아야 합니다" "그 동안 한국의 일부 교회들이 황홀경이나 입신 및 성령 체험 등을 추구하며 샤머니즘적 신비주의와 혼합주의 영성에 빠져 성령의 임재를 무당의 강신(접신) 체험과 같은 현상으로 착각한 것이 사실입니다. 뿐만 아니라 성령의 임재와 악령의 위조된 임재를 구별하지 못하는 경우도 있었습니다. 그러므로 강신 체험과 유사한 신비적 체험을 철저히 분별하여 치유해야 할 것입니다" 우리는 이와 같은 오류를 범하지 않기 위하여 기도에 대하여 바르게 배우고 알고 해야 합니다. 바르게 성령사역을 해야 합니다.

성도님들은 바르게 분별하도록 분별력을 길러야 합니다. 그래야 귀중한 영을 지킬 수가 있습니다. 저는 목회자들이야 전문으로 영적인 일을 하니 문제가 안 되지만 성도님들은 세상일을 하면서 영적인 생활을 하니 더욱 영적인 진리를 알려고 노력해야 한다고 생각합니다. 영적인 면이 취약하기 때문입니다.

13장 성령세례가 모르게 임하는 경우가 있나요

Q. 저는 광주에 사는 집사입니다. 성령세례에 대하여 관심이 아주 많은 편입니다. 그런데 정작 제가 성령세례를 받지 못한 것 같습니다. 저는 아주 성령이 충만한 상태라고 생각하는데 다른 사람들과 같이 밖으로 나타나는 현상이 없습니다. 그래서 내가 성령세례를 받았는가, 받지 않았는가, 항상 고민이 됩니다. 성령세례가 본인이 모르게 임하는 경우도 있습니까?

A. 성령세례를 나 자신도 모르게 받는 경우를 글로 표현하면 이렇습니다. 성령세례란 초자연적으로 역사하시는 성령이 나 자신을 순간 장악하는 것이므로 나 자신이 체험적으로 아는 것이 보통입니다. 그러나 본인 스스로가 인식하지 못하고 지나치는 경우도 있습니다. 성령세례를 받았는데도 본인이 모르고 있는 경우에 발견하는 방법은 대략 이렇습니다.

○ 마음이 평안해집니다.

○ 뭔지 모를 기쁨이 찾아옵니다.

○ 발걸음이 가벼워집니다.

○ 머리가 맑아집니다.

○쉬지 않고 기도가 나옵니다.

○ 마음속에서 찬양이 올라옵니다. 말씀을 사모하게 됩니다.

○ 말씀을 읽을 때 영적인 원리와 비밀들이 보입니다.

○ 예배드리는 것이 즐겁습니다.

○ 예배 시간이 기다려집니다.

○ 나쁜 버릇이 고쳐집니다.

○ 혈기가 없어집니다.

○ 자기 자신을 조정할 줄 압니다.

○ 창조적인 생각을 갖습니다.

○ 영적 가치를 소중히 여깁니다.

○ 화평을 나눌 수 있는 사람이 됩니다.

○ 문제를 해답으로 바꾸는 사람이 됩니다.

○ 영적 설득력이 생깁니다.

○ 반대 의견도 겸허하게 수용할 수 있습니다.

○ 믿음의 삶에 동반자들이 생깁니다.

○ 자기 주변에 성령 충만한 사람들이 모입니다.

○ 하나님의 섭리 가운데 주님 뜻대로 살고자 노력합니다.

○ 주위 사람들에게 평안을 줍니다.

○ 이웃에게 진정으로 관심을 갖게 됩니다.

○ 예수님과 같이 불신 영혼을 불쌍하게 생각합니다.

○자기의 모든 재능은 하나님의 영광을 나타내는 데 사용됩니다.

○ 강력한 끈기가 생깁니다.

○ 마음에 원한을 품지 않습니다.

○ 모든 면에 있어서 믿음을 근거로 한 낙관주의자가 됩니다.

○ 남을 위하여 희생할 줄 아는 사람이 됩니다. 당신도 이렇게 변화되고 있다면 성령으로 세례를 받은 것입니다. 날마다 영으로 기도하여 승리하시기를 바랍니다.

성령으로 세례를 받으면 물론 가시적인 현상이 나타날 수가 있습니다. 그러나 모든 사람이 그래야 한다고 한정할 수 없습니다. 성령은 인격적인 영이기 때문에 사람에 따라 성령의 임하심이 다르게 나타날 수가 있습니다.

14장 은사 나타나면 성령 받은 것이지요

Q. 저는 목사님 교회에 다니면서 은혜 받고 있는 집사입니다. 물론 본 교회는 따로 있습니다. 본 교회에 보면 은사가 있다고 자랑하고 다니는 사람들이 있습니다. 그런데 그 사람의 행동을 보면 과연 성령으로 세례를 받은 사람이라고 생각하기 어려울 정도로 변화되지 못했다는 것입니다.

그러면서 하는 말이 자신은 성령으로 세례를 받았기 때문에 은사가 나타난다는 것입니다. 제가 목사님에게 배운 것은 그렇지 않은데 좀 이상합니다. 목사님! 성령의 은사가 나타나면 성령세례를 받은 것입니까?

A. 결론부터 말하자면 은사가 나타났다고 해서 성령세례를 받았다고 단정하지 못한다는 것입니다. 많은 분들이 저에게 은사는 받았는데 성령세례를 받았는지는 모르겠다고 질문을 합니다. 성령의 은사는 성령세례를 체험해야 나타나는 것이 보통입니다. 그러나 성령세례를 체험하지 않아도 은사가 나타나는 경우가 있습니다. 은사는 육체로 나타나는 것입니다. 그래서 무당도 마귀 은사가 있기 때문에 사람들의 심령을 감찰하여 사기를 치는 것입니다. 은사는 육체로 나타나기 때문에 성령세례를

받지 않아도 은사가 나타날 수 있습니다.

성령세례를 받지 않았는데 은사가 나타나는 경우 그 은사의 진위를 확인하는 방법은 이렇습니다.

O 열매를 보아 알 수 있습니다.

O 성령으로 은사가 나타나는 사람은 그 열매가 아름답습니다.

O 자신의 성품이 변해갑니다.

O 가정환경이 자꾸 풀립니다.

O 사람들과의 관계가 매끄러워집니다.

O 자신이 경영하는 사업이 잘됩니다.

O 교회가 부흥합니다.

O 부부관계가 원만하게 풀립니다. 자녀들의 앞길이 잘 풀립니다.

O 은사를 사용하면 할수록 기쁨이 생깁니다. 속으로 그 은사를 사용하고 싶다는 욕구가 강하게 일어납니다.

O 사람들이 자신에게서 은혜를 받겠다고 찾아옵니다. 자신이 하기 싫어도 하나님이 밀어주시기 때문입니다. 예를 들어 신유은사가 있는 사람은 질병치유를 받으려는 사람들이 자꾸만 자기에게 찾아온다고 합니다. 이것을 보증의 역사라고 하는 것입니다. 세상 말로는 붙임의 역사라고도 합니다. 하나님이 은사를 사용하도록 사람들을 보내신다는 것입니다. 제가 그동안 10년이 넘도록 성령치유사역을 할 수 있었던 것도 하나님이 치

유와 능력을 받을 사람들을 계속 보내 주셨기 때문에 계속할 수 있는 것입니다. 사람을 보내지 않는 데 어떻게 사역을 계속할 수 있겠습니까? 사람이 찾아오지 않으면 하려고 해도 하지 못하는 것입니다. 성령세례가 없이 육체로 은사가 나타나는 사람은 앞에서 말한 것의 반대 현상이 일어납니다. 자꾸 일이 꼬이고, 환경이 답답합니다. 왜냐하면 마귀가 역사하기 때문입니다.

나타나는 행위를 보면 알 수가 있습니다. 잘 분별하시고 집사님도 영적인 진리를 아는 것과 같이 변화되시기를 바랍니다. 아는 것과 변화되는 것, 나타나는 것이 같아야 한다는 말입니다. 한마디로 열매가 좋아야 한다는 것입니다.

15장 방언기도하면 성령세례 받은 것이지요

Q. 저는 성령으로 충만한 삶을 살려고 나름 대로 노력하는 청년입니다. 제가 목사님에게 질문하고 싶은 것이 있습니다. 방언기도하면 성령으로 세례 받았다고 믿어도 되느냐는 것입니다. 왜냐하면 우리 교회 청년이 방언기도를 하는데 들어보니 나몰라. 나몰라. 나몰라. 나몰라. 하면서 기도를 합니다. 물론 본인은 방언기도를 하니 성령세례 받았다고 합니다. 목사님! 맞습니까? 정말 궁금합니다. 알려주세요.

A. 오순절 계통에서는 성령세례의 증거로서 방언은사를 받아야 한다고 합니다. 물론 성령세례를 받으면 방언기도가 터지게 됩니다. 그런데 방언기도를 한다고 해서 모두 다 성령세례를 받은 것이 아니라는 것입니다. 예를 들어 설명하면 이렇습니다.

성령은 초자연적으로 역사하는 하나님의 영이시기 때문에 성령세례를 받으면 본인 자신이 감각적으로 알 수 있습니다. 그렇다고 방언기도를 하시는 모든 분들이 성령세례를 받지 않았다는 표현은 아닙니다. 반면에 방언기도를 하지 못한다고 성령세례를 받지 못했다고 단정 지을 수도 없습니다.

제가 지난 세월 동안 성령사역을 하면서 체험한 바로는 성령세례를 받았지만 방언기도를 못 하는 사람이 있습니다. 방언은 성령의 은사이기 때문입니다. 나는 방언과 성령세례의 관계성은 좀 더 깊이 체험하고 연구해봐야 한다고 생각합니다. 방언을 하는 사람이 모두 성령세례를 받았다고 단정 지을 수 없다는 것이 저의 개인적인 견해입니다.

방언기도는 성령의 불세례를 받은 다음에 나오는 것이 보통입니다. 그러나 제가 지금까지 성령치유 사역을 하면서 체험한 바로는 방언기도를 유창하게 해도 깊은 기도에 들어가지 못하고 성령의 불세례를 체험하지 못한 분들이 있다는 것입니다. 이는 마음을 열고 영으로 기도하는 방법을 모르기 때문입니다. 호흡을 들이쉬면서 통변을 하고 내쉬면서 방언을 해야 합니다.

그런데 대부분 이렇게 하지 않고 목을 사용하여 열심히만 하려고 하기 때문에 방언기도간 깊은 기도에 들어가지 못하고 성령의 불을 받지 못하는 것입니다. 제가 부흥 집회나 성령치유 집회할 때 기도하는 방법을 설명하고 기도를 하게 하면 모두 깊은 기도에 들어가고 성령의 불세례를 체험하더라는 것입니다.

그래서 방언기도를 유창하게 해도 깊은 기도에 들어가지 못하고 성령의 불세례를 체험하지 못하는 것은 기도가 잘못되었기 때문입니다. 반드시 호흡을 들이쉬면서 통변하고 내쉬면서 방언기도를 계속하게 되면 얼마 있지 않아 깊은 기도에 들어가고 성령의 불세례를 체험하게 됩니다. 만약에 당신이 방언기도를 유창하게 해도 깊은 기도에 들어가지 못하고 성령의 뜨거운 불세례를 체험하지 못했다면 당신의 기도가 잘못된 것입니다. 당신의 방언기도의 방법을 제가 알려드린 대로 바꾸면 바로 깊은 기도에 들어가고 성령의 불세례를 체험하게 될 것입니다.

방언기도를 하면 할 수 록 심령이 편안하고 예수님의 성품으로 변해야 합니다. 이러한 현상이 속사람이 겉 사람을 장악한 상태입니다. 방언을 유창하게 해도 기본 성품이 변하지 않으면 빨리 말씀과 성령으로 원인을 찾아서 치유해야 합니다.

2부 기도관련 궁금증

16장 기도는 많이 하는데 짜증과 신경질이 심해요

Q. 저는 상계동에 사는 집사입니다. 목사님의 책 "깊은 영의 기도를 숙달하는 비결"을 읽고 은혜를 받았습니다. 그런데 저는 저도 이해하지 못하는 부분이 있습니다. 그렇게 기도를 많이 하고, 예배란 예배는 모두 참석하여 드리는 겉으로 보기는 모범 신자입니다. 그런데 조그마한 소리도 듣지 못하고 혈기를 냅니다. 저의 혈기에 우리 남편이 아주 질색을 합니다. 왜 그렇습니까? 어떻게 해야 저의 성격이 변할 수가 있습니까? 알려주세요.

A. 기도를 하면 할수록 심령이 성령으로 충만해지므로 심령에서 예수의 인품이 나와야 맞는 것입니다. 이런 기도가 바른 기도요 영으로 하는 기도입니다. 그런데 반대로 기도는 많이 하는데 심령은 영적으로 변하지 않고 오히려 기도하지 않는 세상 사람들보다 더 성격이 예민하여 혈기를 잘 낸다는 것입니다. 필자가 부교역자를 할 때 경험적으로 보고 느끼고 체험한 것입니다.

이상하게 새벽기도 빠지지 않고 잘 나와서 기도하고, 공 예배

빠지지 않고 잘 드리고, 십일조 정확하게 잘 드리고, 구역예배 잘 드리는 성도가 남이 하는 조그마한 소리도 받아들이지를 못하고 혈기를 내는 것입니다. 그러면서 그 성도가 늘 하는 말이 목사님 저는 기도를 많이 해서 신경이 예민해져 가지고 남이 하는 조그마한 잔소리도 듣지를 못합니다. 그러는 것입니다.

이 성도는 이러한 경우 때문에 기도는 많이 하지만 변하지 않고 혈기가 심한 것입니다. 기도는 영의 활동입니다. 사람은 마음 안에 영이 있습니다. 그래서 마음을 열어라, 마음을 열어라 하는 것입니다. 마음을 열어야 영의 활동이 일어나기 때문입니다. 그런데 이 성도는 마음 안에 있는 영이 상처로 인하여 눌려 있는 상태입니다. 그래서 이런 분들이 이구동성으로 하는 말이 나는 하루라도 기도를 쉬면은 죽는다고 말을 합니다. 육신적인 눈으로 보면 아주 좋은 현상입니다.

그러나 영의 눈을 열어 영적으로 보면 문제가 있습니다. 상처 뒤에는 악한 영이 웅크리고 있습니다. 이악한 영은 어떻게 하든지 사람의 영을 압박하여 충만하지 못하게 하려고 합니다. 그러기 때문에 영안에 있는 성령의 역사가 밖으로 표출되지 못하는 것입니다. 이 분들은 기도를 하면 영의 활동이 일어나 영안에 있는 성령의 역사로 상처가 목에까지 올라오게 됩니다. 그러나 터져 떠나가지는 않습니다. 왜냐하면 상처 뒤에는 악한 영이 있기 때문입니다. 제가 하는 이 이야기는 나중에 체험해보면 이해가 될 것입니다.

그래서 기도를 하면 가슴이 답답한 것이 조금 시원해집니다. 그러다가 기도를 쉬면 또 상처가 아래로 내려가면서 영을 압박합니다. 그러니 또 가슴이 답답한 것입니다. 그래서 또 기도하면 마음이 조금 시원해집니다. 이런 활동이 연속적으로 계속 일어나기 때문에 신경이 예민하여 지는 것입니다. 왜냐하면 이 성도는 예수를 믿고 기도를 열심히 해도 아직 전인격이 성령으로 사로잡히지 않았기 때문에 우리의 생명(혼)에 역사하는 악한 영이 떠나 간 것이 아니기 때문입니다. 그래서 사람은 약합니다. 생명(혼)을 가지고 있기 때문입니다.

그럼 이 성도가 언제 변하게 되느냐, 마치 사울이 다메섹 도상에서 예수님을 만나 눈이 멀어 식음을 전폐하고 삼일동안 고생하다가 성령이 충만한 아나니아가 가서 안수할 때 눈에 비늘 같은 것이 벗어지고 보게 되고 음식을 먹고 변화되어, 그 시로 주는 그리스도시라고 증거하고 다닌 것같이 성령 충만한 사람으로부터 안수를 받는 다든지, 불같은 성령의 역사를 체험하여, 심령에서 성령의 불이 올라와 성령의 권능의 역사로 올라갔다가 내려갔다가 하는 상처가 기침이나 토함이나 하품 등으로 빠져나가기 시작하면 변화가 오기 시작하는 것입니다.

이런 체험을 한 분들의 다수가 몸에 힘이 쭉 빠져서 며칠 동안 힘이 없는 체험을 하기도 합니다. 그런데 심령은 변하여 혈기가 없어지고 마음에 참 평안을 찾으며 영으로 기도를 하게 됩니다. 방언기도를 하던 분들도 이런 체험을 하고난 다음에 방언

기도의 소리가 달라지는 경우도 있습니다. 이는 그 성도의 속에서 역사하던 상처가 떠나가고 성령이 장악을 하니, 성령으로 변화되기 시작하는 것입니다. 그래서 성령 충만한 사역자의 안수기도와 불같은 성령 체험이 필요한 것입니다. 필자는 단언 합니다. 성도가 바른 영의 말씀과 불같은 성령을 체험하고 심령을 치유하고 영으로 기도하면 모두 성격이 예수님의 성격으로 변하게 됩니다.

당신이 좀 더 빨리 짜증과 신경질적인 성품을 치유하고 싶으면 성령의 역사가 강한 장소에 가셔서 성령으로 세례를 받으면서 기도하여 영의통로를 뚫어야 합니다. 아마 영의통로가 뚫리면 많은 상처들이 배출될 것입니다. 자꾸 상처가 배출되면서 마음에 평안이 찾아올 것입니다. 그러면 점점 짜증과 경질적인 성품이 변하여 유순하게 될 것입니다. 좌우지간 마음을 열고 성령을 체험하며 막힌 영의통로를 뚫어야 합니다. 영의통로를 빨리 뚫으려면 전문사역자의 도움을 받아야 합니다. 혼자 기도하여 영의통로를 뚫는 것은 시간이 많이 소요됩니다.

17장 기도할 때는 모르는데 돌아서면 갑갑해요

Q. 저는 기도를 하루라도 쉬면 죽을 것 같은 권사입니다. 저에게 문제가 있습니다. 기도를 할 때는 모르는데 기도하고 돌아서면 마음이 갑갑하여 미칠 지경입니다. 그래서 기도를 하루도 쉴 수가 없습니다. 왜 이렇습니까? 어떻게 하면 항상 속이 시원해지는 기도를 할 수 있습니까?

A. 여러 성도님들이 권사님과 같은 말을 많이 하십니다. 영적으로 보면 명확한 이유가 있습니다. 마음의 상처와 자아와 혈통에 역사하는 영들의 영향으로 영의통로가 막힌 것입니다. 한마디로 성령의 강력한 체험을 하지 못한 것입니다. 기도는 영의 활동이기 때문에 어떻게 기도하느냐에 따라서 귀신도 역사하고, 성령도 역사한다는 말입니다. 그래서 기도는 성령으로 하라고 하는 것입니다. 권사님은 성령이 강하게 역사하는 장소에 가셔서 막힌 영의통로를 뚫어야 합니다.

영의통로가 뚫리게 되면 말로 표현할 수 없는 상처가 배출되기도 합니다. 권사님 같은 분이 우리 교회에 오셔서 영의통로를 뚫으면 상처가 보통 두루마리휴지 2통이 소요되기도 합니다. 말로 표현할 수 없는 상처가 나옵니다. 이 상처를 성령의 역사로 배출하면 갑갑한 것이 없어집니다.

그래서 기도는 성령으로 기도해야 한다는 것입니다. 왜 성령으로 기도해야 하느냐를 알고 해야 합니다. 기도의 대상이 하나님이십니다. 하나님의 뜻을 구하고, 하나님의 음성을 듣는 것이 기도입니다. 영이신 하나님에게 기도하기 때문에 성령으로 기도해야 한다는 것입니다. 세상에서 하는 식으로 머리를 써서 자기 생각으로 기도하면 영이신 하나님이 들으실 수가 없기 때문입니다. 한마디로 독백이 된다는 것입니다. 하나님의 육신적인 욕심을 가지고 독백의 기도에 응답하지 않습니다. 기도는 영의 활동입니다. 기도를 성령으로 하지 않으면 기도할 때 세상 신을 부를 수도 있기 때문입니다. 기도하는 소리를 듣고 세상신이 달려들 수도 있다는 것입니다. 그래서 기도는 반드시 성령으로 해야 하나님이 듣고 응답하십니다.

그럼 어떻게 기도를 해야 성령으로 기도를 하느냐 입니다. 성령으로 기도하는 것이란 다음과 같은 세 가지를 말합니다. 첫째는, 성령에 인도되어 드리는 기도를 말합니다. 사도 바울은 롬 8:26에서 성령이 인도하는 기도에 대해서 말씀합니다. "성령도 우리 연약함을 도우시나니 우리가 마땅히 빌바를 알지 못하나 오직 성령이 말할 수 없는 탄식으로 우리를 위하여 친히 간구하시느니라." 물론 우리 자신이 누가 시켜서가 아니라, 스스로 기도하고 싶은 그런 때도 있습니다. 그런데 기도해야 하는데도 불구하고, 웬일인지 기도하기 싫은 때도 있습니다.

이와 같은 우리를 우리의 마음을 움직여서 기도하도록 인도하는 분은 성령이십니다. 그러므로 기도할 마음이 들었을 때, 여러분은 감사하십시오. 아하, 성령께서 나를 기도하도록 인도하셨구나 하고 말입니다. 어떤 성도는 이렇게 말하였습니다. "기도는 하나님께로 나서 하나님께로 돌아가는 것입니다."고 말입니다. 기도란 사람이 하는 일이 아니라, 하나님께서 하시는 일이라는 뜻입니다. 기도할 마음을 주시는 분은 성령이신 하나님이십니다.

두 번째로, 성령님의 도우심을 따라 기도하게 됩니다. 성령님의 가장 큰 역할은, 예수님을 우리들에게 보여주는 일을 하십니다. 그러면서 동시에 우리 인생들을 친히 돕는 일을 하신다는 것입니다. 성령께서 어떻게 우리들을 도우시는 것입니까? 그것은 우리의 마음과 생각을 감화 감동시키심으로 도우십니다. 우리에게 선한 마음을 품게 하실 뿐 아니라, 그 마음을 행동할 수 있도록 격려하고 힘을 주시는 분이 성령이십니다. 우리가 기도드릴 때, 기도할 말을 가르쳐 주시고, 기도할 목표를 바라보게 하시며, 우리와 함께 기도에 동참하시는 분이 성령이십니다. 그러므로 개인적으로 기도할 때만이 아니라, 공중 앞에서 기도할 때에도 거기에는 성령께서 함께 하시며, 우리를 돕고 계시는 것을 알아야 하겠습니다.

요한복음 16장 7절에 약속하신 보혜사 성령님은, 우리의 상담자가 되시는 분입니다. 우리가 찾아갈 때만이 아니라, 친히 우리에게 찾아 오셔서 우리의 문제에 대해서 느끼게 해 주시고, 가르쳐 주시고 바르게 행동하도록 일깨워 주십니다. 그래서 우리는 도우시는 성령님께 맡겨야 합니다. 이것보다도 더 지혜로운 방법이 없습니다. "저를 맡깁니다. 기도할 마음을 주십시오. 무엇을 기도할지 가르쳐 주십시오. 기도에 힘을 주시옵소서. 낙심치 않도록 뒤로 물러가지 않도록, 끝까지 승리하도록 도와주시옵소서."

　세 번째는, 성령님의 힘으로 기도하는 것입니다. 당신은 어떤지 모르겠습니다만, 기도할 때 우리는 어두운 생각이나 무거운 영적 압력으로 아무 힘이 없다는 것을 느낄 때가 많습니다. 맥이 빠지고, 힘이 없어서 기도할 수가 없다는 생각이 사로잡곤 합니다. 왜 그렇습니까? 이런 때는 마귀가 우리로 하여금 기도하지 못하도록 방해하고 있는 것이며, 사로잡고 있는 것입니다. 마귀의 힘이 우리를 붙들고 있기 때문에 우리 자신의 힘으로는 아무것도 할 수 없습니다. 바로 이런 때에 성령님을 의지해야 합니다. 그러면 놀랍게도 알 수 없는 힘과 능력이 위로부터 내려오는 것입니다. 우리 자신의 힘으로 기도하려고 하는 것은 가장 어리석고 미련한 방법입니다. 그러나 성령님의 힘을 의지할 때, 성령께서 친히 역사 하시는 것입니다. 바울 사도는 에베소 교회에 이렇게 편지했습니다. "모든 기도와 간구로 하되 무시로 성령 안에서 기도하고 이를 위하여 깨어 구하기를 항상 힘쓰며, 여러 성도들을 위하여 구하고"(엡6:18). 그리고 로마서에서 성령이 우리와 함께 기도하고 계심을 말씀하시기를, "마음을 감찰하시는 이가 성령의 생각을 아시나니 이는 성령이 하나님의 뜻대로 성도를 위하여 간구하시느니라."(롬8:27).

18장 기도를 오래하려해도 하지 못해요

Q. 목사님! 안녕하세요. 목사님이 저술하신 책"성령의 불로 불세례 받는 법"과 "하나님의 복을 전이 받는 법"을 읽고 목사님을 알게 되었습니다. 저에게 한 가지 문제가 있어서 실례를 무릅쓰고 메일을 보냅니다. 목사님 답변에 제가 깨닫게 하여 영적인 군사가 되게 하여 주세요. 저는 기도를 못합니다. 기도를 오래하고 싶은데 10분 정도하면 할 수가 없습니다. 기도를 많이 해야 성령의 세례도 받는다고 하는데 어찌해야 합니까?

A. 기도를 오래하지 못하면 답답하지요. 기도는 참으로 중요합니다. 제가 얼마 전에 기도하는데 하나님이 감동하시기를 "말씀은 총이다. 기도는 총알이다. 총만 있으면 사용할 수 없다. 총알이 있어야 사용할 수가 있다. 마찬가지로 총알만 가지고 사용할 수가 없다. 총이 있어야 한다. 그러므로 말씀과 기도는 같이 가야한다. 기도 없이 말씀에 생명이 없고, 말씀 없는 기도는 샤머니즘의 기도가 된다는 말이다."이렇게 알려주시는 것을 들었습니다. 성도는 기도를 성령으로 해야 합니다. 다음 간증을 읽어 보시면 어떻게 해야 할지 깨닫게 될 것입니다.

저는 항상 믿음 생활하기가 너무나 힘들다고 불평하며 지낸 집사입니다. 제일 힘이 드는 것이 기도였습니다. 좀처럼 기도하기가 쉽지가 않았습니다. 다른 성도들은 몇 시간씩 기도를 한다고 자랑을 하는데 저는 십 분을 하지 못했습니다. 집안에 일이 있어서 새벽기도에 가도 기도가 되지를 않아 그냥오기 일쑤였습니다. 기도를 하지 못하니 자연히 마음이 답답해지고 조그마한 소리에도 혈기를 잘 내는 것입니다.

남편이 한 마디 하면 저는 세 마디로 대꾸를 합니다. 남편은 교회 다니는 집사가 어떻게 그렇게 혈기가 심하냐고 할 정도입니다. 저도 혈기를 내지 말아야 하겠다고 생각은 합니다. 그러나 막상 사람과의 관계에서는 절제가 되지 않았습니다. 그래서 왜 제가 기도가 되지 않고 마음이 답답하고 혈기가 심할까! 혼자 고민을 하는데 구역 예배에 갔다가 구역장이 저의 이야기를 듣고 충만한 교회를 소개하여 주었습니다.

그래서 홈페이지에 들어가서 프로그램을 보고 집회에 참석을 했습니다. 집회에 하루 참석하여 말씀을 듣고 기도하니 조금 나아지는 것 같았습니다. 다음날 상담을 신청하여 저의 상태를 강 목사님에게 말씀을 드렸습니다. 강 목사님이 하시는 말씀이 마음의 상처로 인하여 영의 통로가 막혀서 기도도 안 되고 혈기도 심하다는 것입니다. 이런 상태로 계속 살아가다가 갱년기에 들어서면 육체의 질병과 우울증으로 고생을 할 것이라고 했습니다. 육신의 건강을 위해서라도 영의 통로를 뚫고 상처를 치유해야 한다는 것입니다. 어떻게 하면 영의 통로가 뚫리느냐고 질문을 했더니 계속 참석하면서 말씀을 듣고 기도를 하면 된다고 하시면서 기도 방법을 바꾸어 보라고 하셨습니다. 그냥 호흡을 들이쉬고 내쉬면서 배에서 나오는 소리로 주여! 주여! 주여! 를 계속하면 성령의 역사가 일어나 영의 통로가 자연스럽게 뚫리게 된다는 것입니다. 절대로 욕심을 부린다고 빨리 뚫리는 것이 아니니 성령께서 하라는 대로 따라가라는 것입니다. 그렇게 순종하고 기도하면 목사님이 돌아다니면서 안수하여 영의 통로가 뚫리도록 해준다는 것입니다. 그래서 순종하기로 했습니다. 무엇보다 두려운 것은 갱년기에 질병과 우울증으로 고통당할 수도 있다는 말 이였습니다.

집회에 참석하여 전하는 말씀을 열심히 들었습니다. 말씀을 들을 때 저의 가슴이 답답해지는 것을 느꼈습니다. 그래서 나는 이상했지만 성령의 역사로 인하여 나타나는 현상이라는 것을 알았습니다. 말씀을 듣고 찬양을 부르고 기도 시간이 되었습니다. 강 목사님이 알려주신 대로 숨을 들이쉬고 내쉬면서 배에서 나오는 소리를 열심히 했습니다. 숨을 들이쉬면서 배에서 나오는 소리로 주여! 주여! 주여! 를 계속했습니다.

이렇게 기도에 몰입을 했습니다. 그러자 저에게 진동이 오기 시작을 했습니다. 손이 떨리기 시작을 하더니 온몸이 떨리는 것입니다. 그래도 기도에 몰입을 했습니다. 그러자 이제 손가락이 움츠려들고, 오그라드는 것입니다. 그러면서 제 몸이 뒤틀리는 현상이 일어나는 것입니다. 가슴이 답답해 오는 것입니다. 이제 제의지로 무엇을 할 수가 없었습니다. 성령이 역사하는 대로 따라서 기도를 했습니다. 그러니까 제 안에서 불이 올라오는 것입니다.

아주 뜨거운 불이 올라옵니다. 온몸이 뜨거워집니다. 얼굴이 뜨거워집니다. 몸은 뒤틀립니다. 아주 정신을 차릴 수가 없이 성령이 역사를 하는 것입니다. 그러기를 한 30분 한 것 같습니다. 이제 제가 잠잠해지기 시작을 했습니다. 그러자 강 목사님이 오셔서 안수해 주셨습니다. "이렇게 뒤틀리게 했던 더러운 영은 물러갈지어다." "기침을 통해서 떠나갈지어다." 하며 명령을 했습니다. 그러자 기침이 사정없이 나오는 것입니다. 그러면서 내 속에서 방언기도가 터져 나오는 것입니다.

그때 나에게 감동이 오기를 이제 성령의 불세례를 체험하고 영에서 나오는 방언을 하는 것이라는 것입니다. 영의 통로가 뚫렸다는 생각이 나를 주장했습니다. 너무나 감사했습니다. 그래서 계속 방언기도를 하니 몸이 가벼워지며 머리가 상쾌해졌습니다. 너무나 좋아서 지금 두 달째 다니고 있습니다. 말로 표현 못하는 평안을 느끼고 있습니다. 성격이 유순해졌습니다. 혈기가 없어졌습니다. 기도 시간이 즐거워집니다. 저의 남편이 이제 집사 같다는 것입니다. 제가 지금 느끼는 것은 바른 신앙지도를 받으면 좀 더 빨리 깊이 있고 변화된 성도가 될 수 있다는 것입니다. 정말 하나님의 평안을 몸으로 느끼면서 삶을 살아가고 있습니다.

19장 기도를 조금 하다보면 하품이 나와요

Q. 저는 2년 전에 성령을 체험했습니다. 문제는 기도할 때 하품이 나온다는 것입니다. 입을 쩍쩍 벌리고 하품을 합니다. 하지 않으려고 해도 자동으로 나옵니다. 강단 앞에 계시는 목사님에게 실례가 될 때도 있습니다. 설교말씀을 들을 때도 하품이 나올 때가 있기 때문입니다. 그러면서 마음에 평안이 없습니다. 목사님! 이유가 무엇입니까? 우리 교회에서 알아보려고 해도 창피합니다. 목사님! 알려주세요.

A. 성령의 세례를 받아 상처가 드러났는데 배출하지 않아서 일어나는 현상입니다. 많은 성도님들이 성령을 한 번 체험하면 다된 것으로 생각을 합니다. 그래서 당신 같이 2년 전에 성령을 체험했습니다. 하면서 자랑스럽게 말합니다. 성령을 체험했으면 성령이 완전하게 장악을 하도록 해야 한다는 것입니다. 성령을 체험하고 성령으로 기도하여 불세례를 받으면서 심령의 상처를 치유하며 배출시켜야 영의통로가 열리게 됩니다. 성령을 체험했으면 성령으로 기도하면서 성령이 자신을 완전하게 장악하게 해야 합니다. 그런데 성령으로 충만 받지도 않고 성령으로 기도하면서 배출 시키는 작업을 하지 않은 것입니다. 그래서 기

도하면 상처가 드러나서 하품을 하게 되는 것입니다.

너무 걱정하지 마세요. 성령의 역사가 강한 곳에 가셔서 배에서 나오는 소리로 기도하여 영의통로를 뚫고 상처를 배출하면 됩니다. 우리 교회 같으면 2박 3일 집회만 참석하면 해결이 되는 문제입니다. 혼자 해결하려면 시간이 많이 걸립니다. 도움을 받는 것이 좋습니다. 주변에 성령의 역사가 있는 장소에 가셔서 성령의 역사가 같이하는 사역자에게 안수 받으면서 기도하세요. 그러면 상처가 배출이 될 것입니다. 그러면 그런 현상이 없어지고 마음도 평안해질 것입니다.

이러한 현상은 이렇게 이해하시면 되겠습니다. 자신이 기도를 하면 성령이 충만해 집니다. 성령이 충만해지니 자신 안에 상처가 드러나다가 밖으로 나가는 것입니다. 언제까지 나오느냐 자신이 완전하게 성령으로 장악이 될 때까지 나옵니다.

저의 경험으로는 2-3년 동안 나옵니다. 3년을 생각하면 맞습니다. 목회자나 성도가 영적으로 변하여 권능있는 군사가 되는 것이 그렇게 쉽게 단기간에 되지 않습니다. 진리의 말씀의 비밀을 깨달아 아는 만큼씩 깊어진다고 생각하면 맞습니다.

무조건 기도만 한다고 상처가 완전하게 배출이 되는 것이 아닙니다. 성령으로 기도하며 영적인 비밀을 깨달아 아는 만큼씩 배출이 됩니다.

20장 대적기도 할 때 이상한 현상이 나타나요

Q. 몇 번의 집회 참석과 책을 통해서 은혜를 받고 있습니다. 요즈음 저에게 이상한 현상이 일어납니다. 다름이 아니라. 대적기도 책을 보면서 대적기도를 하는데 저를 위해 기도할 때에도, 교인들을 위해 대적기도 할 때에도 늘 제게 반응이 옵니다. 갑자기 입이 벌어지고 소리가 나고… 몸이 비틀어지기도 합니다. 무엇이 잘못된 것이지 궁금합니다. 바쁘신데 죄송합니다.

A. 당신 안에 역사하는 상처로 인하여 생기는 현상입니다. 성령의 임재 가운데 대적기도 하니 당신 안에 있는 악한 영들이 반응하는 것입니다. 먼저 자신을 치유해야 되는 상태입니다. 다음의 이야기를 읽어보시면 이해가 가실 것입니다. 그리고 어떻게 해야 할지 깨닫게 될 것입니다.

어느 여 목사님이 저에게 상담한 내용입니다. "목사님 저는 상대방에 대하여 전화로 기도를 해주어도 제가 기침을 해댑니다. 어느 때는 강단에서 설교할 때도 기침이 나오고 구역질이 나와서 덕이 되지 못합니다. 환자들을 기도할 때 환자는 아무런 역사도 나타나지 않는데 저만 막 기침을 해댑니다. 교회를 향해 명령기도 할 때도 하품과 기침이 나옵니다" 그래서 내가 이렇게 대답을 했습니다. "목사님 자신의 관리에 힘써야 하겠습니다. 상대방을 안수하는데 목사님이 구역질이 나오고 기침을 한다는 것은 목사님 안에 있는 상처가 나오는 것입니다. 원래 성령의 역사는 사역자가 먼저 일어납니다. 그 다음에 피 사역자에게로 성령의 역사가 전이되는 것입니다. 그래서 목사님에게서 일어난 성령의 역사로 목사님 안에 있던 상처가 나가면서 기침을 하는 것입니다." 그랬더니 이 목사님이 이렇게 말합니다. "목사님 어떤 영성 사역하는 목사님이 그러시는데 상대방의 악한영이 나에게서 나가는 현상이라고 합니다." 그래서 "잘못 아신 것입니다. 어떻게 상대방의 악한 영이 목사님을 뚫고 들어와서 목사님의 입으로 나갑니까? 절대로 잘못 아신 것입니다." 이런 경우는 그 여 목사님이 치유가 완전히 되지 않아서 자신의 더러운 것들이 나오는 것입니다. 원래 성령의 역사는 자신이 먼저 나타나는 것입니다.

자신에게 나타난 성령의 역사가 상대방에게 전이가 되는 것입니다. 그래서 자신에게 나타난 성령의 역사로 자신에게 있던 상처들이 나가는 것입니다. 이런 분은 많은 시간을 치유하여 자신을 깨끗하게 하고 사역을 해야 합니다. 정 그렇게 하지 못한다고 한다면 일주일에 하루라도 자신이 치유를 받으면서 사역을 해야 합니다. 그렇지 못하면 자신의 건강에 문제가 올 수가 있습니다. 젊을 때는 문제가 없을 수 있지만 나이가 들어 체력이 떨어지면 탈진현상이 나타나 사역을 하지 못할 수도 있는 것입니다. 그러면서 목사님에게 이렇게 경각심을 가지고 사역을 하도록 했습니다. "목사님! 앞으로 주의하셔야 합니다. 지금같이 목사님이 성령으로 완전하게 장악되지 않고 치유되지 않은 상태로 계속 환자들을 상대하면 어려움을 당할 수도 있습니다. 왜냐하면 환자들에게 역사하던 악한 것들이 목사님에게 전이될 수 있습니다. 목사님은 기도를 많이 하는 편이므로 영이 열린 상태라, 환자에게 역사하던 악한 영이 목사님에게 들어올 수가 있다는 것입니다.

이는 목사님이 육체를 가지고 있기 때문입니다. 그러므로 개인을 대상으로 치유 사역을 하는 사역자는 자신의 관리를 잘해야 합니다. 자신의 관리가 잘되지 않으면 상대방에게 역사하던 악한 영들이 사역자에게 전이 될 수가 있다는 것입니다. 이것을 신학적인 용어로 영적 손상이라고 합니다. 앞으로 좀 더 자기 관리에 힘쓰면서 사역을 하시기를 바랍니다."

21장 기도를 하다보면 머리가 아파요

Q. 저는 군산에 사는 여 집사입니다. 목사님의 책 "깊은 영의기도 숙달하는 비결"을 읽고 목사님에 대하여 알게 되었습니다. 저는 아주 우상숭배가 심한 가정에서 자랐습니다. 집에서 무당을 데려다가 굿을 하는 것을 수도 없이 보고 자랐습니다. 결혼하여 예수를 믿게 되었습니다. 그런데 새벽이나 저녁예배에 참석하여 기도를 조금하다가 보면 머리가 아프기 시작합니다. 그래서 기도를 하지 못하기도 합니다. 왜 이런 현상이 일어날까요? 어떻게 하면 해결이 될까요?

A. 기도는 영의 활동입니다. 기도해야 성령으로 충만 받을 수 있다는 말입니다. 기도하여 성령으로 충만해지니 당신의 안에서 역사하는 귀신의 영향으로 머리가 아픈 것입니다. 치유 받아야 합니다. 반드시 성령의 강한 역사가 있는 장소에 가셔서 치유를 받아야 합니다. 성령이 강한역사를 체험하면 머리를 아프게 하는 귀신이 떠나갈 것입니다. 시간이 좀 많이 걸릴 수도 있습니다. 왜냐하면 성령의 역사가 당신을 완전하게 장악을 해야 귀신이 떠나가기 때문입니다.

그래서 제가 항상 강조하는 말이 성도가 예수를 믿고 교회에 들어오면 말씀을 듣고 기도하여 성령으로 세례를 받고, 마음의 상처를 치유하고, 자아를 부수고, 혈통에 역사하는 귀신들을 축사하여 심령을 옥토로 만들어야 하는 것입니다. 그런데 이렇게 성도들을 성령으로 세례 받게 하고 치유하여 심령을 옥토로 만드는 교회가 그렇게 많지 않다는 것입니다.

집사님은 성령의 강한 역사가 있고 치유를 전문으로 하는 영적인 교회를 다녀야 지금의 문제가 해결이 됩니다. 어디에서 귀신 쫓아냈다고 방심하면 여러 가지 이해하지 못하는 고통을 당할 수가 있습니다. 성령이 강하게 역사하는 교회에서 매주 관리를 받아야 예수를 믿으면서 아브라함의 축복을 받을 수가 있습니다. 집사님에게 역사하는 귀신은 교회에 다닌다고 절대로 떠나가지 않습니다. 반드시 성령의 강한 역사가 있어야 떠나가고 다시 들어오지 않습니다.

말씀과 성령으로 자신을 보고 치유하는데 관심을 많이 가져야 합니다. 그래야 나이가 들어서 고통을 당하지 않습니다. 저의 체험으로 보아 집사님은 성령의 강한 임재를 날마다 체험하여 육에 역사하는 영들을 떠나보내야 합니다.

22장 기도할 때마다 울음이 나와요

Q. 저는 목포에 사는 김 집사입니다. 목사님의 책 "내적상처를 스스로 치유하는 기도문"을 읽고 목사님을 알게 되었습니다. 목사님! 저는 기도할 때마다 서러움이 올라와서 웁니다. 남들은 은혜를 받아서 운다고 하지만 저는 아닌 것 같습니다. 왜 그럴까요? 어떻게 하면 해결이 될까요? 목사님! 명쾌한 답변을 부탁드려요.

A. 많은 분들이 기도하면서 울면 은혜 받아서 우는 줄로 압니다. 그런데 영적으로 한 차원 깊게 분별하여 보면 문제가 있습니다. 제가 전주에 부흥회를 인도하러 간적이 있습니다. 수요일 이었는데 기도시간이 되니까? 서럽게 우는 분이 있었습니다. 담임 목사님이 저에게 저분은 기도할 때마다 운다는 것입니다. 왜 우느냐고 하니까, 잘 모른다는 것입니다. 그래서 제가 그분에게 가서 안수를 하면서 성령님에게 물었습니다. "성령님! 이 여인이 왜 기도 시간마다 웁니까?" 그랬더니 이렇게 감동을 하시는 것입니다. "서러움의 상처가 있다. 서러움의 상처를 치유하면 더 이상 울지 않을 것이다." 그래서 성령의 임재를 요청하고 안수를 했습니다. "예수님의 이름으로 명하노니 서러움의

상처는 드러날지어다." 그러자 이 여인이 강력한 진동을 하더니 통곡을 하면서 우는 것입니다. 계속 울도록 두고 다른 분들을 안수하여 치유했습니다.

다시 그분에게 갔습니다. 계속 우는데 우는 강도가 조금 약해졌습니다. 그래서 "내가 예수님의 이름으로 명하노니 서러움의 영을 떠나갈지어다." 했더니 막 잔동을 사정없이 하는 것입니다. 그러다가 의자에서 떨어졌습니다. 의자 옆에 누워서 발작을 강하게 하는 것입니다. 저는 계속 "성령님 강하게 역사하여 주옵소서"하며 기도를 했습니다. 조금 진정이 되는 것 같아서 "지금 이렇게 발작한 귀신은 떠나갈지어다."하니까 기침을 사정없이 하면서 귀신들이 떠나갔습니다. 진동도 멈추고 안정을 찾았습니다. 의자에 앉아서 기도하게 했습니다. 그러고 집회를 끝냈습니다. 다음날입니다. 이 여인이 기도 시간에 울지를 않는 것입니다. 서러움을 일으키는 근본이 치유가 된 것입니다. 당신도 이렇게 치유해야 할 것입니다.

저는 그동안 기도하며서 우시는 분들을 다수 치유한 경험이 있습니다. 우시는 분들은 무의식에 서러움의 상처가 있는 분들이 있습니다. 바르게 알고 서러움의 상처를 치유하여 우울증을 예방하시기를 바랍니다.

23장 기도를 하다보면 허리 어깨 가슴이 아파요

Q. 저는 울산에 사는 김 권사입니다. 목사님! 저의 문제를 해결하게 해주세요. 문제는 이것입니다. 기도가 조금 깊어지면 허리 어깨 가슴이 아파집니다. 그래서 기도를 깊이하지 못합니다. 평상시에도 스트레스를 받으면 허리 어깨 가슴이 아픕니다. 상당히 오래되었습니다. 왜 그럴까요? 어찌하면 치유를 받을 수 있을까요?

A. 저는 권사님과 같은 분들을 많이 치유한 경험이 있습니다. 제가 하는 말에 놀라지 마시고 치유 받으시기를 바랍니다. 제가 그동안 치유하면서 체험한 바로는 집안에 무당의 내력이 있는 분들이 어깨통증과 허리통증, 가슴이 아파서 고생을 많이 합니다. 어떤 경우는 중학교에 다니는 여학생이 이와 같은 현상으로 밤에 잠을 자지 못할 정도로 고통을 당하기도 합니다. 병원에 가서 검진을 받아도 병증이 나타나지 않는 것이 특징입니다. 이것은 무속적인 용어로 무병[巫病] 이라고 합니다.

하지만 권사님 걱정하지 않아도 됩니다. 원인을 알았으니 치유를 받으면 됩니다. 강한 성령의 역사가 일어나는 장소에 가서서 치유하시면 됩니다. 성령의 임재가 되면 비교적 치유가 잘

됩니다. 성령님이 권사님을 완전하게 장악하시게 하고 귀신을 축귀하면 됩니다. 저는 이렇게 치유합니다. 권사님과 같은 분이 저희 교회에 치유 받으러 오시면 기도 시간에 안수를 합니다. 안수하여 성령께서 환자를 완전하게 장악하게 합니다. 장악이 되면 축귀합니다. "내가 예수님의 이름으로 명하노니 허리 어깨 가슴을 아프게 하는 더러운 영은 정체를 밝힐지어다." 그러면 벌벌 떨면서 정체를 드러냅니다. 그러면 다시 명령을 합니다. "지금 이렇게 벌벌 떠는 귀신은 떠나갈지어다" 하면 기침으로 떠가가기도 합니다. 소리를 지르면서 떠나가기도 합니다. 조금 지나면 통증이 없어집니다. 원리를 바르게 알면 치유하기가 쉽습니다. 권사님 걱정하지 마시고 주변에 성령치유 하는 곳에 가셔서 사정을 말씀드리고 치유 받으시기를 바랍니다. 될 수 있는 한 빨리 치유를 받아야 합니다. 시간이 가면 갈수록 악한 영의 영향이 강해지기 때문입니다.

24장 방언기도 소리가 이상해요

Q. 안녕하세요. 목사님의 책도 몇 권 읽어 보았고 요즘 집회에 참석하고 있는 목사입니다. 집회 참석을 통해 은혜를 많이 받고 영성 목회에 대한 원리를 배우고 새로운 힘을 얻고 있습니다. 목사님이 알려 주신대로 호흡을 들여 마시고 내 쉬면서 방언 기도하고 있습니다. 그런데 10번 정도 하면 꼭 현상이 나타납니다. 입이 찢어 질 정도로 벌어지고, 하 하… 하는 소리를 내기고 하고, 진동이 오면서 팔이 높이 올라가기도 합니다. 어느 때는 목과 어깨를 돌리기도 합니다. 방언 기도하다가 보면 큰 비명 소리나 화난 육식 동물의 소리도 나는 것 같습니다. 어느 때는 아~~ 아~~ 크게 소리 지르기도 합니다. 어제 집에서 기도하는데 자연스럽게 바닥에 눕기도 하면서 양발을 사정없이 허공을 향해 발길질하기고 합니다.

절제를 하면 금방 멈추기도 합니다. 숨을 깊게 들여 마시고 내 쉬면서 방언기도를 하면 이런 현상이 항상 일어납니다. 그런 기도를 계속하면서 내가 죄가 크구나 하는 생각이 들기도 하고요. 마음속으로 시원하다는 생각도 들기도 합니다.

목사님 책을 읽어보면 이런 현상들이 성령세례 때 올수 있는 현상이라고 기록되어 있습니다. 오늘 차를 타고 오다가도 기도하는데 그런 현상이 일어났습니다. 목사님의 말씀을 듣고 싶습니다. 간단하게라도 지도해 주십시오. 목사님 말씀 중에 내 것으로 만들라는 말씀이 마음에 확 와서 닿습니다. 은사를 사모하고 은혜를 사모합니다. 목사님의 귀한 사역을 통해 많은 교역자들이 변화되고 교회가 변화되기를 기도합니다. 감사합니다.

A. 당신에게 나타나는 현상은 성령으로 정화되어야 될 영적인 문젯거리입니다. 초기에 성령을 체험하고 나타나는 대표적인 현상들입니다. 제가 개별 집중치유를 하면서 체험한 바로는 이상한 방언이 나오고 귀신이 나갔습니다. 방언소리가 귀에 듣기 싫은 소리입니다. 그런 소리가 나면 귀신들이 떠나갑니다. 기도하면서 성령의 역사를 일으켜 귀신을 떠나보내니 점점 상태가 좋아졌습니다.

이런 분들이 치유를 지속적으로 받으니 점점 나타나는 현상이 약해지면서 방언기도 소리가 은혜롭게 나왔습니다. 한 두 시간에 해결이 불가능합니다. 인내력을 가지고 지속적으로 다니시면서 성령으로 기도하고 안수를 받으면 해결이 됩니다. 시간이 걸립니다. 좌절하거나 포기하시지 말고 지속하여 성령의 강한 권능을 받아 하나님에게 쓰임을 받기를 바랍니다. 당신 안에 주인으로 계신 성령님은 상처 뒤에 역사하는 악한 세력보다 강합니다. 성령이 충만하면 모두 떠나갈 것입니다. 너무 불안해하지 마시고 깊은 영의기도를 많이 하여 상처를 밖으로 배출하기를 바랍니다.

25장 내가 귀신방언을 한 대요

Q. 목사님! 수고가 많으십니다. 저는 목사님이 집필한 "방언기도에 숨은 비밀"을 읽고 목사님을 알게 되었습니다. 그런데 저에게 문제가 하나 있습니다. 2년 전 부흥회할 때 방언을 받았습니다. 그래서 방언기도를 해오고 있습니다. 우리 교회 어느 분이 제가 하는 방언기도가 귀신방언이라고 담임목사님에게 말했다는 것입니다.

담임목사님이 저에게 방언기도 하는 것 절제하는 것이 좋겠다고 하셨습니다. 그 일이 있은 후부터 기도가 막혔습니다. 기도가 되지를 않습니다. 답답하여 미치겠습니다. 정말 제가 귀신방언을 하고 있었을까요? 목사님의 견해를 알려주세요.

A. 참으로 고생을 많이 하고 계십니다. 저도 당해본 일이니 현재 상태를 알만 합니다. 많은 성도들이 저에게 와서 자신의 방언이 진짜 방언인지 아닌지 분별하여 달라고 합니다. 제가 군에 있을 때 군 교회에서 부흥회를 했는데 그때 성령체험을 하고 방언을 하기 시작을 했습니다. 말로 하는 기도보다 방언으로 기도하니 너무나 좋고 감사하고 영적인 체험도 하고 영성도 깊어지는 것 같았습니다. 그러다가 다른 부대로 발령이 나서 가

게 되었습니다. 그런데 그곳에 방언통역을 한다는 권사가 하나 있었나 봅니다. 하루는 저와 가장 가까운 사람이 저에게 당신이 하는 방언기도는 귀신방언이니 하지 말라는 것입니다. 그리고 새벽에 기도할 때마다 제 옆에서 감시를 하고 방언하는 소리를 들어보는 것입니다. 그래서 제가 방언으로 기도를 하지 못했습니다. 그런데 문제는 방언으로 새벽에 기도를 하지 못한 날은 몸이 천근만근이고 기분이 좋지 못하여 하루 종일 고생을 한다는 것입니다. 방언으로 새벽에 기도하고 나면은 발걸음이 가볍고 하루가 상쾌하고 즐겁게 잘 지내는데 방언으로 기도하지 못하는 날은 정말 힘이 들었습니다.

그때 제가 느낀 것인데 사람은 영적인 존재이기 때문에 영성이 활성화 되지 못하면 건강에도 지장이 있다는 것을 체험으로 알게 했습니다. 그런데 제가 목회자가 되고 영적인 일에 관심을 많이 갖고 불같은 성령도 체험하고 나름대로 영성이 조금 깊어진 지금 생각하면 초등학교 일학년 수준인 영적인 지식을 가지고 저의 방언기도를 방해하여 영적성장에 지대한 영향을 미쳤다는 것입니다. 그래서 제가 방언 통역에 대하여 관심을 갖기 시작한 것입니다. 그때 하도 고생을 해서 말입니다. 그런데 제가 성령치유 사역을 하다가 보니 교회에 방언통역을 한다는 성도들로 하여금, 교회 성도들에게 상처를 주고, 피해가 막심하다는 것입니다. 작년 추석 집회할 때 어느 여전도사가 와서 저에게 이렇게 상담을 했습니다. 목사님 우리 교회 전도사 중에 나름대로 방언 통역을 한다는 여전도사가 있는데, 새벽 기도할 때 성도들의 방언기도를 들어보고 나름대로 평가하여 담임 목사님에게 이야기 하면 목사님이 그 성도에게 방언기도를 하지 못하게 한다는 것입니다.

그 피해자 중에 자기도 포함이 된다는 것입니다. 그래서 자기가 방언으로 기도를 못하니 가슴이 답답하여 미칠 지경이라 휴일을 택해서 치유 받으러 왔다는 것입니다. 그래서 말씀 듣고 은혜 받고 심령을 치유 받고 제가 그 전도사의 방언을 들어보니 이상이 없는 성령으로 하는 영의 방언이었습니다. 그래서 이제 걱정하지 말고, 누구의 말에도 눌리지 말고 누가 무어라고 해도 방언으로 기도를 계속 하라고 조언한 일이 있습니다. 제가 성령 치유 사역을 오래하다가 보니 개척교회나 큰 교회나 할 것이 없이 목회자 분들이 영안이 열렸다, 방언 통역을 한다하는 성도들의 말을 잘도 믿는 다는 것입니다. 분별해 보지도 않고 그 소리를 다 믿는 다는 것입니다.

저의 임상적인 견해로는 방언을 어떤 소리로 하든지 상관할 필요가 없다는 것입니다. 방언은 계속적으로 바뀝니다. 방언을 하다가 성령의 불세례를 강하게 체험하고 영의 통로가 열리면 방언이 달라지고 바른 방언이 됩니다. 그러므로 방언하는 것 들어보고, 귀신 방언인가 판단하지 말아야 합니다. 또 방언 통역을 아무렇게나 하는 것이 아닙니다. 잘못된 방언도 목회자가 성령의 불세례를 체험하고 성령의 능력을 받아 안수기도를 하면 성령의 강력한 역사에 의하여 영으로 하는 방언으로 바뀌더라는 것입니다.

절대로 교회에서 자기 나름대로 방언 통역한다는 사람들은 자신의 심령 상태를 진단해 보아야 한다고 저는 강력하게 주장을 합니다. 왜냐하면 방언을 가장 듣기 싫어하는 것들이 귀신입니다. 그래서 귀신에게 눌렸던 성도들이 방언을 받으면 귀신들이 많이 축귀되는 것입니다. 특히 영으로 속으로 하는 방언에는 귀신들이 정말로 듣지 못하고 축귀됩니다. 그러므로 방언 통역 한다고 들어보고 귀신 방언 한다고 못하게 하는 그 성도가 바로 귀신 방언을 하는 것입니다. 방언기도의 분별은 본인이 하는 것입니다. 본인이 방언기도를 했을 때 마음이 뜨겁고 성령의 충만함을 느끼면 영으로 하는 방언입니다. 그러나 방언 기도를 하면 할 수 록 심령이 갑갑하고 영성에 변화가 없으면 잘못된 방언입니다. 이렇게 잘못된 방언을 하다가도 어느날 성령의 불세례를 체험하면 바른 방언으로 바뀌니까, 너무 성급하게 판단하여 낙심하거나 의기소침하면 영성에 해가 되니 참고하시기를 바랍니다. 그리고 방언통역은 심령이 성령으로 장악되고 치유되어 영감이 풍성하고 영안이 열리면 다 할 수 있는 은사입니다. 방언 통역은사가 있다고 다된 것은 아니라고 생각합니다. 심령에서 성령의 생수가 올라오는 성도가 되는 것이 더 중요한 일입니다. 사람이 하는 말에 신경 쓰지 말고 방언으로 기도하세요. 때가 되어 성령으로 충만해지면 방언도 바뀝니다.

3부 내적상처 궁금증

26장 담임목사 설교에 상처를 잘 받아요

Q. 저는 청주에 사는 김 집사입니다. 목사님의 책을 읽으면서 영적인 갈급함을 해소하고 있습니다. 영적인 책들을 정성을 다하여 책으로 출판하여 읽게 하시니 정말 감사합니다. 목사님! 저는 우리 담임목사님의 설교에 상처를 잘 받습니다. 내가 문제인지, 목사님이 문제인지, 알도리가 없습니다. 목사님 알려주세요.

A. 집사님뿐만 아니라 많은 성도들이 담임목사 설교에 상처를 받는 다고 말합니다. 결론부터 말하면 본인에게 문제가 있는 것입니다. 문제가 무엇일까요? 성령이 충만하지 못하여 마음이 평안하지 않는 것입니다. 마음이 평안하지 못하니 조그마한 말에도 쉽게 상처를 받는 것입니다. 직설적으로 말하면 무의식에 상처가 많은 것입니다. 상처가 많으니 성령 충만을 받지 못하는 것입니다. 상처가 영의 통로를 막고 있기 때문입니다. 사람의 삼령의 상태에 따라 은혜를 받기도 하고 상처를 받기도 하는 것입니다. 이는 영적인 법칙입니다. 유유상종(類類相從)이라

는 말을 들어보셨을 것입니다. 이 말은 상처는 상처를 끌어들이고, 성령의 은혜는 성령의 은혜를 끌어들인다는 것입니다. 자신의 마음에 상처가 있으니 상처가 자꾸 들어오는 것입니다. 그래서 담임목사님이 하시는 조그마한 말에도 예민하게 반응하여 상처를 받게 되는 것입니다.

제가 평신도 생활을 할 때 이런 체험을 했습니다. 담임 목사님이 하시는 말씀이 꼭 저에게 하는 말로 들립니다. 아니 가슴을 꽉꽉 치릅니다. 가슴에 화살이 박히는 것과 같이 아픕니다. 그래서 왜 담임목사님은 나를 이렇게 못살게 하는 거야! 하면서 하소연을 하기도 했습니다. 그 당시에는 담임목사가 상처만 주는 분으로 생각을 했습니다. 그런데 제가 내적인 상처가 치유가 되고 성령이 충만 해지니 전에 상처를 받던 것과 동일한 말에도 상처를 받지 않았습니다.

이런 분들은 말씀과 성령으로 무의식의 상처를 치유하여 영성을 강하게 해야 합니다. 자신의 영이 약하기 때문에 상처가 들어오는 것입니다. 영성을 강화하면 상처가 들어오지 않습니다. 모든 문제가 자신의 마음에 있다는 것을 인정하고 치유를 받으면 빨리 회복이 될 것입니다. 깊은 영의기도를 하면서 성령을 충만하게 유지하면 더 이상 상처받지 않습니다.

27장 기도가 깊어지지 않아요

Q. 목사님! 저는 의정부에 사는 박 집사입니다. 목사님을 알 게 된 것은 기도원에 갔다가 책을 보고 알았습니다. 목사님 저 는 기도원도 다니고 교회 기도모임도 빠지지 않고 참석합니다. 그런데 기도를 영으로 하지 못합니다. 이유가 어디에 있는지 알 려주시면 고치겠습니다.

A. 집사님과 같은 분들이 많습니다. 다음 간증을 들어보면 답이 나오리라 믿습니다. 저는 항상 믿음 생활하기가 너무나 힘 들다고 불평하며 지낸 집사입니다. 제일 힘이 드는 것이 기도였 습니다. 좀처럼 기도하기가 쉽지가 않았습니다. 다른 성도들은 몇 시간씩 기도를 한다고 자랑을 하는데 저는 십 분을 하지 못 했습니다. 집안에 일이 있어서 새벽기도에 가도 기도가 되지를 않아 그냥오기 일쑤였습니다. 기도를 하지 못하니 자연히 마음 이 답답해지고 조그마한 소리에도 혈기를 잘 내는 것입니다. 남 편이 한 마디 하면 저는 세 마디로 대꾸를 합니다. 남편은 교회 다니는 집사가 어떻게 그렇게 혈기가 심하냐고 할 정도입니다. 저도 혈기를 내지 말아야 하겠다고 생각은 합니다. 그러나 막 상 사람과의 관계에서는 절제가 되지 않았습니다. 그래서 왜 제

가 기도가 되지 않고 마음이 답답하고 혈기가 심할까! 혼자 고민을 하는데 구역 예배에 갔다가 구역장이 저의 이야기를 듣고 충만한 교회를 소개하여 주었습니다. 그래서 홈페이지에 들어가서 프로그램을 보고 집회에 참석을 했습니다. 집회에 하루 참석하여 말씀을 듣고 기도하니 조금 나아지는 것 같았습니다. 다음날 상담을 신청하여 저의 상태를 강 목사님에게 말씀을 드렸습니다. 강 목사님이 하시는 말씀이 마음의 상처로 인하여 영의 통로가 막혀서 기도도 안 되고 혈기도 심하다는 것입니다. 이런 상태로 계속 살아가다가 갱년기에 들어서면 육체의 질병과 우울증으로 고생을 할 것이라고 했습니다. 육신의 건강을 위해서라도 영의 통로를 뚫고 상처를 치유해야 한다는 것입니다. 어떻게 하면 영의 통로가 뚫리느냐고 질문을 했더니 계속 참석하면서 말씀을 듣고 기도를 하면 된다고 하시면서 기도 방법을 바꾸어 보라고 하셨습니다. 그냥 호흡을 들이쉬고 내쉬면서 배에서 나오는 소리로 주여! 주여! 주여! 를 계속하면 성령의 역사가 일어나 영의 통로가 자연스럽게 뚫리게 된다는 것입니다. 절대로 욕심을 부린다고 빨리 뚫리는 것이 아니니 성령께서 하라는 대로 따라가라는 것입니다. 그렇게 순종하고 기도하면 목사님이 돌아다니면서 안수하여 영의 통로가 뚫리도록 해준다는 것입니다. 그래서 순종하기로 했습니다. 무엇보다 두려운 것은 갱년기에 질병과 우울증으로 고통당할 수도 있다는 말 이였습니다.

집회에 참석하여 전하는 말씀을 열심히 들었습니다. 말씀을 들을 때 저의 가슴이 답답해지는 것을 느꼈습니다. 그래서 나는 이상했지만 성령의 역사로 인하여 나타나는 현상이라는 것을 알았습니다. 말씀을 듣고 찬양을 부르고 기도 시간이 되었습니다. 강 목사님이 알려주신 대로 숨을 들이쉬고 내쉬면서 배에서 나오는 소리를 열심히 했습니다. 숨을 들이쉬면서 배에서 나오는 소리로 주여! 주여! 주여! 를 계속했습니다.

이렇게 기도에 몰입을 했습니다. 그러자 저에게 진동이 오기 시작을 했습니다. 손이 떨리기 시작을 하더니 온몸이 떨리는 것입니다. 그래도 기도에 몰입을 했습니다. 그러자 이제 손가락이 움츠려들고, 오그라드는 것입니다. 그러면서 제 몸이 뒤틀리는 현상이 일어나는 것입니다. 가슴이 답답해 오는 것입니다. 이제 제의지로 무엇을 할 수가 없었습니다. 성령이 역사하는 대로 따라서 기도를 했습니다. 그러니까 제 안에서 불이 올라오는 것입니다.

아주 뜨거운 불이 올라옵니다. 온몸이 뜨거워집니다. 얼굴이 뜨거워집니다. 몸은 뒤틀립니다. 아주 정신을 차릴 수가 없이 성령이 역사를 하는 것입니다. 그러기를 한 30분 한 것 같습니다. 이제 제가 잠잠해지기 시작을 했습니다. 그러자 강 목사님이 오셔서 안수해 주셨습니다. "이렇게 뒤틀리게 했던 더러운 영은 물러갈지어다." "기침을 통해서 떠나갈지어다." 하며 명령을 했습니다. 그러자 기침이 사정없이 나오는 것입니다. 그러면서 내 속에서 방언기도가 터져 나오는 것입니다.

그때 나에게 감동이 오기를 이제 성령의 불세례를 체험하고 영에서 나오는 방언을 하는 것이라는 것입니다. 영의 통로가 뚫렸다는 생각이 나를 주장했습니다. 너무나 감사했습니다. 그래서 계속 방언기도를 하니 몸이 가벼워지며 머리가 상쾌해졌습니다. 너무나 좋아서 지금 두 달째 다니고 있습니다. 말로 표현 못하는 평안을 느끼고 있습니다. 성격이 유순해졌습니다. 혈기가 없어졌습니다. 기도 시간이 즐거워집니다. 저의 남편이 이제 집사 같다는 것입니다. 제가 지금 느끼는 것은 바른 신앙지도를 받으면 좀 더 빨리 깊이 있고 변화된 성도가 될 수 있다는 것입니다. 정말 하나님의 평안을 몸으로 느끼면서 삶을 살아가고 있습니다.

28장 나이가 드니 몸의 이곳저곳이 아파요

Q. 목사님! 저는요. 철야를 20년 이상을 했습니다. 그런데 남은 것은 온몸에 질병입니다. 안 아픈 곳이 없을 정도로 아픕니다. 정말로 이해할 수가 없습니다. 부끄러워서 말도 못하고 고통만 당하고 살고 있습니다. 왜 그런지 이유를 알고 싶습니다. 목사님 바쁘시더라도 답변 부탁합니다.

A. 예수를 믿고 교회에 다니면서 열심히 기도하고 신앙생활을 잘하는 분들 중에 50살이 넘어가면서 온몸이 다 아프다고 하시는 분들이 있습니다. 심지어는 자신이 다니는 교회 목사님이 신유은사가 있어 안수를 받고 치유를 받아도 치유가 되지 않는다고 하소연을 합니다. 몸이 아픈 다른 사람들은 목사님의 안수를 받고 치유가 되었다고 하는데 자신은 치유되지 않는 다는 것입니다. 왜 이렇게 온몸이 아프냐는 것입니다.

마음 안에 상처 때문입니다. 상처를 말씀과 성령으로 치유하여 배출을 했어야 하는데 그냥 지내다가 보니까 온몸에 퍼진 것입니다. 세상 한의학에서는 몸에 독이 싸여있다고 합니다. 사람의 몸에 독이 싸이는 원인 제공자는 스트레스, 환경의 영향, 음식이라고 합니다. 사람의 몸에 독소가 싸인 것을 구분할 때 6

단계로 구분을 합니다. 1-2단계는 피곤하고 졸리는 것입니다. 3-4단계는 소화기관에 문제가 생깁니다. 소화가 잘 안되고 배변이 잘되지 않습니다. 조그마한 일에도 짜증을 잘 내게 됩니다. 5-6단계는 성인 질병으로 나타납니다. 심장병, 당뇨병, 고혈압, 각종 암으로 나타납니다.

문제는 어떻게 치유하느냐 입니다. 우리는 예수를 믿음으로 치유받기가 쉽습니다. 먼저 성령으로 세례를 받아야 합니다. 성령으로 세례 받고 마음의 상처를 치유해야 합니다. 내적인 상처를 치유하는데 이성적인 치유가 아니라 영적인 치유를 받아야 합니다. 지금 교계에는 이성적인 내적치유를 하는 곳이 많습니다. 이성적인 치유를 받으면 근원이 치유되지 않습니다. 영적인 치유란 성령께서 하시는 치유로서 상처를 드러내어 밖으로 배출하는 것입니다. 배출은 기침이나 하품, 토함, 트림, 울음, 재채기 등등을 통해서 몸 안에 쌓여있는 상처(사기)를 배출해야 합니다. 상당한 기간 동안 지속적으로 상처를 밖으로 배출해야 합니다. 시간이 걸리는 일입니다. 절대로 단기간에 되지 않습니다. 마음을 느긋하게 먹어야 합니다.

저는 항상 강조하는 것이 성도는 상처를 마음과 육체에 싸이게 하지 말아야 한다고 합니다. 미리미리 예방신앙을 하라는 것입니다. 자신의 몸에 이상증세가 나타난 다음에 치유 받으려고 하면 그만큼 시간이 많이 걸리게 됩니다. 그래서 주일을 잘 활용해야 합니다. 주일날 성령이 충만한 예배를 드리면서 치유 받는 것입니다. 하나님께 예배도 드리고, 성령 충만도 받고, 말씀으로 영도 깨우고, 말씀과 성령으로 내적인 상처를 치유 받는 것입니다. 우리 충만한 교회는 매주일 오전에는 40분 이상, 오후에는 50분 이상 기도하면서 성령 충만 받고, 성령의 역사로 내적인 상처를 밖으로 배출하는 기도를 합니다.

그래서 교회가 참으로 좋습니다. 저는 항상 하나님 저에게 예수님을 믿게 해주시고 여러 가지 성령의 은혜를 받게 하시니 감사합니다. 체험을 해보아야 하나님이 사랑이신 것을 알 수가 있는 것입니다. 기도해야 성령으로 충만 해져서 하나님의 살아 역사하심을 느끼고 깨달아 알 수가 있는 것입니다.

29장 남편하고 싸워서 이겨야 좋아요

Q. 목사님! 저역시도 저를 이해할 수 없는 여자입니다. 왜냐고요. 남편을 이겨야 살 수 있기 때문입니다. 우리 남편은 성격도 좋고 믿음도 좋습니다. 그런데 내가 남편을 눌러야 속이 시원합니다. 한마디로 내가 집안에 대장이 되어야 마음이 후련하다는 것입니다. 남편하고 싸우다가 내가 밀리는 날이면 그만 드러누워야 합니다. 그러지 말아야 한다고 생각은 하는데 되지를 않습니다. 왜 그렇습니까? 어찌해야 치유 받을 수 있나요.

A. 제가 그동안 내적치유하면서 당신과 같은 분들을 많이 치유하였습니다. 다음의 간증을 읽어보면 해답이 나올 것입니다.

"저는 인천에서 믿음교회를 섬기고 있는 정○○ 집사입니다. 저는 남자에 대한 상처로 고생하다가 치유를 받았습니다. 부부 싸움을 하면 내가 꼭 이겨야 합니다. 그래서 남편하고 싸워서 이기면 좋아서 노래를 부르고 다닐 정도이지만, 반대로 지면 삼일씩 이불을 둘러쓰고 누워있었습니다. 남편이 저에게 이러는 것입니다. 나 당신이 무섭다. 이 무섭다는 소리에 충격을 받았습니다. 그래서 무슨 일인가하고 구역예배에 가서 이야기를 했습니다. 그러자 거기 내면의 상처에 대하여 이해하는 집사님이 이렇게 말하는 것입니다. 집사님 상처 때문에 그러는 것입니다. 내적치유를 받아야 해결이 될 것입니다. 그래서 내적치유 세미나에 참석하였습니다.

내적치유 세미나에 참석하여 강요셉 목사님의 이야기를 들으면서 문득 문득 떠오르는 것이 있었습니다. 그것은 나의 어린 시절입니다. 저의 가정은 전통적인 유교 가정입니다. 그런데 어머니가 아버지에게 꽉 쥐어서 꼼짝을 못합니다. 천원을 쓰려고 해도 승낙을 받아야 합니다. 그것뿐만 아니라 내가 여자라는 이유로 공부를 시키지를 않는 것입니다. 딸 시집가면 그만인데 공부는 시켜서 무엇 하느냐 중학교만 나오면 된다. 그러면서 오빠 남동생은 모두 대학까지 다니게 했습니다.

내가 억지를 부려가지고 고등학교를 나왔습니다. 내가 여기에서 상처를 받은 것입니다. 아버지로부터 여자라고 무시를 많이 당했습니다. 그래서 나는 어려서부터 내가 시집을 가면 절대로 남자에게 쥐어 살지 않는다. 어떻게 해서라도 이겨먹고 살겠다. 이런 마음이 무의식에 자리 잡아 남편하고 싸울 때 죽기 살기로 덤벼서 이기면 너무 좋고 지면 삼일 씩 누워있었던 것입니다.

그래서 치유과정에서 아버지를 용서하기로 결정을 하고 치유를 받으려고 했습니다. 용서를 하려고 기를 쓰고 기도를 아무리 해도 용서가 되지를 않는 것입니다. 결국 용서하고 해결하지 못하고 내적치유 세미나를 마치고 왔습니다. 집에 돌아와 충만한 교회에서 배운 대로 성령의 깊은 임재 하에 기도를 했습니다. 성령님에게 나의 상태를 솔직하게 아뢰면서 기도를 했습니다. 그렇게 기도를 하기를 약 두 달간 했습니다. 남편이 출근하고, 아이들을 학교에 보낸 다음에 거실 소파에 앉아서 기도를 하기 시작을 했습니다. 기도가 어느 정도 깊어진 것 같았습니다. 성령께서 환상을 보게 하셨습니다. 남편하고 다투는 환상입니다. 다투다가 이겼습니다. 내가 아주 기분이 좋아하는 모습이 보였습니다.

또, 다른 환상을 보여주시는 데, 내가 남편하고 다투고 나서 이불을 둘러쓰고 누워있는 모습이 보이는 것입니다. 또, 황상이 보였습니다. 아버지가 어머니를 무시하는 모습입니다. 다시 다른 환상을 보여주셨습니다. 이제 아버지가 나에게 야! 딸 시집가면 그만인데 공부는 무슨 공부하면서 혈기를 내는 모습이 보이는 것입니다. 그 모습을 보는 순간 저의 가슴이 터지는 것 같은 고통을 느꼈습니다. 너무나 가슴이 아파서 호흡을 제대로 할 수가 없었습니다. 성령께서 이렇게 감동을 주셨습니다.

"네가 이 아버지에게 받은 상처 때문에 남편하고 싸워서 이기면 좋아서 어쩔 줄을 모르고, 지면 상처가 올라와 감당을 못하고 삼일씩 누워있었던 것이란다. 네가 이 상처를 해결하지 못하면 남편과의 관계가 더 악화될 것이다. 너의 건강에도 문제가 생길 것이다. 아버지를 용서하라. 아버지를 향한 응어리를 전부 나에게 다오. 내가 네 아버지를 벌주겠다." 그러시는 것입니다. 그래서 울면서 아버지를 향한 분노를 다 토설하였습니다. 울면서 감정을 다 토설하며 한 참을 울었습니다. 울고 나니 기침이 사정없이 나왔습니다. 막 뒹굴면서 기침을 한참하고 나니 마음이 좀 편안해졌습니다. 며칠을 깊은 임재가운데 치유를 받았습니다. 점점 마음이 평안해졌습니다. 그런데 중요한 것은 남편이 실은 소리를 해도 분노가 나오지를 않는다는 것입니다. 그래서 남편과의 관계가 회복이 되었습니다. 내가 이번 치유를 통하여 체험한 것은 내면의 상처 치유는 깊은 영의기도 가운데 스스로 해야 한다는 것입니다.

상처는 쉽게 치유되지 않더라는 것을 깨달았습니다. 매일 깊은 영의기도를 하면서 치유를 해야 한다는 것입니다. 상처는 반드시 치유가 된다는 것입니다. 상처에 대하여 알고 치유 받게 하시고, 영적으로 사고하게 하신 하나님에게 감사를 드립니다."

30장 술 냄새만 나면 혈기가 나요

Q. 저는 이천에 사는 정 집사입니다. 저희 남편은 참 착합니다. 가정 중심의 남자입니다. 그런데 문제가 하나가 있습니다. 직장 생활하는 남편이 술을 먹고 오는 날이면 혈기란 혈기를 다 부립니다. 순간 속에서 올라옵니다. 대관절 무슨 문제입니까? 목사님! 속 시원하게 답변 해주세요.

A. 제가 그동안 내적치유하면서 당신과 같은 분을 많이 치유하였습니다. 다음의 간증을 읽어보면 해답이 나올 것입니다.

어느 집사님의 이야기입니다. 이 집사님은 술 냄새만 나면 순간 속에서 분노가 올라오는 것입니다. 그래서 남편이 술을 먹고 집에 들어오면 그날은 남편을 집에 들어오지도 못하게 했다는 것입니다. 남편이 그렇게 술을 즐기는 것도 아닌데 남편에게서 술 냄새만 나면 그만 자기가 제어하지 못할 정도로 혈기를 내어 이성을 잃는다고 합니다. 그래서 남편이 직장생활을 하는데 술을 안 먹을 수가 없어서 고생을 했다고 합니다.

그러다가 자신이 다니는 교회에서 금요일 날 목사님이 내면에 대한 말씀을 전하고 기도를 하게 했다고 합니다. 그런데 이 집사님의 아래 배 속에서 어떤 뭉치 같은 것이 뭉쳐져서 고통을 당했다는 것입니다.

그래서 그것을 해결하려고 부산, 마산, 창원에 있는 성령치유를 하는 곳에 가보았지만 치유되지를 않았습니다. 그래서 할 수 없이 서울에 올라와 내적치유를 받게 되었습니다. 내적치유에 대한 말씀을 듣고 기도를 하면서 은혜를 받았습니다. 삼 일째 되는 날 잠재의식의 상처를 치유하는 시간 이였습니다. 말씀을 듣는데 아랫배에서 뭉치가 움직이면서 고통을 가했습니다.

그러나 참고 기다리다가 기도시간이 되었습니다. 목사님의 안수를 받자 말자 환상이 보였습니다. 자기가 유아시절에 자기 고모가 한복을 입고 자기를 안았는데 술 냄새가 역겨워 자기가 도망을 가고 싶은 환상이 보였습니다.

그래서 자기 고모를 용서하고 기도를 계속하니 아랫배에서 뭉치가 술 냄새를 내면서 빠져나갔습니다. 그러면서 기침이 수없이 나왔습니다. 가슴이 너무 편안 했습니다. 특히 그렇게 성령의 임재만 되면 뭉쳐서 고통을 주던 아랫배가 깨끗하게 나았습니다. 이것이 바로 이때의 아픈 기억 때문인 것을 비로소 깨닫게 되었다는 것입니다. 그리고 집에 돌아갔습니다. 그런데 이상하게 그 다음부터 남편이 술을 먹고 들어와도 아무런 현상이 나타나지 않는 것입니다. 그렇게 악을 쓰고 밖으로 내보내던 옛날과 완전하게 변한 것입니다. 그래서 내가 유아 시절에 고모가 술을 먹고 자신을 안을 때 상처를 받은 것 때문에 죄 없는 남편만 다그쳤다는 것을 알았습니다.

자신이 변하니 남편도 내적치유를 받고 술을 끊고 믿음 생활을 잘하고 있습니다. 상처는 이렇게 문제가 됩니다. 그러므로 원인 없는 문제는 없는 것입니다. 이와 같이 우리가 가지고 있는 잘못된 삶의 태도는 내가 기억을 하던 하지 않던 과거의 아픈 상처가 치유되지 않은 데서 기인하는 것임을 알 수 있습니다. 말씀과 성령의 역사로 상처의 치유는 정말로 중요합니다.

31장 여러 질병으로 고통을 당하고 있어요

Q. 목사님 감사합니다. 저의 영의 눈을 뜨게 해주셔서 참으로 감사합니다. 제가 목사님을 알게 된 것은 "영안을 밝게 여는 비결"책을 읽고 알게 되었습니다. 저는 영적인 것을 좋아합니다. 특별하게 신비한 것들을 좋아합니다. 그래서 영안 책을 사서 읽게 된 것입니다. 저는 지금 온몸이 다 아픕니다. 정말로 성한 곳이 하나도 없는 것 같습니다. 원인을 알고 싶습니다. 그리고 치유 받아 전도하고 싶습니다. 목사님! 방법을 알려주세요.

A. 제가 그동안 성령치유 사역을 하면서 당신과 같은 분을 많이 치유하였습니다. 문제는 당신의 무의식의 상처 때문입니다. 다음의 간증을 읽어보면 해답이 나올 것입니다.

저는 20년이 넘도록 악성 빈혈과 심장병, 우울증으로 고통을 당하면서 지냈습니다. 그러다 성령님의 인도로 충만한 교회 강요셉 목사님을 만나 치유 받고 새로운 삶을 살고 있는 여 목회자입니다. 제가 목회자가 된 것도 이 질병 때문에 된 것입니다. 어느 분이 예언을 하는데 목회자의 사명이 있는데 사명을 감당하지 않으니 그런 질병으로 고통을 당한다는 것입니다. 만약 순종하면 질병은 금방 치유가 된다는 말을 믿고 신학을 하여 목회

자가 된 것입니다. 그런데 목회자가 되니까 몸이 더 심하게 아
픈 것입니다.

만약 이 간증을 읽는 분도 저 같은 경우라면 절대 속지 말고
내적치유를 받으시기를 바랍니다. 그리고 성령으로 세례를 받
고 영의 통로를 뚫으시기 바랍니다. 저의 체험으로 목회자가 된
다고 질병이 치유되는 것이 아닙니다.

또한 여러 문제도 해결되는 것이 절대로 아닙니다. 직접 치
유를 받아야 해결되는 것이라는 것을 저는 뼈저리게 체험했습
니다. 좌우지간 저는 국민일보 광고를 보니 제가 사는 근처에서
강요셉 목사님이 오셔서 치유집회를 한다는 광고를 보고 참석
하여 첫날부터 많은 은혜를 받았습니다. 그때까지 체험하지 못
한 여러 가지 체험을 했습니다.

수많은 상처들이 떠나갔습니다. 귀신들도 많이 떠나갔습니
다. 점점 몸이 가벼워지고 우울한 기분이 사라지는 것을 체험적
으로 느꼈습니다. 그래서 집중 치유를 받겠다는 욕심을 가지고
충만한 교회에 등록을 하여 치유를 받았습니다. 특히 충만한 교
회는 주일 오후 예배에 집중 치유하는 시간이 있는데 이때 성령
의 역사가 강하게 일어납니다. 그 시간에 더 많은 상처를 치유
받은 것 같습니다.

정말 말로 표현 못하는 현상을 하면서 상처가 치유되었습니
다. 점점 빈혈이 없어지고 가슴이 답답한 것도 사라지는 것입니
다. 제가 이렇게 몸이 건강해지니 남편도 너무나 좋아하는 것입

니다. 그래서 몇 개월간 치유를 받다가 병원에 가서 검진을 받아보니 모두 정상으로 나오는 것입니다.

그래서 참 신기하기도하다, 그렇게 많은 세월 약을 먹고, 나름대로 치유를 받겠다고 여기저기 다녔는데도 해결 받지 못했는데, 충만한 교회에 와서 집중적으로 내적치유를 받고 건강하게 되니 얼마나 감사한지 모릅니다. 그런데 제가 치유 받으면서 여러 환상을 보았습니다.

엄마가 저를 임신하고 괴로우니까, 저를 지우려고 하는 것입니다. 그때 충격으로 상처가 되어 우울증과 심장병에 혈액의 문제까지 당하고 세상을 산 것입니다. 그런데 치유를 받으면서 부모님을 용서하고, 그 때 생긴 태중의 상처를 치유하고, 두려워할 때 들어온 귀신들을 축사하고 나니, 난치의 질병들이 치유가 된 것입니다.

태중에서 상처가 있으니까, 계속 연속적으로 두려워하고 놀라는 일만 생기는 것입니다. 아버지와 어머니가 사고로 한꺼번에 돌아가셨습니다. 그때 얼마나 큰 충격을 받았는지 모릅니다. 그래서 저의 나이 스물에 소녀 가장이 된 것입니다. 그 모든 상처들을 하나님이 치유하여 주셨습니다. 앞으로 저같이 상처로 고생하는 사람들을 치유하는 사역자가 되겠습니다.

32장 열심히 믿음생활해도 변하지 않아요

Q. 목사님 안녕하세요. 저는 인천에 사는 김 권사입니다. 목사님의 책 "성령의 불로 불세례 받는 법"책을 은혜롭게 읽고 목사님을 알게 되었습니다. 목사님 책에 보니까, 예수를 믿었으면 변해야 한다고 말씀했습니다.

그런데 저는 좀처럼 변하지 않습니다. 왜 그런지 모르겠습니다. 정말 저는 열심 있게 믿음 생활합니다. 그런데 그렇게 열심히 해도 변하지를 않습니다. 제가 무슨 죄가 있어서 그럽니까? 목사님! 시간이 없으시더라도 답변 해주세요.

A. 저는 이렇게 말합니다. 예수를 믿고 교회에 들어와 기도하면서 성령의 세례를 받아 성령의 인도를 받는 성도는 변하게 되어 있다는 것입니다. 변하지 않는다면 무엇인가 문제가 있으니 찾아서 해결하라고 권면을 잘 합니다. 성도는 변해야 합니다. 내적치유에 대하여 상세하게 알고 싶은 분은 "내적상처를 스스로 치유하는 기도문"을 읽어보시기를 바랍니다.

이 간증을 읽어보시면 이해가 가실 것입니다. 저를 변하게 하신 하나님께 영광을 돌립니다. 제대로 성령을 체험하지 못하고 입만 가지고 믿음 생활을 했습니다. 한 마디로 교회는 다니지

만 상처가 많이 하나님과 영의통로는 꽉 막힌 것입니다. 상처로
인하여 영의통로가 막히니 심령이 치유되지 못한 것입니다. 치
유 되지 못한 마음 깊은 곳의 저도 잘 모르는 응어리 분노의 상
처가 미움이란 탈을 쓰고 나타나 남편을 사랑하지 못했습니다.
미움만 주고받아 늘 평안함 보다 부부의 불화가 더 많았습니다.
강요셉 목사님이 상처치유를 위하여 안수하실 때 가슴을 뜯어
내는 성령의 강하고 깊은 불세례를 체험하였습니다.

　생전처음 그렇게 뜨거운 불의 역사를 체험 했습니다. 성령의
불이 임하니 기침을 하면서 분노의 영들이 떠나갔습니다. 손과
발, 사지가 꼬이면서 귀신들이 떠나가는 체험을 했습니다. 괴
성을 얼마나 질렀는지 모릅니다. 정말 창피한 줄도 모르고 괴성
을 사정없이 질렀습니다. 이것이 다 내 안에 잠재해있는 분노의
상처들일 것입니다. 강 목사님의 강한 치유 안수기도 중 가슴이
뜯기는 아픔과 함께 기침으로 어떤 뭉치 같은 것이 쏟아졌습니
다. 그다음부터 제가 스스로 축귀를 했습니다.

　목사님이 알려 준대로 호흡을 들이쉬고 내쉬면서 성령의 임
재를 요청하여 성령의 임재가 충만해지면 옛날 상처를 받던 모
습을 영상기도를 했습니다. 영상기도를 하면서 회개와 용서를
했습니다. 그러면서 마음으로 명령을 했습니다. 나에게 들어와
혈기를 발하게 하는 귀신은 예수 이름으로 명하노니 떠나가라.
명령을 했습니다. 그러니 아랫배가 아프면서 하품이 말도 못하
게 나왔습니다. 또 성령께서 분노의 영을 축귀하라고 하셨습니

다. 나에게 들어와 분노하게 하는 귀신은 예수 이름으로 명하노
니 떠나가라. 명령을 했습니다. 그러니 기침이 사정없이 나오
면서 귀신들이 떠나갔습니다. 속에서 악을 쓰는 소리가 나면서
귀신들이 기침으로 떠나갔습니다. 갑자기 우리 부부관계가 나
빠진 것도 귀신의 역사라는 생각이 들었습니다.

그래서 나에게 들어와 부부관계를 파괴하는 귀신은 예수 이
름으로 명하노니 떠나가라. 명령을 했습니다. 가슴이 터지듯이
아프더니 재채기를 통하여 귀신이 떠나가는 것입니다. 이렇게
날마다 기도를 하면서 축귀를 하고 나니 남편을 향한 미움이 없
어지는 것이었습니다. 차츰 하나님의 사랑이 차면서 다툼도 거
의 없으며, 똑같은 상황인데도 전에는 말대꾸하고 마음이 상했
는데, 이제는 저도 모르게 속에서 온유의 마음으로 대하게 되니
집안에 다시 평안이 감돌고 있습니다.

예수님을 믿고 나서 용서와 사랑을 배웠지만 실천이 되지 않
아 늘 갈등했는데 성령님의 강한 역사로 귀신들이 떠나간 날부
터 남편을 대하는 저의 마음이 눈에 띄게 변해 갔습니다. 남편
이 저에게 하는 말이 이제야 예수를 믿는 사람답다는 것입니다.
확실한 체험으로 몸의 증거를 주시면서 미움을 몰아내니 미워
하려야 미워 할 수가 없으니 참으로 신기하고 감사합니다.

이젠 마음이 부드러운 사람으로 변하게 해달라는 말씀으로
목사님이 기도해 주실 때 그 말씀 붙잡고 몸부림치는 저를 하나
님께서 불쌍히 여기사 치료해 주실 줄 믿습니다. 마음이 넉넉해

지고 하나님의 사랑이 가득하게 되면 모든 일에 자신감 있고 누구든지 감쌀 수 있는 넉넉한 사람이 되고 싶은 것이 저의 소망이었는데 이제야 이루어지고 있습니다. "예수님의 새 계명 내가 너희를 사랑한 것같이 너희도 서로 사랑하라"를 지킬 수 있으니 얼마나 감사한지요, 가장 힘든 가까운 남편을 도구로 사용하신 하나님 내가 얼마나 부족했으면 남편하나 용납하고 섬기지 못하였으니 끝까지 참으시고 나를 훈련시키시고 사랑의 사람이 되게 하신 하나님께 감사드립니다. 영의통로가 열려 마음에 평안을 느끼게 하신 하나님에게 영광을 돌립니다.

33장 영의 만족을 못하여 방황하고 있어요

Q. 목사님 저는 믿음생활을 20년 가까이 했습니다. 그런데 교회를 25번 옮겼습니다. 그래서 지금도 집사입니다. 소문을 듣고 가보면 얼마동안 은혜를 받다가 그만 싫증이 납니다. 그러면 또 다른 교회로 갑니다. 거기도 마찬가지입니다. 마음이 항상 공허합니다. 이제 지쳤습니다. 왜 내가 이렇게 방황을 합니까? 원인 좀 알려주세요. 치유 받고 싶습니다.

A. 지금 서울에만 방황하는 성도가 만 명이 넘는다고 합니다. 그런데 그분들이 하나같이 믿음 생활을 잘해보려고 애를 쓴다는 것입니다. 교회에 가서보면 자신의 갈급함을 채워주지 못한다는 공통적인 문제를 가지고 있습니다.

제가 성령치유 사역을 하면서 나름대로 내린 결론은 방황하는 성도들의 보편적인 문제는 영의 통로가 막혀 영의 만족을 누리지 못하기 때문에 방황합니다. 사람은 영적인 존재이기 때문에 영의 만족을 누리려는 노력을 하게 됩니다. 이 간증을 읽어보면 이해가 갈 것입니다. 저는 강북에 있는 믿음교회 김 권사입니다. 저는 영적으로 갈급하여 참으로 방황을 많이 했습니다. 교회에서 목사님은 열심히 하면 형통해진다고 하여 무조건 열심히 신앙생활을 했습니다. 열심히 하면 하나님이 다 해주실 줄 믿었습니다. 새벽기도를 빠뜨리지 않고 열심히 다녔습니다. 예배는 모두 빠지지 않고 열심히 참석을 했습니다. 십일조 한 번을 거르지 않고 했습니다. 교회 행사를 하면 앞장서서 봉사를 했습니다. 구역장을 10년 넘게 봉사를 했고, 여전도회장을 2년을 했습니다. 교회를 건축 할 때 건축헌금도 드렸습니다. 누구든지 밖으로 보면 정말로 모범적인 성도였습니다. 이렇게 열심히 하는데 문제 하나가 있었습니다. 저의 심령이 날마다 갈급한 것입니다. 무엇인지 모르게 항상 갈급했습니다. 마음에 채워지지 않은 그 무엇이 있었습니다. 그래서 교회에 가서 기도를 하면 조금 나아지는가 싶다가 조금 지나면 다시 갈급한 것입니다. 그래서 국민일보를 보고 성령과 영성 집회를 한다고 광고만 보면 찾아가서 은혜를 받았습니다. 그런데 문제는 그때 뿐 이었다는 것입니다. 다시 갈급해지는 것입니다. 어느 영성원에는 거의 2년을 다녔습니다. 그래도 해소가 되지를 않았습니다. 사람들은 성령의 불을 받아야 한다고 해서 성령의 불을 받으려고 성령의 불의 역사가 있다는 곳은 다 다녔습니다. 그래서 심령이 갈급한 것은 마찬가지 이였습니다. 우연하게 서점에 갔다가 "하나님의 복을 전이 받는 법"이라는 책을 보니 마음에 감동이 와서 사다가 읽었습니다. 읽어 보니, 한번 가보고 싶은 생각이 들었습니다. 전화를 해보니 매주 집회가 있다는 것입니다. 사모함으로 집회에 참석해서 인지 첫날부터 말씀과 성령의 역사에 은혜를 받았습니다.

집회에 참석한지 이틀이 지난 후였습니다. 오후 시간이었습니다. 사모님이 찬양을 인도하셨습니다. 마음을 열고 영으로 찬양을 불렀습니다. 찬양을 부르는 중에 마음속에서 뜨거운 기운이 올라오는 것을 느꼈습니다. 연이어 강요셉 목사님이 전하시는 영성과 성령세례에 관한 말씀을 들을 때 너무나 은혜를 받았습니다. 말씀 속에 제가 끌려들어가는 체험을 했습니다. 말씀에 은혜를 받으니 마음이 열렸습니다. 말씀을 마치시고 일어서서 자신의 의자 앞에 서서 찬양을 하라고 했습니다.

그래서 일어서서 찬송을 불렀습니다. 같은 찬송을 반복해서 부르게 하셨습니다. 찬송을 반복해서 부르는데 여기저기서 소리를 지르고 흐느끼면서 울부짖었습니다. 저 역시 몸을 가누지 못할 정도로 몸이 앞뒤로 흔들렸습니다. 가슴이 답답해졌습니다. 가슴에서 불덩어리가 올라오는 느낌을 받았습니다. 눈에서는 계속 눈물이 흘러 내렸습니다. 그러면서 서러움이 속에서 올라왔습니다. 그래서 울음을 참지 못하고 터트렸습니다. 막 울었습니다. 몸은 가누지 못할 정도로 흔들렸습니다.

도저히 서서 찬송을 부르지 못할 지경에 이르렀습니다. 그래서 의자에 앉아서 찬송을 불렀습니다. 이제 몸에 진동이 오기 시작을 했습니다. 막 떨리는 것 이었습니다. 나도 모르게 막 팔을 흔들면서 소리를 질렀습니다. 그러면서 방언이 터졌습니다. 방언을 하면서 진동이 더 강하게 일어났습니다. 의자에서

30cm 정도 뛰면서 기도를 했습니다. 그러다가 중심을 잃고 의자 아래로 떨어졌습니다. 그러자 강요셉 목사님이 오셔서 안수를 해주셨습니다. 안수를 하면서 더 강하게 역사하여 주시옵소서. 하고 기도하니까, 제 속에서 비명이 나왔습니다.

그러면서 몸이 뒤틀리기 시작을 했습니다. 정말 내가 감당할 수 없었습니다. 몸이 뒤틀리면서 속에서 괴성이 계속 나왔습니다. 그러니까 강 목사님은 성령님 더 강하게 역사하여 주시옵소서. 하시면서 안수를 하셨습니다. 그러자 제 다리가 머리위로 올라오면서 발작을 했습니다. 자연히 그런 현상이 일어나니 제가 의자를 모두 차고 다니면서 발작을 했습니다. 아마 그때 충만한 교회 의자를 모두 차고 다녔을 것입니다. 어느 정도 시간이 경과 되니 몸이 안정이 되는 것을 체험하게 되었습니다. 그러자 강 목사님이 "지금까지 이렇게 진동하게 한 더러운 영은 기침으로 떠나갈지어다" 하며 명령을 하시는 것이었습니다.

그러자 기침을 멈출 수가 없을 정도로 기침이 많이 나왔습니다. 기침을 하는데 가슴이 뻥하고 뚫리는 기분이 들었습니다. 정말로 시원했습니다. 십년 묵은 체증이 내려가는 기분이었습니다. 한참 기침을 하고 나니 이제 속에서 방언이 나오는 것입니다. 제가 그때까지 하던 방언소리와 다른 방언이 터져 나왔습니다. 방언을 한참 했습니다. 그러자 온몸이 뜨거워지는 것입니다. 내 몸이 불덩어리가 되는 것 같은 기분이 들었습니다. 너무 뜨거워서 성령님 너무 뜨겁습니다. 하며 소리를 질렀습니다. 한참을 그렇게 지내다가 잠잠해졌습니다. 그러나 몸은 여전히 뜨거운 것이었습니다. 그때 강 목사님이 저에게 이게 성령의 불세례라는 것입니다. 오늘이야 성령의 불세례를 받았습니다. 오늘 드디어 영의 통로가 열렸습니다. 그러시는 것입니다. 정말 생전 처음 그런 신비한 현상을 체험했습니다.

기도를 하는데 정말로 은혜롭게 술술 나왔습니다. 그 이후로 말씀을 보면 너무나 꿀맛입니다. 기도가 저절로 되었습니다. 항상 입술에는 찬양이 넘치고 있습니다. 혈기가 사라지고 있습니다. 마음이 너무나 평안해 졌습니다. 십년동안 기도하던 소원이 성취되었습니다. 지금 삼 개월을 다니고 있습니다. 너무나 평안합니다. 강 목사님이 하시는 말씀이 무조건 열심히 하는 신앙은 사람을 변화시키지 못합니다. 기독교는 머리로 아는 종교가 아니고 알고 느끼고 나타나는 생명의 종교라는 것입니다. 알고 있는 만큼 변하는 것이 눈으로 보이고 몸으로 느껴야 한다는 것입니다. 그래서 성령으로 충만하여 영의 통로가 열려야 한다는 것입니다. 그 다음에 성령의 인도를 받으며 열심히 해야 심령이 변하고 환경이 변하면서 영적으로 깊어집니다. 사람은 영적인 존재이기 때문에 영의 통로가 열려 영의 만족을 누려야 방황을 멈춘다는 것입니다. 지금 저는 뼈에 사무치게 느끼고 있습니다. 마음이 편안해지니 정말로 마음의 천국을 누리고 있습니다. 모두 말씀과 성령으로 영의통로를 뚫어야 영의 만족을 느낍니다.

34장 조그만 일에도 화를 잘 냅니다.

Q. 저는 대학을 나와 고등학교 국어 선생을 하고 있는 집사입니다. 저는 고치지 못하는 한 가지를 가지고 있습니다. 조그만 일에도 화를 내는 것입니다. 학교에서는 조심을 하니 조금 나은 편인데 집에 오면 화를 버럭버럭 내가 지고 집안 분위기를 험악하게 합니다. 나름대로 고치려고 노력해도 되지 않습니다. 어떻게 하면 치유될 수 있겠습니까? 목사님 부탁합니다.

A. 지금 집사님은 마음의 상처가 포화 상태에 이르렀습니다. 축구공이 공기를 받을 만큼 받았는데 더 공기가 들어오면 터집니다. 집사님의 마음도 이와 같은 이치입니다. 상처가 마음에 꽉 차서 더 이상 받을 공간이 없는 것입니다. 그래서 조그마한 일에도 참아내지 못하고 발설하는 것입니다. 걱정하지 않아도 됩니다. 말씀과 성령으로 치유하여 상처를 배출하면 됩니다.

마음에 상처가 있으면 조그마한 일에도 혈기나 분노를 잘 냅니다. 순간순간 화를 잘 냅니다. 그래서 마음의 상처는 만 가지 문제의 원인이라는 것입니다. 내적치유에 대하여 바르게 알고 빨리 치유 받을 분은 몇 개월 후에 출판될 "내적치유 바르게 빨리 받는 법"을 읽어보시기를 바랍니다. 다음 분의 간증을 읽어보시면 치유 받을 수 있는 방법이 깨달아 질것입니다.

저는 어렸을 때의 환경이 아주 좋지 못했던 안수 집사입니다. 상처로 인하여 마음 안에 계신 하나님과 영의통로가 막혀서 예수를 믿어도 변화되지 못하고 못된 짓만 했습니다. 제 안에 자리하고 있던 치유되지 않은 분노로 인하여 교회에서 목사님을 몰아내는 일등공신을 하는 집사였습니다. 그러다가 현재의 목사님을 쫓아내려고 목사님을 괴롭히다가 목사님의 조언을 듣고 내적 치유 받고 이제야 성도가 된 안수집사입니다. 정말 안수 집사라는 직분이 아까운 집사였습니다. 그래도 공무원으로 시청에서 과장급으로 근무를 하는 사람입니다.

그런데 이상하게 저에게 윗사람을 보거나 대화를 하다 보면 가슴이 답답하고 분노가 올라오는 것입니다. 그래서 직장에서는 어떻게 할 수가 없고 교회에서 목사님들의 약점을 물고 늘어져 목사님들에게 화풀이를 했습니다. 이제 저의 성장 과정을 이야기 하겠습니다. 이 이야기는 저의 집사람도 잘 모르는 이야기입니다. 저는 고아원에서 자랐습니다. 제가 초등학교 오학년 때 저의 어머니가 돌아 가셨습니다. 아버지는 가끔 술을 드시고 집에 들어와서 어머니를 괴롭히는 것입니다. 그리고 어머니가 힘들게 벌어놓은 돈을 모두 가지고 나가는 것입니다. 이런 모습을 볼 때 마다 아버지를 죽이고 싶을 때도 있었습니다.

그런데 어머니가 아버지에게 심한 고통을 당하다가 중병이 걸려 돌아가신 것입니다. 그 당시 제 아래로 동생들이 넷이나 있었습니다. 아버지는 집을 나가신지 오래 되었는데 나타나지를 않고 어떻게 할 수가 없으니까, 동네 사람들이 저희들을 고아원에 데려다 주었습니다. 그래서 여러 고아원으로 흩어져서 자랐습니다. 저는 고아원에서 고등학교까지 공부를 시켜주어서 공무원 시험에 합격하여 공무원이 되었습니다. 그러다가 예수를 믿는 지금 집사람을 만나 결혼을 했습니다. 집사람을 따라서 열심히 신앙생활을 해서 안수집사로서 안수도 받았습니다.

그런데 지금 저의 아버지가 저를 찾아와서 저의 집에 함께 기거하고 계십니다. 그런데 건강한 상태에서 오신 것이 아니고 중풍이 걸려서 오신 것입니다. 제가 시청에서 일을 마치고 아파트를 열고 들어가면 소파에 아버지가 계실 때도 있습니다. 그런데 그 때마다 저에게서 분노가 치솟아 올라, 아버지를 들어서 베란다 밖으로 던져 버리고 싶은 적이 한두 번이 아닙니다. 이렇게 분노가 많으니까, 기도도 잘 되지 않고 목사님들의 설교도 들리지를 않는 것입니다. 그러니까 죄 없는 목사님들의 흠집을 잡아가지고 교회를 나가시게 한 것이 한두 번이 아닙니다.

그러다가 지금 목사님도 나가시도록 하려고 대화하다가 분위기가 반전되어 저의 이야기를 들은 목사님이 저에게 휴가를 내어 내적치유를 한번 받아보라고 권면하셨습니다. 그래서 내적치유를 받게 된 것입니다. 내적치유를 받으면서 수없이 울었습니다. 저의 잘못을 회개 했습니다. 수없는 상처들이 떠나갔습니다. 그러면서 분노의 영들이 소리를 지르면서 떠나갔습니다.

그러면서 내면세계에 대하여 깨닫게 되었습니다. 예수를 믿는 성도라도 상처 뒤에 귀신이 있다는 것도 인정하게 되었습니다. 제가 지금까지 마귀의 하수인 노릇을 많이 했다는 것도 알게 되었습니다. 내적치유의 중요성을 알았습니다. 지금까지 목사님들이 문제가 아니었고 전부 저에게 문제가 있었다는 것을 깨달아 알았습니다. 이렇게 3박 4일 이지만 내적치유를 통하여 저의 인생에 많은 변화를 느꼈습니다. 제일 중요한 것은 내 안에 계신 하나님과 영의 통로가 뚫렸다는 것입니다. 그래서 지금은 우리 교회 성도들에게 내적치유 받을 것을 권면합니다. 정말 하나님께 감사를 드립니다. 내적치유를 알게 하신 목사님께도 감사를 드립니다. 그리고 용서를 빕니다. 영적인 세계와 내면세계를 모르고 저지른 죄악을 회개합니다.

35장 항상 마음이 답답해요

Q. 저는 나름대로 믿음생활을 잘 한다고 생각하고 있습니다. 그런데 문제는 항상 마음이 답답하다는 것입니다. 기도를 하려고 해도 기도도 잘되지 않고, 마음이 답답하기만 합니다. 대관절 내 안에 무엇이 있어서 이렇습니까? 목사님은 여러 사람을 치유하셨으니 아실 것입니다. 저에게 바르게 알려주세요. 하루속히 이 답답함에서 해방 받고 싶습니다.

A. 신앙생활을 오래하신 분들 중에 마음이 답답해서 미치겠다고 하시는 분들이 있습니다. 답답함을 치유하려고 이곳저곳 방황하는 분들도 있습니다. 성령이 충만하고 능력이 있다는 이곳저곳을 돌아다녀도 좀처럼 해결되지 않습니다.

저의 개인적인 생각으로는 마음 안에 계신 성령님이 상처와 육에 눌려서 답답해하시는 것이라고 생각을 합니다. 자신의 영이 자기 기능을 다하지 못하기 때문에 답답한 것입니다. 한 마디로 영의 질병이 발생한 것입니다. 이러한 상태를 치유 받아 해방되지 않으면 육체의 질병으로 나타납니다. 빨리 영적인 치유를 받아야 합니다.

우리가 치유를 받으려면 무엇이 답답하게 하는지 원인을 알아야 합니다. 원인을 바르게 알아야 치유를 받을 수 있기 때문입니다. 답답하게 하는 원인은 첫째, 마음의 상처 때문입니다. 상처가 영을 누르고 압박하고 있기 때문입니다. 둘째는 영적인 문제입니다. 마음을 답답하게 하는 귀신이 있다는 것입니다. 저는 매주 토요일 날 집중 치유를 합니다. 집중 치유할 때 다수의 성도(목사, 사모, 권사)가 "아이고 답답해 아이고 답답해"합니다. 성령을 체험하고 성령의 역사로 내면의 상처가 치유되면 제가 답답하게 하는 귀신을 축귀합니다. 그러면 귀신들이 떠나갑니다. 한참 귀신이 떠나가면 "아이고 시원해 아이고 시원해"하면서 기도합니다.

이렇게 몇 번만 치유하면 가슴이 뻥 뚫리면서 깊은 영의기도가 열립니다. 원인이 없는 문제는 없습니다. 원인을 찾으면 치유는 쉽습니다. 이렇게 마음이 답답한 분들은 단기 치유가 불가능합니다. 성령이 심령을 장악하는 시간이 많이 걸리기 때문입니다. 이렇게 전문적인 치유를 받아야 빨리 해방될 수가 있습니다. 순간 치유 받으려고 이곳저곳을 다녀도 쉽게 해결되지 않습니다.

반드시 강한 성령의 역사와 깊은 곳의 상처를 치유하는 목회자가 인도하는 집회에 참석하여 본인도 기도하고 안수도 받아야 합니다. 성령의 강한 역사가 있어서 치유되기 시작하기 때문입니다. 어느 정도 마음이 열리고 성령의 역사가 자신을 장악하면 집중치유를 받으면 좀 더 빨리 해방될 수가 있습니다.

36장 혈기와 분이 너무 많아요

Q. 목사님! 안녕하세요. 저는 미국 뉴욕에 사는 정 집사입니다. 목사님의 책 "하나님의 복을 전이 받는 법"을 친구가 주어서 읽게 되었습니다. 책을 읽으면서 느낀 것은 제가 그동안 신앙생활을 하면서 성령체험을 하지 못했다는 것입니다. 무조건 머리로 행위로 신앙생활을 한 것입니다. 그래서인지 저에게 혈기와 분노가 너무 많습니다. 저 때문에 집안 분위기를 망치는 경우가 한 두 번이 아닙니다. 해결할 수 있는 방법이 없을까요?

A. 지금 집사님은 마음의 상처가 포화 상태에 이르렀습니다. 상처가 마음에 꽉 차서 더 이상 받을 공간이 없는 것입니다. 그래서 조그마한 일에도 참아내지 못하고 혈기와 분을 내는 것입니다. 그런데 문제는 그렇게 계속 사시다가 질병이 발생할 수도 있습니다. 심혈관 계통의 질병이 생길 수 있다는 것입니다. 그러나 걱정하지 않아도 됩니다. 말씀과 성령으로 치유하여 상처를 배출하면 됩니다.

다음분의 간증을 읽어보시면 이해가 될 것입니다. 저는 무조건 열심히 하는 행위중심의 신앙생활을 했습니다. 성령 체험도 몰랐습니다. 그렇게 열심히 신앙생활을 했는데 남은 것은 혈기와 무릎 관절통증과 아랫배 통증, 두통, 비염, 좌우지간 여러 가지 질병으로 고생을 하며 지냈습니다. 그러던 어느날 남편 목사님께서 내적치유에 대한 책을 한권 사다주면서 읽어보라고 해서 읽어보는데 왠지 모르게 속에서 서러움이 올라오는 것입니다. 그래서 남편에게 이야기를 했더니 다시 내적치유 테이프를 구입하여 들으라고 하는 것입니다. 테이프를 들으면서 수 없이 울었습니다. 아랫배가 아프고 머리가 어지러운 현상이 일어났습니다. 그래서 남편에게 이야기를 했더니 자신하고 같이 서울에 있는 충만한 교회에 가서 치유를 받자고 했습니다. 그래서 남편 따라서 치유를 받게 되었습니다. 그런데 하루가 지나고 이틀이 지나는데 정말 머리가 아프고 괴로워서 가지 못할 정도까지 되었습니다. 그래서 남편보고 못가겠다고 했더니, 지금 포기하면 영영 치유 받지 못하니 괴로워도 같이 가자고 했습니다. 그래서 남편의 부축을 받고 충만한 교회에 가서 치유를 받았습니다. 그런데 그날은 오후 시간에 태중의 상처를 치유 받는 시간 이였습니다. 강 목사님으로부터 태중의 상처에 대한 강의를 듣고 안수기도를 받으니까, 갑자기 두려움이 찾아오는 것입니다. 그리고 사람들의 싸우는 소리가 들리는 것입니다.

그러면서 제가 무의식적으로 귀를 막으면서 시끄러워하면서 조용히 하지 않으면 찔러죽일 거야 하는 것입니다. 그러면서 환상이 보이는 데 남자가 여자를 때리면서 싸우는 모습을 보여주시는 것입니다. 너무나 큰 두려움이 저를 장악하면서 제가 목이 다리 사이로 들어가면서 움추려드는 것입니다. 그러면서 소리를 막 지르는 것입니다. 그러니까 사모님이 오셔서 안수를 해주시면서 지금 태중에서 일어나는 현상을 치유하면서 나타나는 현상이니 두려워하지 말고 성령의 역사에 따르라고 했습니다. 그러면서 안수를 해주셨습니다. 그러자 제 속에서 큰 소리를 지르면서 상처들이 막 떠나갔습니다. 기침을 한 시간 정도 했을 것입니다. 그러고 나니 머리 아픈 것과 어지러운 현상이 없어지고, 마음이 평안하고, 정말 날아갈 정도로 몸이 가벼워지는 것입니다. 한마디로 성령을 체험하여 영의통로가 열린 것입니다. 그런데 남편은 왠지는 몰라도 금식을 하면서 다니는 것입니다. 나중에 안 사실인데 남편역시 상처가 드러나서 괴로우니까, 금식을 한 것이라고 했습니다.

그러면서 저보고 좀 더 다니면서 치유를 받자고 했습니다. 그래서 저도 태중의 상처를 치유 받고 너무나 좋아서 한 십 개월 정도 다니면서 강요셉 목사님이 집회에 사용하시는 세미나 교재를 다 배우고, 분노와 혈기도 치유 받고, 질병도 완전하게 치유 받고, 여러 가지 성령의 은사와 능력도 받았습니다. 이제 저도 사람을 보면 심령이 읽어지고 손을 얹으면 치유가 일어납니다.

그러니 우리 교회 여성 성도들이 얼마나 저에게 안수를 받으려고 하는지 모릅니다. 그래서 제가 늘 마음으로 하는 말이 사모도 능력이 있어야 성도들에게 대접을 받는 것이구나 하면서 주님에게 쓰임 받고 있습니다. 그러면서 역시 영적인 일은 시간과 물질을 투자해야 된다고 느끼면서 남편 목사님의 목회를 돕고 있습니다. 정말로 감사할 일입니다. 제가 이렇게 되리라고는 생각을 하지 못했습니다.

4부 귀신역사 궁금증

37장 내 딸이 귀신이 보인대요

Q. 목사님 우리 6살 먹은 아이가 귀신이 보인다고 하면서 잘 놀랍니다. 저녁에 자다가 몇 번씩 깨어서 잠을 제대로 자지 못합니다. 이런 경우도 있습니까? 우리 외가 쪽에 무당이 있습니다. 우리 교회 목사님이 능력이 조금 있으셔서 저녁마다 아이를 붙잡고 축귀를 합니다. 그런데 귀신이 '안 나간다. 못 나간다.' 하면서 떠나지를 않습니다. 목사님 어찌하면 좋겠습니까?

A. 집안에 무당의 내력이 있든지, 절의 중이 있다든지, 통일교를 믿었다든지, 우상을 심하게 섬겼든지, '남묘호랭객교'를 믿은 적이 있으면 아이들이 귀신을 보는 경우가 있습니다.

아이만을 붙잡고 축귀를 한다고 귀신이 떠나갑니까? 설령 귀신이 떠나간다고 하더라도 바로 다시 들어옵니다. 어머니하고 함께 축귀를 해야 합니다. 아이가 무슨 죄가 있습니까? 부모의 죄 때문에 아이가 생고생하는 것입니다. 부모의 죄 때문에 잘못하면 아이가 정상적인 생활을 못 할 수도 있습니다. 속히 조치를 해야 합니다. 이런 경우는 목사님의 사고가 영적으로 사려 깊지 못하다는 것입니다. 물론 목사 자신은 귀신을 쫓을 수 있는 능력이 조금 있다고 하는데, 제가 상황을 분석해보면 목사님이 실수를 하고 있는 것입니다.

6살의 유아는 부모와 같이 성령을 체험하게 하고 내적치유하며 축사를 해야 합니다. 아이만 잡고 축사를 하니 아이가 얼마나 놀라겠습니까? 이런 경우는 차라리 목사님이 아무런 능력이 없는 것이 오히려 좋습니다. 선무당이 사람을 잡는 것입니다. 아예 못한다고 하면 환자의 부모가 다른 사람을 찾아서 치유할 수가 있는 것입니다. 아이들이 영적인 문제가 있다든지, 질병이 있는 경우는 이렇게 해야 합니다. 제가 그동안 수많은 사람들을 치유하며 체험한 것을 정리하면 이렇습니다. 아이를 치유하려면 먼저 가계력을 살펴야 합니다. 어머니 쪽의 영향인가, 아버지 쪽의 영향인가를 찾아야 합니다.

그래서 아버지 쪽의 영향이라면 아버지하고 같이 치유를 해야 합니다. 반대로 어머니 쪽의 영향이라면 어머니하고 같이 치유를 해야 합니다. 이는 영육의 질병발생 기간이 얼마 되지 않은 경우입니다. 아이가 영육의 질병으로 고생한 기간이 오래되었으면 양쪽부모가 다함께 치유를 받아야 합니다. 그래야 빨리 치유가 될 수가 있습니다.

나이에 따라 치유하는 방법이 다릅니다. 만 6살 이하 일 때 영육의 질병이 발생했다고 한다면 모계의 영향으로 보아야 합니다. 6살이 넘어서 영육의 질병이 발생했다면 부계의 영향으로 보아야 합니다. 치유는 모계의 영향을 받는다면 어머니와 함께 성령세례를 받고, 내적치유를 하면서 치유를 해야 합니다. 반대로 부계의 영향을 받는다면 아버지와 함께 성령세례를 받고, 내적치유를 하면서 치유를 해야 합니다. 부모가 함께 치유를 받으면 금상첨화(錦上添花)입니다. 절대로 아이만 붙잡고 치유하면 백날을 해도 치유되지 않습니다.

영적인 사역을 하려면 전문가가 되어야 합니다. 축귀를 하더라도 영적인 원리를 적용해야 합니다. 모든 영적인 사역에는 영적인 원리가 있습니다. 무조건 막무가내 식으로 '떠나가라. 떠나가라.'하면서 귀신만 축사하다가 보면 피사역자가 불필요한 고난을 겪을 수가 있는 것입니다. 영적인 사고가 정말로 중요합니다.

38장 사람 앞에 서서 글을 쓸 때 팔이 떨려요

Q. 목사님 저는 사람 앞에 서서 글씨를 쓰려면 손이 떨립니다. 그래서 글을 제대로 쓸 수가 없습니다. 무슨 이유입니까? 어떻게 해야 해결 받을 수 있습니까?

A. 제가 당신과 같은 분을 치유한 체험이 있습니다. 글을 읽어보면 치유 받을 수 있다는 희망이 생길 것입니다. 조상의 무당의 영으로 고생하다가 치유 받은 목사님의 이야기입니다. 이 목사님은 성령의 역사를 인정하는 ○○○ 교단에서 목사 안수를 10년 전에 받으시고 교회를 개척하여 십년 째 목회하시는 목사님이십니다. 우리 교회에 치유 받으러 오신 이유가 이렇습니다. 자신은 잘 모르는데 이상하게 사람들 앞에 서서 칠판에 글씨를 쓰려고 하면 오른 손이 떨려서 글씨를 쓸 수가 없다는 것입니다. 사람들이 없을 때는 조금 나은데 성도들 앞에만 서면 오른 손이 떨려서 글을 쓸 수가 없었다는 것입니다. 그래서 무슨 원인인가를 알고 치유를 받으려고 지난 10여 년 동안 이곳저곳 성령의 역사가 있고 치유하고 축사하는 곳이라면 안 가본 곳이 없을 정도로 다니셨다고 합니다.

그러다가 소문을 듣고 우리 교회에 오신 것입니다. 그래서 상담을 요청하여 저에게 사정을 이야기 하셨습니다. 그래서 제가 성령님에게 물었습니다. 대관절 이 목사님이 무슨 이유로 사람들 앞에서 서서 칠판에 글씨를 쓸 수가 없었습니까? 하고 질문하였더니 성령께서 감동을 주시기를 조상 중에 무당이 있었는가 물어보아라, 그래서 목사님 가정에 혹시 무당과 관련된 분이 있거나 목사님이 어렸을 때에 무당에게 간적이 없습니까? 하고 질문을 했습니다. 그랬더니 목사님이 한 참 기도를 하시더니 이렇게 대답을 했습니다.

아주 어렸을 때에 외할머니가 무당이라 자신이 아프면 어머니가 데리고 가서 기도를 받고 어깨에도 손을 자주 얹어 기도를 받았다는 것입니다. 그래요, 내가 나사렛 예수 이름으로 명하노니 대물림되는 무당의 영은 정체를 밝힐지어다. 했더니, 오른 손을 마구 흔드는 것입니다. 마치 TV에 나오는 무당이 굿걸이 하는 장면같이 손을 마구 흔들어 댔습니다. 그래서 이제 내가 예수 이름으로 명하노니 혈통을 타고 들어온 무당귀신의 대물림의 줄은 끊어질지어다. 이제 내가 예수 이름으로 명하노니 혈통을 타고 들어온 무당귀신은 묶음을 풀고 나올지어다. 했더니 이 목사님이 한참 괴성을 지르시더니만 입에서 맑은 물을 막 토하면서 귀신이 떠나가는 것이었습니다.

이렇게 하기를 이틀 동안 했습니다. 그리고 목사님에게 물어보았습니다. 지금도 사람들 앞에 서면 손이 떨립니까? 목사님이 웃으시면서 지금은 그렇지 않습니다. 정말 이 문제 때문에 제가 고생을 많이 했습니다. 목사님 감사합니다. 하고 치유 받고 가셨습니다.

39장 영적인 눌림에서 해방 받고 싶어요

Q. 안녕하십니까? 저는 경기도 이천에서 목회하는 ○○○ 목사입니다. 여러 경로를 통해서 목사님의 사역을 알게 되었고, 배우게 되어서 감사합니다. 아뢰올 말씀은 저는 책만 보면 졸음이 쏟아져서 힘든 가운데 있습니다. 20년이 넘은 것 같습니다. 얼마 안 되는데, 예수님 편에서 서기 원한다고 계속해서 기도했을 때, 큰 뱀이 내 목 뒤에 가로로 길게 있는 것이 보였습니다. 하나님께 어찌해야 되는지 기도를 하고 있는데, 주님의 인도하심 따라 해결하고 싶습니다.

감동이 있으시면 메일로 연락해 주시면 대단히 감사하겠습니다. 무익한 종 드림

A. 목사님의 여러 현상은 영적인 눌림으로 일어나는 현상입니다. 책을 보면 졸음이 오는 것이나, 기도할 때 큰 뱀이 목뒤로 가로로 길게 보이는 것 등을 볼 때 영적으로 치유가 필요한 현상입니다. 귀신이 들어와서 역사하면 우선 기분이 묘해지면서 가라앉습니다. 차분해지는 정도가 아니라, 모든 의욕이 사라지고 기분이 떠오르지 않습니다. 몸은 무거워지고 여기저기가 아프기 시작합니다. 가슴이 답답하다 못해 죽을 것 같은 고통이

찾아옵니다. 무어라고 분명하게 설명할 수 없는 묘한 통증과 답답함으로 인해서 숨이 막힐 것 같지만 실제로 숨이 막히는 것은 아닙니다. 일종의 공황장애(恐惶障碍)와 같습니다.

어제 토요일 날 집중 치유를 하는데 한 여성이 앓는 소리를 하면서 기도를 하는 것입니다. 성령님에게 물었습니다. 성령께서 감동하시기를 집안에 어른 중에 꼼짝 못하고 누워서 지내다가 세상을 떠난 분이 있다는 것입니다. 그래서 본인에게 물었습니다. 그랬더니 지신의 친정어머니가 5년 동안 꼼짝 누워서 지내다가 세상을 떠났다는 것입니다.

그래서 당신은 지금 힘들어서 일어나지 못한 경우가 없느냐고 했더니, 목사님! 제가 아침에 일어나기가 힘이 듭니다. 피곤하고 스트레스를 받으면 다운되어 일어나기가 힘이 듭니다. 하는 것입니다. 이 여성은 지금 어머니를 다운되게 했던 악한 영의 영향을 받고 있는 것입니다. 축귀를 했습니다. 그 후 앓는 소리를 하지 않고 주여! 주여! 하면서 기도를 하는 것입니다.

이런 고통을 주위 사람들에게 말해도 이해하지 못합니다. 겉으로 보면 호흡도 정상적으로 쉬고 있는데 숨이 막혀 죽을 것 같다고 말한들 이해하지 못합니다. 그래서 꾀병이나 정신력이 약한 것으로 오인하게 됩니다. 병원에 가도 증상을 찾을 수 없으니 꾀병이라고 할 수밖에 없을 것입니다. 의지가 약하고 내성적이어서 그런 것이라 판단하게 됩니다. 그래서 가족들은 정신에 문제가 있다고 생각하고 그런 성격을 고치라고 책망하기도

합니다.

의지가 약하거나 생활력이 약한 무능한 사람으로 오인하게 되어 환자를 더욱 괴롭게 만듭니다. 사회성이 모자라 문제가 있다고 생각하고 사람들이 그들을 피하려고 합니다. 겉보기에는 의기소침하고 무능하고 무기력하고 활동적이지 못하기 때문에 사람들이 가까이하려고 하지 않습니다.

당사자는 가위눌림과 심한 우울증과 공황장애로 인해서 죽고 싶어집니다. 그런데도 불구하고 누구도 이 질환이 귀신들림에 의한 것이라고 생각하지 못하고 단순히 기질적이거나 정신적으로 문제가 있는 부적응 환자 정도로 넘깁니다. 영적으로 무능하기 때문입니다. 분별력이 없기 때문입니다.

가족들은 무능의 탓으로 돌리며, 정신에 문제가 있는 사람으로 생각하고 자주 책망하게 됩니다. 가족들의 이와 같은 올바르지 못한 대응으로 인해서 더욱 괴롭힘을 당하게 됩니다. 여러 가지 정신과 질환처럼 보이는 귀신들림은 당사자를 괴롭게 할 뿐만 아니라 가족들까지 고통을 당하게 됩니다. 정신을 잃는 것도 아니기 때문에 귀신들렸다고 생각하지 못하는 것입니다.

이런 중증 귀신들림 이전에 초기 증상은 마치 가벼운 노이로제처럼 자주 까닭 없는 짜증이 나고 때로는 이유 없는 충동이 솟아납니다. 자신의 내면에서 자신의 의지와는 상관이 없는 어떤 생각과 충동이 자신을 조정하는 것 같다는 느낌을 간헐적으로 받게 됩니다. 하지 말아야 할 일을 어처구니없이 해버려 당황하기도 합니다. 자신의 의지 즉 속마음과는 달리 어떤 충동이 일어나 순간 행동하게 되어 후회합니다.

이런 경우에 대부분의 사람들은 이렇게 말합니다. "내 정신이 아니었나봐!"사람들도 그런 상식 밖의 행동을 돌발적으로 한 그 사람에 대해서 "그럴 수도 있지! 사람이란 누구나 정신 나간 짓을 할 때가 있다니까!"라면서 너그럽게 이해해줍니다. 그런데 이런 일이 한 번으로 그치는 것이 아닌데 문제가 있는 것입니다.

어처구니없는 실수를 자주하게 되면 사람들은 그때부터 그 사람을 온전하지 못한 문제가 있는 사람으로 여깁니다. 그러나 그것이 귀신들림에 의한 것이라는 생각은 전혀 하지 못하는 것입니다. 왜냐하면 귀신들림에 관한 지식이 거의 없기 때문입니다. 제가 성령치유 사역을 오래하면서 느낀 것은 성도들이 영적인 면에 참으로 무지하다는 것입니다.

자주 머리가 어지럽고, 생각이 떠오르지 않을 정도로 머릿속이 안개 낀 것처럼 불투명하고 혼란스럽습니다. 만성두통으로 늘 시달리며, 가슴이 갑갑합니다. 때로는 가슴이 조여드는 협심증 증상과 같은 통증을 느낍니다.

메스껍고 헛구역질이 나옵니다. 차멀미를 하는 것 같이 속이 울렁거리고 머리가 어지럽습니다. 깊은 호흡을 하면 다소 안정이 되지만, 또 다시 그런 증상이 찾아옵니다. 기절하거나 죽을 것 같다는 생각이 들 정도로 갑갑함 때문에 다른 생각을 할 수 없게 됩니다. 서서히 자신이 앓고 있는 이 원인 모를 질환에 대한 공포가 더욱 두렵게 만듭니다. 바람처럼 또는 파도처럼 증상의 예조(豫兆)가 밀려들어오는 것을 느낍니다. 마치 흉악한 존재가 자신을 위협하려고 서서히 다가오는 것을 느낄 때 오는 공포심처럼, 그렇게 옥죄어드는 두려움으로 인해서 정상적인 생활을 할 수 없게 되어가는 것입니다.

우울증, 노이로제, 강박증, 피해망상, 공황장애 등과 같은 정신과 질환처럼 보이는 귀신들림과 잦은 충동과 거친 언행과 하나에만 극도로 몰입하는 자아몰입증과 같은 쏠림 현상이 나타납니다. 사람을 기피하고 소극적으로 변하게 됩니다. 사회와 서서히 단절된 삶으로 나가며, 사람을 만나는 것을 두려워하는 대인 공포증과 같은 심리적 현상이 나타납니다.

자신의 정신은 그대로 유지하면서 육신과 마음이 질병으로 고통을 당하는 이와 같은 귀신들림은 다른 병으로 오인하거나 성격에 문제가 있기 때문이라고 판단하기 때문에 귀신을 쫓아내지 못하고 세월을 보내어 만성화하기 쉽습니다. 적어도 5년 이상 이런 증상으로 시달림을 받은 경우 환자는 악습에 이미 물들어버리게 됩니다. 이런 경우 악습을 끊지 않으면 귀신은 물러가지 않습니다. 목사님 염려하시지 마세요. 성령의 능력으로 치유 받을 수 있습니다. 문제는 성령이 역사하는 장소에 비교적 오래 다녀야 한다는 것입니다. 축귀에 대하여 전문적인 지식을 알고 싶으면 "귀신축사 알고 보니 쉽다"와 "귀신축사 차원 높게 하는 법"을 참고하시기를 바랍니다.

40장 깊은 잠을 자지 못하고 불안해요

Q. 정이라는 자매의 영적인 상태와 이야기입니다. 이 자매는 우리 교회에 오기 전에 영적인 세력들의 영향으로 정신적인 문제가 발생하여 치유를 받으러 온 것입니다. 그러면서 저에게 이렇게 말했습니다. 목사님 저는 영적인 문제에 시달리다가 충만한 교회에 오게 되었습니다. 영적인 문제는 다름이 아니고 자꾸 눈에 악한 영들이 보이고, 밤에는 아예 잠을 자지 못할 정도로 불면증과 악한영의 괴롭힘에 일 년 반을 시달렸습니다.

그리고 심한 우울증으로 일 년을 고생을 하였습니다. 이곳저곳 능력이 있다는 곳에 다 다녔어도 치유 받지 못했습니다.

A. 제가 이렇게 말했습니다. 자매님 하나님은 못하시는 것이 없으신 권능의 하나님이십니다. 제가 말하는 것을 믿고 매일 저희 교회에 치유집회에 참석하세요. 그러면 분병하게 치유가 될 것입니다. 그러니까. 이 자매의 얼굴에 화색이 생기면서 알았습니다. 감사합니다. 그러면서 지속적으로 다니면서 치유를 받았습니다. 이분의 아버지가 저에게 하는 말이 아파트 문을 열고 들어가면 아빠 여기 귀신이 있어요, 하고 놀라고, 또 저기도 귀신이 있어요, 하며 놀라고, 자다가도 귀신이 나타났다고 소리를 질렀다는 것입니다.

그러면서 저에게 하는 말이 목사님 한번 생각해 보세요. 잘 길러서 미국 유학을 7년이나 다녀와 영어를 그렇게 잘하던 딸이 연속적으로 스트레스를 많이 받다가 그만 스트레스가 쌓여서 저렇게 순간적으로 변해 버리니 아버지의 마음이 찢어집니다. 지난 일 년 반 동안 못 해본 것 없이 다해보았습니다. 목사님 저희 딸을 예수 이름으로 치유하여 종전같이 회복 되도록 도와주세요. 그래서 제가 이렇게 대답을 했습니다. 예수님은 못 하시는 것이 없습니다. 의지를 가지고 제가 하라는 대로 순종하고 연속적으로 집회에 참석하여 말씀 듣고 불같은 성령을 체험하고 안수기도 받으면 정상으로 회복이 됩니다. 하고 안심을 시켰습니다.

본인의 말로는 무당 옷을 입은 귀신은 밤에 많이 나타나고, 흉측하게 생긴 귀신은 낮에도 아파트 문을 열면 나타나 놀라게 했다는 것입니다. 그래서 이곳저곳을 헤매며 돌아다니면서 치유 받으려고 하다가 도저히 해결 받지 못하고 어느 분의 소개를 받고 충만한 교회에 다니면서 치유를 받게 된 것입니다. 아버지와 어머니 모두 등록을 하고, 매주 마다 영적인 말씀을 듣고 영성 훈련을 하며, 매시간 목사님의 안수를 받으면서 악한 영들이 때로는 울면서 떠나가고, 어떤 때는 악을 쓰면서 떠나가고, 어떤 때는 얼굴과 몸이 뒤틀리다가 떠나가고, 그리고 떠나가면서 각각 형상으로 보여주면서 떠나갔습니다. 그렇게 한 달 정도 치유를 받으니까, 나를 놀라게 하고 괴롭히던 악한 영들이 서서히 보이지를 않았습니다.

영적인 깊은 말씀을 듣는 중에도 하품을 통해서 말도 못하게 떠나갔습니다. 하루에 화장지 한통이 들어갈 정도로 많은 더러운 것들과 상처들이 치유되었습니다. 한 두 달이 지나니까, 잠이 잘 오고 불면증도 서서히 사라졌습니다. 그리고 악한 것들도 보이지 않고 밤에도 조용하게 잠을 잘 수 있었습니다. 그러나 우울증의 현상은 완전히 없어지지 아니하고 여전히 남아서 저를 괴롭혔습니다. 그래서 끝까지 치유 받아 정상적인 생활을 하려고 계속 다녔습니다. 4개월이 지나고 5개월 중간쯤 되니까, 마음이 상쾌해지고 삶에 생기가 돌고 우울증이 사라지는 것이었습니다.

그리고 목사님의 말씀이 꿀같이 달게 들려 졌습니다. 성경을 읽으면 옛날에는 하나도 보이지 않았는데, 눈에 쏙쏙 들어오는 것을 보니 영안도 열린 것이 분명합니다. 그래서 저는 이렇게 생각합니다. 하나님이 못 고칠 질병이 없고 못 떠나보낼 악한 영이 없다, 그리고 눈에 악한 영이 보인다고 자랑하는 사람들은 정신적으로 영적으로 조금 문제가 다는 것을 체험적으로 알게 되었습니다. 왜냐하면 그렇게 낮이나 밤이나 눈에 보이면서 괴롭히던 귀신들이 이제 봄 햇살에 하얀 눈이 녹아 없어지듯이 없어졌기 때문입니다. 저에게 이렇게 간증하는 것입니다. 예수를 믿으면서도 이런 고통을 당하는 분들이여, 쓸 데 없는 고통당하지 말고 시간여유를 가지고 저같이 치유를 받고 참 평안과 주님의 은혜를 체험하시기를 바랍니다. 우리가 잘못 알면 이렇게 고통을 당하기도 합니다.

41장 아랫배 안에서 움직이는 것이 있어요

Q. 얼마 전이 지방에서 올라온 목사님이 상담을 요청했습니다. 내용은 이렇습니다. 내 배속에서 주먹만 한 것이 돌아다닙니다. 그러면서 기도가 잘 안되고 의자가 약해지는 것 같습니다. 분명하게 내 안에 귀신이 있는 것 같습니다. 목사님! 어찌하면 될까요?

A. 누우라고 하고 성령의 임재를 요청하고 안수를 했습니다. 그러자 배에서 불룩불룩하는 주먹만 한 것이 드러나는 것입니다. 예수 이름으로 귀신의 견고한 진은 파괴될지어다. 더러운 귀신은 떠나갈지어다. 대장 귀신은 앞서서 나올지어다. 하고 한 삼 십 분간 축귀를 했습니다. 오물을 통하면서 귀신이 떠나갔습니다. 그러자 주먹만 한 덩어리가 없어졌습니다.

지난 6월 초에 내적치유 집회를 하는데 지방에서 사역을 하는 전도사가 치유를 받으러왔습니다. 지방에서 치유를 받겠다고 왔으니 의지가 대단한 것입니다. 집중 치유를 위해 선교 예물을 올렸는데 봉투에다가 자신 안에 있는 상처를 "성령의 불로 태워주시옵소서"하고 적어서 올렸습니다. 내가 성령의 불로 태워서 없어지는 것이라고 누가 알려주더냐고 물었습니다. 대답을 하지 않습니다. 그래서 앞으로는 "성령의 강한 역사로 상처가 떠나가게 하옵소서"하고 기도를 하라고 했습니다. 상처는 태워서 없어지는 것이 아니고 떠나가야 합니다. 절대로 타서 없어지지 않습니다. 기도 시간에 진단을 하니 가슴과 배에 악한 영이 견고한 진을 단단하게 구축하고 있었습니다. 아랫배가 불룩불룩한다고 본인이 말을 하는 것입니다.

지속적으로 성령의 불을 집어넣어 치유를 했습니다. 이틀이 지난 다음부터 서서히 역사가 일어나기 시작을 했습니다. 3일차 태아상처 치유시간에 완전하게 귀신의 견고한 진이 파괴되었습니다. 기침을 말로 표현하지 못할 정도로 했습니다. 가슴에서 배에서 악한 영들이 토하면서 기침을 하면서 떠나갔습니다. 제가 성령님에게 언제 이것들이 들어와 가슴과 배에 견고한 진을 구축했습니까? 하고 물었더니 축귀사역을 할 때 들어와 진을 구축했다는 것입니다.

본인에게 물었더니 축귀사역을 하다가 보니 환경이 꼬이고 가슴이 답답하고 기도가 되지 않아 5년 동안 고통을 당하다가 치유를 받으러 왔다는 것입니다. 이런 경우는 자신이 성령으로 충만하지 못한 상태에서 사역을 하니 악한 영들이 방해 역사를 하는 것입니다. 제가 앞으로는 관리를 하면서 사역을 하라고 했습니다.

이런 경우를 보아 알 수 있는 것은 사람의 몸속에 귀신의 비밀 처소가 있다는 것입니다. 이것을 인정해야 귀신으로 부터 해방을 받을 수가 있습니다. 이는 정말 이해하기가 힘이 들지만 이해해야 하는 비밀입니다. 영적인 세계는 사람의 이론이나 지식으로는 이해가 불가능하기 때문입니다. 영적인 세계는 참으로 이해하기 힘든 일이 많이 있습니다. 심하게 귀신들리면 정신병자와 같은 증상을 나타냅니다. 성경에 공동묘지에서 생활하는 군대 귀신들린 사람처럼, 아무도 제어할 수 없는 굉장한 힘을 지닙니다. 장정 몇 사람이 다루어야 겨우 제어할 수 있을 정도입니다. 이런 힘이 어디에서 나오는 것일까요?

많은 무리의 귀신이 그 사람을 점령하고 모든 기능을 통제하기 때문입니다. 이렇게 심각하게 귀신들린 사람은 그 사람의 몸속에 귀신의 견고한 진이 있습니다. "귀신의 견고한 진"이라는 말은 성경에 구체적으로 해석되지 않고 언급되어 있지 않지만, 귀신들이 사람의 몸에 무리를 지어 한 곳에 모여 있기 때문에 이렇게 표현하는 것입니다. 귀신축귀를 전문으로 하시고 싶은 분은 "귀신축사 차원 높게 하는 법"과 "귀신축사 알고 보니 쉽다"를 활용하시기를 바랍니다.

42장 3년간 아픈 옆구리 통증 치유될 수 있나요

Q. 얼마 전 지방에서 올라오신 여 집사가 이렇게 말했습니다. 옆구리 통증으로 3년간 고생하고 있습니다. 병원에 가서 CT를 찍어도, MRI 검사를 해도 나타나지 않습니다. 고쳐주세요.

A. 귀신의 견고한 진은 주로 배에 있습니다. 명치끝에 많이 뭉쳐있습니다. 손을 대지 못할 정도로 통증을 느낍니다. 어떤 분은 가슴에 또는 갈비 밑에 옆구리에 뭉쳐있는 분들도 계십니다. 특이한 것은 병원에서 CT를 찍어도, MRI 검사를 해도 나타나지 않습니다. 병원에서는 원인을 알지 못합니다. 아프기는 아픈데 나타나지를 않습니다. 나타나지 않고 원인을 찾지 못하니 불치병이라고 합니다. 이 귀신의 견고한 진은 단 기간에 치유되지 않습니다. 덩어리가 뭉쳐 집을 짓기까지 상당한 기간이 흘렀기 때문에 그 만큼 치유에 시간이 걸립니다. 집중적으로 2-3일 성령의 역사를 체험하면서 치유하면 부서지기 시작을 합니다. 성령의 역사로 귀신의 견고한 진이 파괴 되어도 일정 기간 동안 통증은 남아있는 것이 보통입니다. 지속적으로 성령의 불을 집어넣으면서 집중 치유를 합니다.

어느 분은 6개월이 지나니까, 통증이 없어지고 완치되었습니다. 가슴이 아파서 바로 눕지도 못하고 엎드리지도 못하여 옆으로 누워서 잠을 자다가 오셔서 완전하게 치유를 받았습니다. 치유가 되니 가족 모두가 좋아했다고 합니다. 병원에서 불치병이라고 했는데 치유되어 자녀들에게 살아계신 하나님을 체험하게 하는 계기가 되었다고 합니다. 귀신의 견고한 진은 성령의 불세례를 체험하고 깊은 영성과 성령의 권능이 함께하는 사역자가 치유할 때 정체를 드러냅니다.

배에 손을 얹고 기도하면 적어도 10여분 이내에 귀신의 견고한 진이 표면에 나타나게 됩니다. 달걀 크기만 한 동그란 근육 덩어리가 배 속에서 솟아나 안수하는 사람의 손을 피해 이리저리 달아납니다. 배 표면을 이리 저리 굴러다니면서 손길을 피하려고 합니다. 이렇게 되면 환자는 극심한 고통으로 인해서 얼굴을 찡그리고 발버둥을 칩니다.

이렇게 귀신의 견고한 진이 드러나면 축사자는 귀신에게 몸에서 떠날 것을 명령합니다. 성령으로부터 지식의 말씀을 받아가면서 축귀를 합니다. 이때 성령께서 알려준 귀신의 이름을 거명하면서 나갈 것을 명합니다. 호명된 귀신은 그 즉시 떠나게 되지만 대장 귀신은 쉽게 떠나지 않습니다. 졸개들이 나가면서 이제 다 떠났다거나 얘들아 나가자 하든가, 이놈은 너무 힘이 강해서 우리가 견딜 수 없다. 자~ 모두 나를 따라 나가자 하면서 나갑니다.

그런데 귀신의 견고한 진이 아직 손에 느껴진다면 이는 거짓말입니다. 그럴 때 귀신아 왜 나를 속이려 하느냐 너를 호리병 속에 넣어야겠다고 위협하면 속임수가 들켰기 때문에 더 이상 저항하지 못하고 나가게 됩니다. 귀신이 쫓겨 나가면 귀신의 견고한 진은 그 즉시 소멸합니다.

충만한 교회 집회와 집회 실황 녹음 CD에 대하여 소개합니다. 충만한 교회는 매주 화-수-목요일 11:00-16:30까지 성령치유 집회를 년 중 무휴로 진행하고 있습니다. 이 때 성령의 세례를 받고 많은 불치의 질병과 상처가 치유됩니다. 귀신이 축귀되면서 성령의 은사를 받고 있습니다. 매주 목요일 저녁 19:30-21:30까지 성령집회가 진행됩니다.

매주 토요일 10:00-12:30까지 개별 집중치유를 통해서 깊은 상처와 불치 질병, 귀신을 축귀하고 있습니다. 개별 집중 안수를 통하여 성령의 강한 불이 전이되어 모두 성령의 권능을 받고 있습니다. 사전에 예약된 분에 한해서 은혜를 받을 수가 있습니다.

지방에 계시는 분들을 위하여 성령치유 집회 실황 녹음 CD가 33개 세트가 준비되어 있습니다. CD내용과 같은 교재도 준비되어 있습니다. 필요한 분은 충만한 교회 홈페이지 www.ka0675.com 에 들어오시면 상세하게 아실 수가 있습니다. 주문하시면 입금확인하고 택배로 보내드립니다.

43장 귀신역사 무시하면 되는 가요

Q. 목사님! 저는 봉천동에 사는 김 집사입니다. 저는 영적으로 많은 고통을 당하면서 살아가고 있습니다. 담임목사님은 제이야기를 듣고 무시하라고 하십니다. 예수를 믿는 사람에게 귀신이 있을 수 없다는 것입니다. 이렇게 귀신역사를 무시하면 될까요?

A. 귀신역사는 무시하면 되는 것이 아닙니다. 귀신은 영적인 존재이면서 실제 살아서 역사하는 존재입니다. 그러므로 성령의 역사가 있어야 떠나갑니다. 무시하면 이해하지 못하는 고통을 당합니다. 많은 분들이 보이는 유형 교회 안에는 악한 영의 역사가 없는 것으로 알고 있습니다. 왜냐 하고 물어보면 교회 안에는 예수의 이름이 있기 때문에 악한 영이 얼씬도 못한다는 것입니다. 그러니 예수 믿고 교회당 안에 들어오면 악한 영이 자동으로 떠나가는 것으로 인식하고 있습니다. 한 마디로 무시하고 사는 것입니다. 무시하니 마귀는 마음대로 활동을 합니다. 마귀에게 당하면서 살아도 모른다는 것입니다. 사람은 자신이 생각하고 치우치는 방향만 발전하게 되어있습니다. 악한 영을 생각하지 않고 관심을 갖지 않으니 악한 영의 활동이 보이

지를 않는 것입니다. 그래서 교회 안에서도 보이는 면만 가지고 문제를 해결하려고 합니다.

내가 시화에서 교회를 개척하여 목회를 할 때의 일입니다. 인접교회 목사가 사모하고 이혼을 했습니다. 그것도 자녀들의 나아가 28세, 26세의 자녀를 둔 목회자가 이혼을 한 것입니다. 정말 세상에 나가 이야기하기 심히 부끄러운 일입니다. 이 목사가 이혼을 하고 몇 개월이 지난 다음에 아주 젊은 전도사하고 재혼을 했습니다. 그러자 성도들이 동요하여 교회를 다 떠났습니다. 떠나온 성도들 중에서 5명이 우리 교회를 다니겠다고 하면서 왔습니다. 그런데 내가 전하는 말씀하고, 전에 자기 교회 목사가 전하는 말씀하고 다른 부분이 있었습니다. 무엇인가하면 성도에게도 악한 영들이 역사할 수 있다는 말씀입니다. 하루는 그 교회에서 온 성도 중에 제일 나이가 많은 집사가 나에게 이런 말을 하는 것입니다. 전에(이혼한 목사) 목사는 교회에는 예수 이름이 있기 때문에 악한 영의 역사가 없다고 하는데 왜 나는 악한 영의 역사가 있으니 성령 충만하게 지내라고 자꾸 강조하느냐는 것입니다.

그래서 내가 말씀으로 이해를 시키자니 시간이 많이 걸릴 것 같아서 온 교회 성도들을 하루에 두 명씩 정하여 축귀를 하기로 결정을 하였습니다. 왜냐하면 자신에게서 악한 영의 역사가 일어나면 이해가 쉽기 때문에 그렇게 한 것입니다. 오전에 한 성도, 오후에 한 성도, 모두 축귀를 했습니다. 물론 그 교회에서 온 성도들도 예외가 될 수 없이 모두 다 했습니다. 결론은 이렇습니다. 모두에게서 귀신들이 축귀되어 나갔습니다. 어떤 성도는 심하게 통곡을 하다가 귀신이 떠나갔습니다.

어떤 성도는 하품을 하는데 목구멍이 확장되면서 황소울음을 열일곱 번을 하고 귀신이 떠났습니다. 문제는 나에게 이의를 제기한 집사의 차례가 되었습니다. 성령의 임재를 요청하고 성령이 완전하게 장악이 된 다음에 악한 영을 기침으로 떠나가라고 했습니다. 그랬더니 한동안 발작을 했습니다. 눈을 보니 눈동자가 따로 움직였습니다. 악한 영의 역사인 것입니다. 약 30여 분을 발작을 하면서 몸부림을 쳤습니다. 잠잠해져서 지금 이렇게 발작을 하게한 장본인은 기침으로 나와라! 명령을 하니 사정없이 기침을 해대면서 귀신이 축귀되었습니다. 잠잠해졌습니다. 그다음이 더 재미가 있습니다. 집사가 하는 말이 생전처음 이런 체험을 했다는 것입니다. 자기도 자기가 하는 흉측한 행동을 보고 놀랐다는 것입니다. 내가 질문을 했습니다.

집사님을 그렇게 흉측하게 행동을 하게한 장본인이 누구인지 아세요. 그랬더니 이렇게 대답을 했습니다. 자신이 속고 살았다는 것입니다. 자신은 목사님이 하는 말은 모두 하나님의 말씀인줄 알았는데 오늘 지난 목사에게 속았다는 것입니다. 자신은 꿈에도 자신에게 그런 귀신이 있는 줄을 몰랐는데 오늘 알았다는 것입니다. 그러면서 "목사님 감사합니다. 지금 마음이 너무나 편안하고 좋습니다. 나에게 역사하던 귀신을 축귀해 주셔서 감사합니다. 내가 목사님의 기도를 받으면서 감동을 받았는데 전에 목사님 이혼을 시킨 것도 마귀라는 것을 깨닫게 했습니다." 이 집사는 그 다음부터 자꾸 영적으로 변하여 순종을 잘하는 집사가 되었습니다. 이와 같이 영적인 무지로 인하여 목회자와 성도가 악한 영에게 당하고 있다는 것입니다. 우리 영의 눈을 뜹시다.

44장 강한 기운이 들어왔는데 무시하면 되는가요

Q. 목사님! 안녕하세요. 저는 신월동에 사는 김 집사입니다. 목사님의 책들을 읽으면서 은혜를 받고 있습니다. 목사님 한 가지 궁금한 것이 있습니다. 지방에 사는 저희 동생이 이런 일을 겪었습니다. 자기 시어머니가 돌아가시고 나서 자기에게 강한 불같은 기운이 몸으로 들어왔다는 것입니다.

그래서 담임목사님에게 상담했더니 무시하라고 했답니다. 그런데 문제는 동생이 불면증에 시달리고 우울해지면서 고생을 합니다. 시어머니가 살아계실 때 반 무당이었다고 합니다. 무시하면 됩니까? 목사님 시간이 없으시더라도 고생하는 동생을 생각하여 꼭 답변을 바랍니다.

A. 영적으로 좋지 못한 상황입니다. 시어머니에게 역사하던 무속의 영이 며느리인 동생에게 침입을 한 것입니다. 될 수 있는 한 빨리 영적치유를 받아야 합니다. 시간이 경과되면 될수록 귀신의 역사가 강해지기 때문입니다. 지금 동생은 시어머니에게 역사하던 무속의 영의 영향으로 불면증과 우울증으로 고통을 당하고 있는 것입니다. 조금 더 지나면 다른 문제가 발생할 것입니다. 다른 문제란 환경에 문제가 일어날 수가 있다는

것입니다. 점점 스트레스를 받게 하여 시어머니와 같이 반 무당이 되게 하기 위해서입니다. 우리가 아무리 예수를 믿어도 육을 가지고 살아가고 있기 때문에 무시는 안 됩니다. 반드시 말씀과 성령으로 원인을 찾아 해결해야 합니다.

저는 종종 불이 자신의 안으로 들어왔다는 분들을 치유합니다. 여러 유형이 있습니다. 뜨거운 불이 생식기 안으로 들어왔다고 하는 분도 있습니다. 어떤 분은 기도원에 가서 은혜를 받는데 강사가 '불 들어간다.'하며 외치자 자신의 안으로 불덩어리가 들어왔는데 그 다음부터 정신이 혼미해지고 불면증이 발생하여 고통을 당하다가 치유 받고 간 분도 있습니다.

어떤 분은 동생과 같이 우상숭배가 심했던 시어머니가 돌아가는 날, 뜨겁고 강한 불이 자신에게 들어오는 것을 느꼈다는 것입니다. 그 다음부터 정상적인 생활을 못했다고 합니다. 더군다나 자신의 딸에게도 전이 되어 딸이 날씨가 흐리면 토하고 정신이 이상한 짓을 한다는 것입니다.

이 모든 분들이 예수를 잘 믿는 사람들입니다. 일부는 치유 받고 돌아갔고, 일부는 지금도 치유를 받고 있습니다. 무시하지 말고 속히 성령치유를 받으라고 권면하시기 바랍니다.

45장 영적전이에 대하여 알고 싶어요

Q. 저는 음악치료사 자격증을 취득하여 요양원 복지원에도 가끔 갔어요. 신학교 다니느라 공부하려고 많이는 안 다니고요. 다니는 곳 중에 정신장애 센터에서 주1회로 한 시간 일하고 있습니다(작년 10월부터). 음악치료를 레크리에이션도 하면서 악기연주하며 함께 노래합니다.

작년 여름 8월부터 어깨가 아파서 통원 치료 한동안 받았는데 며칠 전에 센터에서 일하고 집에 와서 머리도 무지 아프고 왼쪽 팔이 안 올라갈 정도로 통증이 심했습니다. 머리가 이렇게 아픈 적이 없었습니다. 센터에는 새로운 사람이 몇 명 더 왔습니다(청각장애인 등등). 진통제 먹으면서 방언 기도 계속 하니까 머리 아픈 건 사라졌습니다. 어깨는 많이 좋아졌지만 약간의 통증이 있습니다.

목사님! "하나님의 복을 전이 받는 법"의 책을 읽어보니 영적으로 전이 된다고 해서요. 제가 어깨와 허리디스크가 있는데 그곳의 영향을 받은 걸까요? 그만갈까 생각하고 있는데 어떻게 하면 좋을까요? 바쁘실 텐데 답변 부탁드립니다. 시간 내서 집회에 참석하려고요. 그때 뵙겠습니다. 안녕히 계세요. 할렐루야!

A. 당신은 원래 영육의 상처가 잠재하여 있던 분입니다. 상처는 성령의 역사가 있어야 치유가 됩니다. 당신이 지금 하시는 일들은 모두 이성적인 일입니다. 상처가 있는 분이 성령의 인도함이 없이 이성적인 일을 하면 상대방에게서 역사하는 영의 전이가 이루어집니다. 당신의 모든 현상들은 영의 전이로 일어나는 현상입니다.

　장애인이 있는 곳의 봉사는 조심하는 것이 좋겠습니다. 성령으로 충만 받기 전까지 삼가는 것이 좋습니다. 성령의 세례를 받고 깊은 차원의 치유를 받아야 어깨통증과 허리디스크가 치유됩니다. 나아가 점점 많아질수록 치유는 어려워집니다. 체력과 영적인 문제, 치유는 같이 가기 때문입니다. 체력이 있어야 기도도 하고 영력도 강해진다는 말입니다.

　내가 조언하여 주고 싶은 것은 치유를 먼저 받으라는 것입니다. 치유를 받아야 권능도 나타나고 전도사도 할 수가 있습니다. 지금 상태로 시간이 자꾸 흐르면 문제는 점점 커지고 강해집니다. 승리하세요.

　혈통에 흐르는 좋지 못한 영들이 있을 수 있습니다. 혈통에 흐르는 좋지 못한 영이란 이 책을 읽어보면 알 수가 있을 것입니다. 그런 상처가 있는 분들이 근육통증으로 고생을 많이 합니다. 성령의 강력한 역사로 치유 받아야 합니다. 승리하세요.

46장 기도하다 만난 사람 생각만하면 오싹해요

Q. 목사님 제가 기도하러 기도원에 자주 갑니다. 거기서 만나는 사람과 대화를 하는 것을 즐기는 편입니다. 그런데 집에 돌아와 함께 대화하던 사람을 생각하노라면 몸이 전류가 찌릿찌릿하면서 불쾌합니다. 저녁에도 새벽에도 그럴 때가 있습니다. 어찌된 일입니까? 어떻게 해야 해방을 받을 수 있을 까요?

A. 영육의 상처가 있는 분들이 영적으로 좋지 못한 사람과 마음을 열고 대화하여 영의 전이가 이루어진 것입니다. 쉽게 설명하면 대화한 사람에게 역사하던 귀신이 당신에게 전이되었다는 말입니다. 그러므로 기도원이나 영성원 같은 곳에서 낯선 사람과 대화는 안 하는 것이 좋습니다. 자신이 성령으로 충만하여 강한 권능이 영으로부터 흘러나온다면 문제가 되지 않습니다.

그러나 상처가 많고 영적으로 약하다면 영의 전이가 일어날 수가 있습니다. 예를 든다면 이런 경우입니다. ○○에서 믿음생활을 하는 여 집사에게서 전화가 왔습니다. 다른 곳에서 믿음 생활을 2년 동안 하다가 ○○으로 이사를 왔다는 것입니다. 문제는 전에 모시던 교회 목사님의 영에 영향이 강하여 생활하는데 굉장한 어려움을 격고 있다는 것입니다. 담임목사님이 양신역사가 심하여 자신이 중보기도를 해야 한다는 것입니다.

자신만 인정하는 성령이 전에 모시던 담임 목사님을 위하여 중보기도를 하라는 것입니다. 어느 날은 새벽 3시 30분에 깨워서 잠을 자지 못하게 하면서 기도하라고 한다는 것입니다. 막 불이 쑥쑥 들어 오기도하고 소름이 끼치기도 하면서 기도하게 한다는 것입니다. 본인은 성령님이 시키신다고 하는데 이는 잘못 알고 있는 것입니다. 정말 힘이 들어서 어찌하면 좋겠느냐고 전화로 물어보는 것입니다. 자기가 담임목사님이 영적인 상태가 좋지 못하여 영적으로 깨어나기를 소원하며, 중보기도를 계속해 왔는데 계속 중보기도를 해야 하느냐는 것입니다. 여 집사는 분별력이 없어서 속고 있는 것입니다.

목사님에게 역사하는 영과 솔타이(영의 얽힘)가 된 것입니다. 이런 사람들이 다수가 있습니다. 모두 영적으로 문제가 있는 사람들입니다. 자신이 영적으로 깨어있고 능력이 있다고 자신만이 인정하는 과대망상에 빠진 사람들입니다. 그렇기 때문에 자기관리를 소홀하게 하여 상대에게 역사하는 영에 묶임을 당한 것입니다. 이 여 집사도 자신이 특별한 사람인 것과 같이 자랑을 하는 것입니다. 자신이 5차원의 사람이라는 것입니다.

내가 불쌍해서 자세하게 설명을 해주었습니다. 본인이 상처와 영적으로 문제가 있어서 그것을 빌미로 들어와 역사하는 귀신이라고 알려주었습니다. 빨리 치유 받지 않으면 영적 정신적인 문제와 가정환경에 문제가 발생할 것이라고 알려주었습니다. 그러니까, 자수를 하는데 음란한 생각이 들어서 힘이 든다는 것입니다. 그래서 영적으로 음란하면 육적인 음란도 따라오는 것이니 하루라도 빨리 영적치유와 상처치유를 받으라고 했습니다.

그랬더니 자기가 사는 ○○에는 자신의 문제를 치유하여 줄 목사님이 없다는 것입니다. 그래서 안 되면 서울이라도 올라와서 치유를 받아야 한다고 알려주었습니다. 그러니까, 여 집사가 하는 말이 목사라고 다 목사가 아니었다는 것입니다. 자꾸 자신에게 문제가 있었다는 것을 인정하지 않고 전 담임목사에게 화살을 돌리는 것입니다.

그래서 여 집사에게 원래 집사님이 영적으로 혼탁하고 상처가 많아서 그런 일이 생긴 것이니 목사를 원망하지 말라고 했습니다. 원래 상처가 많고 영적으로 혼탁한 사람들이 자신을 보지 않고 남을 봅니다. 자신은 아는 것이 많으니 다되었다고 생각하기 때문입니다. 영적인 눈이 열리지 않아서 분별능력이 없으니 영적으로나 상처로 고생하는 사람들을 불쌍하게 보고, 자꾸 도와주려고하고, 기도해 주려고하고, 영적인 것에 관심을 많이 갖는 것이라고 일러 주었습니다.

이 여 집사와 똑 같던 여 집사가 우리 교회에 와서 치유 받은 사람도 있습니다. 지금도 다니면서 치유를 받고 있습니다. 지금은 거의 정상으로 회복이 되었습니다. 이런 분은 담임목사가 꿈에 보이면 영락없이 영적으로 고통을 당합니다. 생각이 나도 마찬가지입니다. 이는 내가 임상적으로 체험한 바로는 귀신이 하는 짓입니다. 막 섬뜩 섬뜩하고 열이 오르는 현상이 자주 일어납니다. 될 수 있는 한 빨리 치유를 받아야 합니다.

47장 부부간에 영적결합에 대해 알고 싶어요

Q. 예수를 믿고 성령으로 충만한 사람도 부부 생활 간 영적 결합이 이루어지느냐 입니다. 쉽게 말해서 성령 충만한 사람에게도 상대의 나쁜 영이 전이 될 수 있느냐 입니다.

A. 남녀가 결혼을 하면 3가지가 연합이 됩니다. 영적인 연합입니다. 정신적인 연합입니다. 육적인 연합입니다. 부부간에 화목하지 못하고 대립이 일어나는 것은 영적으로 연합하지 못하기 때문입니다. 부부간의 문제를 해결함에 있어서 영적인 문제를 찾아 해결하지 않으면 근본이 해결되지 않을 수도 있다는 말입니다. 귀신들도 등급이 있습니다. 등급이 높은 귀신이 낮은 귀신을 장악합니다. 그러면 부부 중에 낮은 등급의 귀신의 영향을 받던 사람이 고통을 당합니다. 질병이나 우울증, 정신적인 문제, 불면증 등이 발생할 수도 있습니다.

부부가 모두 예수를 믿고 신앙생활 한다고 영적인 문제가 없다고 방심하면 안 됩니다. 부부가 모두 믿음 생활을 하더라도 어떻게 신앙생활을 하느냐에 따라서 영적인 문제의 소지가 있습니다. 예를 들어 설명하면 이렇습니다. 남편은 3대째 신앙생활을 했습니다. 부인은 자신의 대에서 처음 신앙생활을 시작했습니다. 이런 경우라도 영적인 문제는 잠재해 있다고 보아야 합니다. 우선 남편이 어떤 신앙생활을 했느냐 입니다. 성령으로 세례를 받고 말씀과 성령으로 영육의 치유를 받았다면 영적인 문제는 일어나지 않을 수 있습니다. 그러나 성령으로 세례를 받지 않고 일반적인 신앙생활을 했다면 혈통에 역사하는 영적인 문제가 흐를 수 있습니다.

여성도 마찬가지입니다. 자신이 처음 신앙생활을 하게 됨으로 육적으로 흐르는 영적인 문제가 잠재하여 있다고 보아야 합니다. 혈통에 흐르는 영적인 문제는 성령으로 세례 받고, 치유 받지 않고, 기본적인 믿음생활을 해서는 끊어지지 않는 것이 보통입니다. 그래서 결혼 후에 여러 가지 이유를 모르는 문제가 일어날 수가 있습니다. 강한 귀신의 영향을 받는 사람이 약한 영의 영향을 받는 사람을 지배하게 됩니다. 이는 필연코 일어나는 현상입니다. 알고 대처해야 합니다. 부부가 같은 교회에서 강한 성령의 역사로 치유 받으면 점점 성령이 장악하여 평안한 부부가 됩니다.

남녀모두 자신이 처음 예수를 믿은 경우입니다. 사람은 영적인 존재이기 때문에 영적인 눈이 뜨이면 영적인 면에 관심이 대단이 많아집니다. 이런 관심을 여성이 남성보다 더 열심입니다. 그래서 영적인 갈급함을 해결하려고 여기저기 은혜 받으러 다닙니다. 그러면서 듣는 것이 많습니다. 자연스럽게 영적으로 아는 것이 많아집니다. 아는 것이 많은 자신은 영적으로 완벽하다고 하며 남편이 문제라고 할 수 있습니다. 자신에게는 절대로 귀신의 역사가 없다고 믿습니다. 그래서 사역자나 남편이 귀신이 자신에게도 역사한다고 말하면 순간 혈기를 내고 싸우기도 합니다. 주변에 치유하는 곳이나 교회에서 목회자와 다투는 사람들이 많습니다. 거의 이와 같은 경우입니다. 자신의 정체가 폭로되니 강하게 거부하는 것입니다. 이런 경우 부인이 인정하지 않으면 절대로 귀신이 떠나가지 않습니다.

그런데 더 큰 문제는 남편역시 부인이 아는 것이 많으니 영적으로 한 차원 높다고 인정하게 됩니다. 이렇게 인간적으로 생각하는 것에서 문제가 발생하기 시작을 합니다. 시간이 흐르면서 남편이 기를 피지 못하고 살아가기도 합니다. 여기저기 질병이 생기기도 합니다. 몸이 허약해지기도 합니다. 하는 일이 잘 되지 않는 경우도 생깁니다. 이것은 여성에게 역사하는 악한 영의 영향으로 발생하는 것입니다. 이유는 아는 것이 많아도 성령으로 세례 받아 영육을 치유 받지 않으면 혈통에 흐르는 문제가 그대로 남아있다는 것입니다. 이를 인정해야 치유가 가능합니다. 이 혈통에 흐르는 영적인 요소들이 남편에게 영향을 끼치는 것입니다. 이를 해결하려면 부부가 함께 같은 교회를 다니면서 성령으로 세례를 받고 성령의 불세례를 받으면서 치유를 받으면 간단하게 해결이 됩니다.

그런데 문제는 부인이 자신은 많이 알기 때문에 문제가 남편에게 있다고 주장을 하여 부인이 치유를 게을리 하면 해결 받는 시간이 점점 길어집니다. 제일 빠른 경우는 부부가 함께 성령의 역사가 강한 교회에 가서 치유를 받는 것입니다. 지속적으로 치유를 받아 성령으로 충만함을 받으면 문제가 서서히 해결이 되기 시작을 합니다. 가정에 성령으로 하나 되기 시작하기 때문입니다.

이제 불신결혼을 한 경우를 설명합니다. 많은 경우 믿음이 좋던 자매가 남자의 외모를 보고 반하여 결혼을 감행합니다. 물론 결혼하기 전에 남자가 예수를 믿겠다고 확답을 받고 결혼을 감행합니다. 그러나 결혼하고 서서히 영적인 영향으로 문제가 발생하기 시작을 합니다. 남편이 예수를 믿는다고 하지만 주일 신자가 되기 쉽습니다. 시댁에 가면 불신자 판입니다. 일반적인 우상 숭배는 서서히 부인을 장악해 갑니다. 그러나 강한 우상숭배는 부인에게 즉각적인 이상증세가 발생하기 시작을 합니다. 이런 경우도 남편이 성령으로 세례 받고 성령으로 충만한 교회에서 신앙생활하면 문제는 떠나가는 것이 보통입니다.

그러나 시댁에 무당의 내력이 있든지, 남묘호랭객교를 믿는 사람이 있는 경우 정도는 더욱 심합니다. 이런 경우 웬만한 성령의 권능을 가지고 이겨내기가 버거워집니다. 그래서 결혼 후에 2-3년이 지나면 서서히 우울증이나 정신문제가 발생하기 시작을 합니다. 환경에 문제가 발생하기 시작을 합니다. 물질문제와 질병과 이해하지 못하는 여러 가지 우환이 생깁니다. 결혼 후에 2년 정도 지나면 악한 영의 역사가 예수를 믿는 여성을 장악하게 됩니다. 남자의 경우도 마찬가지입니다. 결국 정신적인 문제가 발생하여 정상적인 생활을 하지 못하는 경우가 많이 있습니다. 그러므로 결혼 전에 성령으로 세례를 받고 치유를 받아 혈통으로 흐르는 영적인 요소들을 제압해야 합니다. 적어도 3년을 치유 받아야 영적인 영향력이 약해집니다.

이제 믿음이 있던 남자가 불신 여성과 결혼한 경우입니다. 가정이 모두 예수를 믿어 믿음의 가정에서 자라난 남자가 여성의 외모를 보고 반하여 결혼하는 경우가 있습니다. 앞에서 말한 바와 같이 일반적인 우상숭배는 그렇게 크게 영향을 미치지 못합니다. 그러나 처가에 무당의 내력이 있든지, 남묘호랭객교를 믿는 사람이 있든지, 절을 지을 때 금품을 많이 가져다가 시주를 했다든지 하는 경우 정도는 더욱 심합니다.

이런 경우 웬만한 성령의 권능을 가지고 이겨내기가 버거워집니다. 성령의 역사가 강한 교회에서 함께 신앙생활을 하면 점점 힘이 약해집니다.

그러나 생명의 말씀과 성령의 세례와 성령치유 없이 보편적인 신앙생활을 하면 처가에서 역사하던 무당의 영과 남묘호랭객교의 영이 결혼 후에 2-3년이 지나면 완전하게 장악을 하게됩니다. 그래서 결혼 후에 서서히 문제가 발생하기 시작을 합니다. 자녀들에게 영육의 문제가 발생하기 시작을 합니다. 이때 성령의 강한 역사를 체험하며 해결하면 2-3년이면 문제가 해결이 됩니다. 그런데 원인을 모르고 인간적인 조치만 취하면 남편의 하는 일이 되지를 않게 됩니다. 자신의 자녀들이 우울증이나 정신문제가 발생하여 정상적인 생활을 못할 경우도 생깁니다.

그것도 방치하면 결국 정신적인 문제가 발생하여 자녀들이 정상적인 생활을 하지 못하여 무의도식을 하는 사람이 되기 쉽습니다. 부모의 죄로 인하여 자녀가 고통을 당하는 것입니다. 그러므로 결혼 전에 성령으로 세례를 받고 치유를 받아 혈통으로 흐르는 영적인 요소들을 제압해야 합니다. 적어도 3년을 치유 받아야 영적인 영향력이 약해집니다. 예수를 믿는 우리는 영적인 군사들입니다. 영적인 것을 알고 대비해야 불필요한 고통을 당하지 않습니다.

혈통에 대물림에 대하여 자세하게 알고 싶은 분은 "가계가 축복받는 선포기도문"과 "가계의 고통을 끊고 축복받는 비결"을 읽어보시기를 바랍니다. 이 책에 보면 혈통의 문제를 해결하는 비결들이 많이 제시되어 있습니다. 혈통의 문제는 무시하면 안됩니다. 반드시 말씀과 성령으로 찾아서 치유해야 합니다. 그래야 예수를 믿으면서 아브라함의 축복을 누릴 수가 있습니다.

48장 귀신은 한번만 축귀하면 모두 떠나지요

Q. 목사님 안녕하세요. 저는 순천에서 목회하는 김 목사입니다. 목사님의 영성 깊은 책을 통하여 영적인 지경을 넓히고 있습니다. 목사님 감사합니다. 제가 궁금한 것은 귀신의 영향을 받는 성도가 축귀한번 받으면 귀신이 모두 떠나가는 가입니다. 많은 목회자나 성도들이 그렇게 알고 있는 것 같습니다. 명확한 답변을 바랍니다.

A. 결론을 말한다면 한번 축귀로 귀신이 모두 떠나가지 않습니다. 성도가 영적으로 변하는 만큼씩 귀신의 영향에서 벗어나게 됩니다. 그럼에도 불구하고 성도들의 의식이 영육의 문제가 있으면 귀신만 한번 쫓아내면 해결되는 줄 압니다. 제가 성령치유 사역을 하면서 체험한 바로는 귀신만 쫓아내면 다되는 줄 알고 있는 성도들이 많습니다. 귀신만 쫓아내면 문제가 해결 된다고 하니까 귀신만 쫓아내려고 합니다. 이곳저곳 능력이 있다는 사람을 찾아다니면서 귀신만 쫓아내려고 합니다.

그러다가 치유의 시기를 놓쳐서 비참한 결과를 초래하는 경우가 많습니다. 정신적인 문제나 영적인 문제나 할 것 없이 귀신만 쫓아내면 문제가 해결되지 못합니다. 문제가 있으면 반드시 원인이 있습니다. 원인을 해결하면서 스스로 싸울 수 있는 영적인 능력을 길러야 합니다. 즉, 말씀을 듣고 기도해야 합니다. 스스로 기도하며 싸울 수 있는 영성을 길러야 합니다. 그렇지 않고 완력으로 축사를 하려고 하면 문제가 발생합니다.

귀신의 축귀는 사람의 힘으로는 할 수가 없습니다. 이는 내가 저술하여 출판한 "영적세계가 열려야 성공한다."와 "하나님의 복을 전이 받는 법"책을 읽어보면 잘 알 수가 있을 것입니다. 악귀는 사람의 힘보다 강합니다. 그래서 사람의 힘만으로는 악귀를 몰아낼 수가 없습니다. 반드시 악귀보다 강한 성령의 권능을 덧입어야 가능한 것입니다. 축귀사역은 전전으로 성령의 권능으로 하는 것입니다. 귀신의 축사는 사람의 능력으로 하는 것이 아닙니다.

성령의 권세가 귀신을 축귀하는 것입니다. 성령은 어디에 계시는 가 먼저 믿는 자의 영 안에 거하십니다. 믿는 사람들이 모여 있는 곳에 임재 하여 계십니다. 또 성령으로 충만한 사역자가 영으로 전하는 말씀 안에 역사하십니다. 축귀는 피 사역자의 영 안에 임재 하여 계신 성령의 역사를 일으켜서 성령의 권능으로 밀어내는 것입니다. 능력 있는 사역자가 하는 것이 절대로 아닙니다. 사역자는 귀신의 영향을 받는 자의 영 안에서 성령의 역사가 일어나게 하는 영적인 방법을 알고 있어야 합니다. 저는 축귀사역을 절대로 성령의 임재가 되지 않은 사람은 하지 않습니다.

만약에 사역자가 성령의 임재가 되지 않은 사람을 축귀했을 경우, 그 당시 성령 사역자의 능력으로 악귀가 떠날 지라도 시간이 경과되면 다시 들어갑니다. 왜냐하면 피 사역자가 성령으로 충만한 상태가 아니므로 다시 들어가는 것입니다. 축귀사역을 바르게 하려면 찬송을 뜨겁게 부르고 통성으로 기도를 해야 합니다. 그리고 영의 말씀을 들어야 합니다. 나의 체험으로는 피 사역자가 깊은 영의 말씀을 잘 알아들어 영적으로 변하는 만큼씩 귀신이 떠나갔습니다. 축귀는 시간이 걸리는 일입니다. 성령님의 일입니다.

자신이 성령으로 완전하게 장악되는 시간이 필요합니다. 자신에게 육체가 남아있는 한 악귀는 떠나가지 않습니다. 악귀는 육체와 생각에 역사할 수 있기 때문입니다. 원래 사람의 육체는 마귀가 주인 이였습니다. 그래서 아무리 성령으로 충만했던 사람도 시기나 질투 혈기 등으로 육체가 되면 마귀가 틈을 탈수가 있는 것입니다. 그래서 하나님은 성령으로 충만함을 받으라고 하시는 것입니다. 그럼 성령으로 충만한 상태는 언제인가, 하나님을 부르고 찾고 생각할 때가 성령으로 충만한 것입니다.

성령으로 충만하려면 항상 하나님을 찾고 부르고 하나님을 생각을 해야 합니다. 우리는 성령으로 충만하다는 계념 이해를 잘해야 합니다. 새벽기도 빠지지 않고 잘 참석하고, 예배를 잘 드리고, 소득의 십일조를 드린다고 성령으로 충만하다고 볼 수가 없습니다. 이렇게 행위로 열심을 내어도 세상에 나가 세상에 빠지면 성령의 충만이 사라지는 것입니다.

왜냐하면 우리에게는 육이 있기 때문입니다. 우리는 성령으로 충만하기 위하여 의지적인 노력을 해야 합니다. 항상 하나님을 찾아야 한다는 것입니다. 내 영 안에 성령하나님이 계셔도 찾지 아니하면 주무신다. 이때는 육성이 되는 것입니다. 축귀사역을 하실 분이나 축귀를 받을 분은 이점을 확실하게 인식해야 합니다. 나에게도 가끔 이런 사람이 찾아옵니다. 악귀의 영향으로 자신의 의지를 행사하지 못하는 사람을 축귀하여 달라고 옵니다. 그것도 1:1로 그 사람만 붙잡고 말입니다.

나는 이런 사역은 하지 않습니다. 보호자에게 잘 이해가 가도록 설명하여 예배와 집회에 빠짐없이 참석하여 귀신을 축귀하려는 본인의 의지가 발동 될 때까지 다니라고 합니다. 즉, 성령이 임재 하여 장악할 때까지 기다리라는 것입니다. 참석하여 계속 말씀을 들어서 자신의 문제가 왜 왔는지 이해하고, 소리 내어 기도할 수 있을 때까지 기다립니다.

절대로 귀신을 한번 축귀했다고 완전하게 떠나가는 것이 아닙니다. 지속적인 성령충만과 성령의 기도가 있어야 합니다. 그래서 하나님이 기뻐하시는 영성으로 변화되어야 다시 들어오지도 않고, 역사하던 귀신도 떠나가는 것입니다.

5부 불치질병 궁금증

49장 만성두통을 치유 받고 싶어요

Q. 목사님, 만성두통 치유 받고 싶습니다. 저는 서울 중곡동 모 교회를 섬기고 있는 오집사라고 합니다. 나이는 40대이고, 기혼이며, 아직 아이는 없습니다.

교회에서 소그룹 중보기도모임에서 내적치유를 주제로 말씀 나누며, 기도하면서 목사님의 내적치유 저서에 대해 알게 되었고, 목사님이 집필하신"성령의 불로 불세례를 받는 법"는 책도 사서 읽어 보았습니다.

제가 치유에 대해 관심 갖게 된 것은 제 두통 때문입니다. 오늘까지 20년 넘게 두통을 앓고 있습니다. 초등학교 때부터 교회에 나갔고, 중학교 2학년 때 세례 받았습니다. 이후 고등학교도 하나님의 은혜로 미션스쿨에 입학하게 되었습니다. 고등학교는 타지생활을 하여야 해서 하숙, 자취, 기숙사 생활을 하였습니다. 그런데 고2 때부터 공부에 지치고, 가족들과 떨어져 지냄으로 인한 외로움이 극에 달했습니다.

그리고 이런 삶을 살 수 밖에 없는 현실에 대한 불만이 가득하게 되었습니다. 이때부터 음란만화로 시작하여 음란비디오와 자위행위에 심취하게 되었습니다. 나름의 일탈이었습니다.

그런데 이게 너무 심해져서 밤에 지나가는 여학생들을 겁탈하고 싶은 생각까지 들며 행동에 옮길 뻔 한 적도 있었습니다. 밤마다 자위행위를 하지 않으면 잠도 안 왔습니다. 음란마귀가 저를 꽉 사로잡게 되었습니다. 이때부터 죄책감과 불면, 두통이 심하게 찾아 왔습니다.

그리고 우울증이 겹쳐 와서 친구들과도 잘 어울리지 않게 되었습니다. 친구들이 같이 농구하러 가자해도 기숙사에 혼자 남아 비틀즈나 팝송, 우울한 음악을 들으며 멍하게 있거나 잠을 잤습니다. 이런 가운데도 하나님께 기도하여 부모님과 저를 불쌍히 여기시면 대학에 붙게 해달라고 요청하였습니다. 감사하게도 하나님은 대학에 합격 시켜 주셨습니다.

그리고 선교동아리에 가입하게 되었습니다. 저는 지난날의 삶을 반성하며, 성경을 배우고자 동아리활동을 열심히 해야겠다고 마음먹었습니다. 그러나 이는 쉬운 일이 아니었습니다. 일단 불신자이신 아버지가 반대가 심하셔서 저는 늘 아버지와 갈등하였고, 아버지가 폭력을 쓰고 폭언을 할 때는 정말 견디기 힘들었습니다.

무엇보다, 아버지는 '세상물정 모르는 놈', '멍청한 놈', '죽어버려라'등등 폭언을 하실 때는 내 속에서 살인감정이 느껴졌습니다. 그러면서 제 두통은 더 심해졌습니다. 그러다가 동아리 94년 여름수련회에 참석하게 되었습니다. 수련회에서 불신 대학생들이 말씀에 감화하여 울며 통회하는 모습을 보니 감격하기

보다 질투가 생겼습니다.

나는 일찍부터 믿는 자였는데 나에게는 마음에 감동이 없고, 웬일인지 수련회 시간이 힘들게 느껴졌습니다. 왠지 나도 통회해야 할 것 같은 압박감을 느꼈습니다.

각자 받은 말씀을 가지고 소감발표(간증과 유사)하는 시간에 제가 발표하게 되었습니다. 앞서 발표한 사람들은 온갖 죄 가운데 살다가 하나님께서 구원하셨다고 발표하면서 많이 들 울었습니다.

다들 드라마틱한 반전이 있는 인생이었습니다. 그러나 저는 그런 거 같지 않았습니다. 저는 보잘 것 없어 보였습니다. 그런데 발표 도중에 갑자기 눈꺼풀이 축 쳐지면서 눈이 쑤욱 뒤로 들어가는 느낌이 들었습니다. 처음 강단에 섰을 때는 군중들을 향해 바라볼 수 있었는데 갑자기 사람들 얼굴을 볼 수 없게 되었습니다. 발표를 마치면서 저는 고개를 들지 못했습니다. 사람들의 시선을 견딜 수 없었습니다. 이때부터 두통과 함께 사람들의 눈을 바로 보지 못하게 되었고, 정말이지 눈이 반쯤 감겨서 눈이 잘 떠지지 않게 되었습니다.

이로 인해 이후에 선교동아리에서 활동하는 것도 마음에 갈등이 되었습니다. 수련회 가서 은혜 받기는커녕 도리어 저의 두통이 심해지고 눈도 감기게 되고(마치 잠을 한 숨도 못 잔 것처럼 눈이 붓거나 감겨 있습니다.) 사람들 쳐다보기도 어렵게 되어 공동체 생활이 힘들게 되었습니다.

그러다가 새로 들어온 후배가 "왜 선배는 사람들 눈을 못 쳐다 보나요?" 물었을 때 답을 할 수 없었고, 너무 창피했습니다. 더구나 한 선배는 "너 그러다가는 사회생활 못한다."는 말을 했을 때 절망감이 들었습니다.

저는 7년간 생활했던 선교동아리에 실망하여 탈퇴하였습니다. 너무 상실감이 컸습니다. 원망하는 생각도 들었습니다. 하나님을 원망하는 생각도 들었습니다. 제가 무슨 잘못을 했냐고 하나님께 따져 물었지만 아무 말씀이 없으셨습니다.

군대를 늦게 입대했는데 그 때도 두통과 만성피로감, 우울감, 사람 눈을 제대로 쳐다보지 못하는 것으로 인해 결국 입대 6개월 만에 군병원에 입원하게 되었습니다. 병명은 [정신 신체화 장애] 이었습니다.

제대 이후 저는 대학 졸업 후 잠시 동안은 아르바이트로 생계를 이어가다가 어머니와 작은 개척교회에 다니면서 목사님과 성도들의 기도를 통해 지금의 직장에 들어오게 되었습니다. 현 직장에는 벌써 햇수로 14년째 다니고 있습니다. 하지만 처음에는 적응을 잘 하지 못하여 해고 위기도 있었습니다.

하지만 하나님이 도우셔서 오래 다니고 있습니다. 게다가 결혼도 하게 되었습니다. 그렇지만 두통과 피곤함, 눈 처짐 현상, 그리고 사람들 눈을 잘 쳐다보지 못하는 증상은 계속되고 있습니다. 현재 직급은 과장이지만, 직장 사람들은 제가 과장 된 것이 신기하다고 할 정도로 저의 사회성은 '여전히 보통의 사람들보다 떨어집니다.

그나마 꾸준히 말씀과 기도로 믿음이 자라가면서 두통이 완화되고는 있습니다. 그러나 완치되기를 간절히 바랍니다.

목사님, 목사님 저서 중 내적치유에 관한 책을 보니 정신병, 가난, 이혼, 사고 등등은 조상의 우상숭배에서 기인한다는 내용이 있었습니다. 저희 집안 역시 제가 중학교 때까지 제사 지내고, 어머니는 여동생을 낳을 때 너무 아파서 무당을 불러 굿을 했다고도 합니다. 또한 고모들은 절에 다녔습니다.

저의 누나는 결혼 후에 아이 낳고 정신이 이상해져서 사람도 못 알아보게 되고 말도 못하고 이상한 소리를 냅니다. 지금은 연락이 끊긴 상태입니다. 그리고 부모님은 제가 군대에 있을 때 이혼하셨습니다. 어렸을 때부터 가난에 시달렸습니다. 한 번은 초등학교 3학년 때 집에 쌀이 없어서 굶은 적도 있습니다.

이 모든 것이 우상숭배로 말미암은 것임을 깨닫고 죄 사함의 기도를 하였으며, 교회 소그룹중보기도모임에서 계속적으로 내적치유를 위해 기도하고 있습니다. 그렇지만 조금은 답답합니다. 빨리 치유 받고 싶습니다. 목사님! 제가 어떻게 해야 제 두통과 우울감, 만성피로감, 눈 쳐짐 등의 증상에서 해방될 수 있을까요?

A. 하나님은 고치지 못하는 병이 없습니다. 우리 교회에서

만성 두통을 치유 받은 분들이 많습니다. 치유할 수 있는 장소에 가셔야 합니다. 찾아 오셔야 말씀과 성령으로 내적 치유하여 두통과 우울감, 만성피로감, 눈 쳐짐 등의 증상에서 해방될 수 있습니다. 완치하려면 시간이 걸립니다. 성령님이 장악하는 시간입니다. 인내하셔야 합니다. 우리 교회에서 치유 받은 분의 간증을 읽어보시고 고칠 수 있다는 믿음이 생기기를 바랍니다.

저는 몇 년 전부터 악성두통으로 사람구실을 제대로 못하면서 살아왔습니다. 119 구급차도 세 번이나 탔습니다. 그래서 서울대 병원에 가서 M.R.I 도 두 번이나 찍었는데 아무런 이상이 없었습니다. 그런데 그렇게 두통이 심해서 사모 노릇을 거의 하지를 못하면서 지냈습니다. 그러니 남편 목사님이 저를 한약방이다. 병원이다. 치유 받게 하려고 별별 곳을 다 데리고 다녔습니다. 그러나 치유 되지를 않았습니다.

그러다가 어느 기도원 목회자 치유 세미나에 참석하여 강요셉 목사님을 만났습니다. 목사님을 만나서 저의 남편목사님도 내적치유를 받아야 한다는 것을 알게 되었습니다. 저도 남편 목사님도 그때까지 내적치유가 무엇인지 몰랐습니다. 강요셉 목사님이 기도원에서 제가 고생하는 것을 보시고 남편목사님과 저를 안수하여 주시면서 내적치유에 대하여 알려주셔서 알게 되었습니다. 알고 보니 저뿐만이 아니고 남편에게도 상처가 말도 못하게 많다는 것을 알았습니다.

솔직하게 말씀드리면 저의 남편과 결혼한 이후로 한 번도 마음이 편안하게 살아본 경험이 없습니다. 율법주의 목사님이라 이것저것 행위를 가지고 저를 힘들게 했습니다. 개척교회를 하는데 성도가 주일날 오지 않으면 저에게 화풀이를 다합니다. 왜 오지 않았는지 전화해 보았느냐, 무슨 일이 있느냐, 오늘은 왜 이렇게 성도들이 오지를 않았느냐 하면서 그렇게 저를 힘들게 하고 상처를 받게 했습니다. 그 스트레스가 쌓이고 쌓이다가 보니까, 저에게 우울증이 왔습니다. 악성 두통이 생겼습니다.

밤에 잠을 제대로 자지를 못했습니다. 그래서 치유 받으러 갔다가 강요셉 목사님을 만난 것입니다. 강요셉 목사님의 이야기를 듣고 매주 충만한 교회에 가서 치유를 받았습니다. 5개월 정도 치유와 은혜를 받다가 보니까, 저도 저인데 남편 목사님이 영적으로 변하는 것입니다.

저의 교회 성도들이 저보고 하는 말이 목사님의 찬송소리가 달라졌다는 것입니다. 너무나 은혜로워졌다는 것입니다. 말씀도 너무나 은혜롭고 정말 옛 날하고는 딴판으로 목사님이 달라지는 것입니다. 그러면서 제가 자꾸 마음에 평안이 찾아오는 것입니다. 머리 아픈 것이 사라졌습니다. 우울증이 사라졌습니다. 이제 잠도 잘 잡니다. 그래서 참 평안을 찾았습니다.

이제 마음에 여유가 생겼습니다. 기도도 몇 시간을 할 수 있게 되었습니다. 사람을 보면 심령이 읽어집니다. 지금 생각하면 목사님이 상처가 정말 많았습니다. 부교역자를 가면 일 년을 채우지 못하고 나옵니다. 그래서 여덟 곳을 다니면서 부교역자를 했습니다. 그러니 마음에 얼마나 많은 분노가 쌓여 있었겠습니까?

그 분노 때문에 그렇게 저를 힘들게 하고 다른 사람에게 은혜를 전하지 못한 것입니다. 먼저 성령님의 인도로 강요셉 목사님을 만나게 되어 감사드립니다. 그리고 치유하여 주신 성령하나님에게도 감사를 드립니다. 제가 지금 치유 받고 생각을 하니 목회자는 내적치유와 내면세계를 알아야 합니다.

당신도 말씀 말씀하지 말고 영적인 눈을 열어 내면세계에도 관심을 가지시기를 바랍니다. 저의 남편 목사님은 교계에서 인정해주는 신학대학과 대학원을 나온 장자 교단의 목사님입니다. 그런데 율법적인 목회를 하시다가 저로 인하여 치유에 관심을 가지고 치유를 받다가 보니 지금은 너무도 많이 영적으로 변했습니다. 하나님에게 영광을 돌립니다. 찾아오시면 치유 받을 수 있습니다. 오시는 것이 문제이지 치유는 문제가 되지 않습니다.

저는 성도의 모든 질병은 하나님의 은혜로 100% 치유된다는 믿음을 가지고 있습니다. 단 제가 성령의 음성을 듣고 진단하여 순종하라는 영적조치에 순종할 경우입니다. 대부분 제가 하라는 대로 순종하지 않기 때문에 치유 받지 못합니다.

50장 반신불수인 저를 치유할 수 있나요

Q. 저는 허리 디스크로 반신불수가 되어 살아온 지가 오래 되었습니다. 제가 말씀과 성령으로 치유될 수 있을까요? 질병 에서 해방을 받고 싶습니다. 물론 저의 믿음이 중요하겠지요.

A. 하나님은 인간의 모든 질병을 치유하여 주시기를 소원하 십니다. 당신도 오셔서 치유 받고 전도하시기를 바랍니다. 하 나님은 반드시 치유하여 주실 것입니다. 우리 교회에서 치유받 은 분의 간증을 읽어보시고 희망을 갖기를 바랍니다.

저는 허리에서 부터 얼굴까지 반신불수가 되어 12월 20일부 터 4월 25일 충만한 교회에 오기 전까지 반신불수가 되어 거동 을 못하며 집안에서 지냈습니다. 그러다가 저의 친한 친구 목사 님들이 충만한 교회에 가면 치유가 된다는 말을 듣고 차에 실려 충만한 교회 성령치유 집회에 참석하여 은혜를 받았습니다.

그런데 참석한 첫날부터 강한 성령의 불을 받고 온몸이 불덩 어리가 되더니 몸이 뒤틀리기 시작을 했습니다. 악한 귀신들이 발작을 한 것입니다. 그러면서 수많은 귀신들이 발작을 하면서 떠나고 소리를 지르면서 떠나갔습니다. 저는 이때까지 내가 허 리디스크와 죄골 신경통으로 이렇게 되었지 악한 영의 역사로 이렇게 되었다고는 꿈에도 생각을 하지 않고 병원치료만 하였습니다. 한마디로 영적인 무지한 이였습니다. 그러다가 성령님의 인도로 충만한 교회에 와서 성령의 불을 받고 치유되기 시작하다가 며칠 지나니 저 혼자도 걸을 수가 있었습니다. 그래서 제가 손수 운전을 하면서 열심히 다녔습니다.

그러다가 여러 가지 성령의 은사와 은혜를 체험했습니다. 질병의 배후에도 영적인 세계가 결부되어 있다는 것을 체험적으로 알게 되었습니다. 차차로 치유가 되면서 영안이 열리고 사람들을 보면 그 사람의 심령이 읽어지는 지식의 말씀의 은사가 나타나고 안수기도하면 강요셉 목사님 같이 성령의 역사가 강하게 나타납니다.

그래서 다시 목회를 시작하니 교회가 점점 부흥이 되었습니다. 몇 개월 다니면서 치유를 받으니 이제 몸도 완치가 되었습니다. 남편도 너무나 좋아하는 것이었습니다. 정말 하나님은 못하시는 것이 없으십니다. 저를 치유하신 하나님에게 영광을 돌립니다. 그리고 시간시간 안수하여 주신 목사님에게도 감사를 드립니다. 여러분 말씀과 성령으로 영안을 열어 영적인 세계를 알려고 노력하시기를 바랍니다.

그러면 저와 같은 생고생을 하지 않을 것입니다. 정말 목사가 영안이 멀고 영적인 세계를 모르면 안 됩니다. 제가 이제 강요셉 목사님의 매주 다른 영적인 말씀을 듣고 영의 눈이 열리니 목회도 한층 쉬워졌습니다.

51장 빈혈과 심장병을 치유 받게 해주세요

Q. 목사님! 안녕하세요. 저는 3년 전부터 빈혈과 심장병으로 고통을 당하고 있습니다. 목사님의 저서들을 읽으면서 은혜를 받고 있습니다. 목사님 저도 이 난치병을 치유 받고 하나님에게 영광 돌리며 전도 할 수 있겠습니까?

A. 하나님은 반드시 치유하십니다. 문제는 교회에 찾아오시는 것이 문제가 됩니다. 믿음을 가지고 오시면 반드시 하나님이 치유하실 것입니다. 시간은 좀 걸려도 정상으로 회복이 될 것입니다. 희망을 갖기를 바랍니다. 저의 교회에서 치유 받고 간증한 분의 간증을 읽어보시고 희망을 잃지 마시기를 바랍니다.

저는 심장병과 우울증, 빈혈로 사람구실을 하지 못하고 세상을 살았습니다. 세상방법으로는 한계에 봉착하였습니다. 도저히 치유할 수가 없는 불치의 병이라고 진단을 받았습니다. 그것도 40대에 말입니다.

그래도 하나님은 하시지 못하는 것이 없다고 믿고 영적인 치유를 받으려고 이곳저곳을 다녔습니다. 효과가 별로였습니다. 그러다가 국민일보를 보다가 전단지에 치유집회가 분당에서 있다는 소식을 접하고 치유집회를 참석했습니다.

강요섭 목사님이 인도하시는 집회입니다. 첫날부터 은혜를 많이 받았습니다. 마음에 평안이 찾아왔습니다. 다른 곳에서 하는 치유집회가 다르다는 것을 체험하게 되었습니다. 계속 다녔습니다. 점점 몸이 가벼워졌습니다. 우울한 기분이 사라지고 좋아졌습니다. 분명히 치유가 되겠다는 확신이 왔습니다.

그래서 시화에 있는 충만한 교회에 등록을 하고 집중적으로 치유를 받았습니다. 특히 주일날 하는 불 안수사역에서 많은 은혜와 치유를 받았습니다. 아랫배가 너무나 아프면서 상처가 떠나갔습니다. 막 대포소리와 같은 방귀소리를 내면서 상처가 떠나갔습니다. 그러면서 점점 불치병이 치유가 되었습니다.

저는 소녀 가장이었습니다. 아버지와 어머니가 저의 나이 18세 때 집에 불이 나서 함께 돌아가셨습니다. 그때 너무나 큰 충격을 받았습니다. 그 충격으로 질병이 생긴 것입니다. 동생 둘을 데리고 소녀가장으로 살다가 대학에서 지금 남편을 만나 결혼을 했습니다. 결혼하고 심장병에다가 우울증에다가 빈혈로 하루도 편안한 삶을 살지를 못했습니다.

그러다가 충만한 교회에 와서 치유 받고 평안한 삶을 체험하고 있습니다, 남편도 너무나 좋아합니다. 병원에 가서 정밀 진단을 한 결과 심장이 아주 좋아졌다는 것입니다. 빈혈도 치유가 되었습니다. 우울증도, 빈혈도, 모두 심장의 영향으로 발생한 것이었습니다. 충만한 교회 강 목사님이 전문적인 진단과 깊은 차원의 치유를 하시어 나의 병을 고치게 하셨습니다. 정말 충만 교회를 만나게 하신 하나님에게 감사와 영광을 돌립니다.

52장 신유은사를 받고 싶어요

Q. 강요셉 목사님 안녕하십니까? 저는 목사님 책을 읽은 독자입니다. 〈신유 은사 사역 달인이 되자〉부터 읽기 시작해서 목사님 책을 현재 11권 읽었습니다.

저희 어머니는 2008년 11월 중순에 중풍이 왔습니다. 병원 진단 결과 소뇌경색, 뇌경색이라는 진단을 받았습니다. 현재 혼자 걷는 것은 어렵고 어머니를 껴안다시피 하면서 부축을 하고 병원복도를 하루에 세 번 걷게 하면서 운동을 시키고 있습니다. 그렇게라도 해야 어머니가 제대로 식사를 할 수 있기 때문입니다. 초등학교에서 방과 후 교사 일을 하고 있었는데 어머니 병환 때문에 직장일도 그만두고 전적으로 간병을 한 세월이 4년이 넘었습니다.

의학적으로 중풍이 불치병이라 하는데 어찌하던지 어머니 낫게 하겠다고 솔직히 안 해본 일이 없습니다. 하다가 안 되어서 한계를 절감하다가 예전에 성경에서 예수님이 중풍병자 고친 얘기가 생각나더군요. 지붕을 뚫고 들것에 달아 내린 중풍병자를 고친 얘기 말입니다. 사람 힘으로 안 되는 일이면 하나님 힘으로는 되지 않겠나. 싶어서 이후 신유에 많은 관심을 가지고 관련 서적들을 많이 읽었습니다.

그러는 와중에 축사나 내적치유, 가계치유 관련 책들도 많이 읽었고요. 덕분에 그동안 수많은 치유관련 책들을 열독을 했습니다. 찰스 크래프트 박사님, 케네스 해긴 목사님, 찰스 캡스 목사님, 그리고 강요셉 목사님 책들도 성경도 한번 통독을 하게 되었구요.

이곳은 ○○입니다. 그래도 방학 기간은 동생이 교대를 해주어서 시간을 낼 수 있습니다. 목사님 하시는 치유집회에 참석해서 목사님께 안수도 받고 능력도 받고 싶습니다. 목사님 책에 성령치유집회에 대한 안내도 간략하게 나와 있던데 저의 경우 무슨 요일에 하는 어떤 집회에 참석하면 되겠는지요?

A. 하나님은 당신을 구원하기 위하여 아들까지 주신 분입니다. 신유은사 주시지 않겠습니까? 그러나 한번 안수 받아서 신유은사 받으려는 생각은 하지 않는 것이 좋습니다. 시간이 걸립니다. 여기 치유 받고 신유은사를 받은 분의 간증을 일어보시고 믿음을 가지시기를 바랍니다. 충만한 교회로 인도하여 주신 주님의 사랑과 은혜에 감사드립니다. 3년 전에 계단에서 떨어져 뇌를 다친 후, 다친 곳의 통증과 함께 기억이 끊기곤 했습니다. 그런데 충만한 교회 치유집회에 참석하여 말씀과 성령의 역사에 은혜 받고 목사님의 정성어린 안수기도 후, 통증도 사라지고 기억력도 회복이 되었습니다. 늘 몸의 통증과 알레르기성 비염으로 인하여 약을 복용하고 있었는데, 불안수시 깊은 입신을 통

해 성령으로 전인격이 장악이 되면서 말끔하게 치유가 되었습니다.

또한 성령의 깊은 임재(입신)에 들어갈 때 성령께서 심장을 붙드시고 온몸으로 피를 강하게 펌프질하여 내보내면서 온몸의 막힌 부분들을 뚫으시는 것을 경험하게 되었습니다. 심장이 강해졌다는 것을 수시로 느낍니다. 또한 성령의 깊은 임재 때 나의 전인이 목사님께서 명령하는 대로 순종을 하는 것을 경험하게 되었습니다. 이를 통해 목사님의 입술에 권세가 주어져 있음을 체험하게 되었습니다.

그리고 목사님이 하시는 치유사역에 예수님의 인정과 지지가 함께하고 있음을 체험적으로 알게 되었습니다. 또한 안수를 받을 때 세상에서는 도저히 체험할 수 없는 기쁨과 평강과 희락이 넘쳐나고 모든 일에 자신감도 생겨나고 믿음에 믿음이 더하여지며, 온 가족이 영적으로 하나가 되며, 성령으로 가정이 장악되는 것을 느끼고 있습니다.

(고후 5:17)"그런즉 누구든지 그리스도 안에 있으면 새로운 피조물이라 이전 것은 지나갔으니 보라 새것이 되었도다"를 날마다 고백하며 지내고 있습니다. 또한 사모님의 예언 기도할 때 "아멘"으로 받을 때 매임과 문제가 풀어짐을 경험하기도 했습니다. 치유 사역 장소에 오시는 분들 가운데 마음 문을 열기만 하면 크고 놀라운 은혜를 체험할 수가 있을 텐데 자신의 아집과 편견과 자아를 내려놓지 못함으로 인해 도중에 포기하는 분들

을 볼 때 참으로 안타까운 마음도 들었습니다. 저는 이렇게 치유를 받아 성령의 권능이 나타나 강 목사님과 같이 치유사역을 합니다. 하나님이 주신 신유은사로 많은 환자들을 치유하였습니다. 정말로 기적 같은 일입니다.

(히4:2)"저희와 같이 우리도 복음 전함을 받은자이나 그러나 그 들은 바 말씀이 저희에게 유익되지 못한 것은 듣는 자가 믿음을 화합지 아니함이라"주님만 바라보며 주님의 심장으로 영혼들을 향해 한결같은 사랑으로 섬기시는 목사님 사모님 사랑하며 존경합니다. 그리고 저를 치유하고 신유의 권능을 주어주신 하나님 감사합니다.

당신은 신유은사를 받는 영적인 계념부터 바르게 정립해야 합니다. 책을 읽는 것은 물로 중요합니다. 그러나 성령으로 세례를 받는 것이 더욱 중요합니다. 성령으로 세례를 받으려면 현장에 가셔야 합니다. 책만 읽어서는 신유은사가 나타나지 않아요. 신유은사는 "찰스 크래프트 박사님, 케네스 해긴 목사님, 찰스 캡스 목사님, 강요셉 목사님"에게 가셔서 안수를 받으면서 성령으로 세례를 받아야 합니다. 책은 신유에 대한 지식과 기술을 알려주는 것입니다. 어떻게 하면 신유은사를 받고 신유사역은 어떻게 하는 것이라고 알려주는 것입니다.

집회는 매주 화-수-목요일에 있습니다. 하루 오셔서 안수한 번 받아서 신유은사가 나타날까요? 당신 사는 곳에서 신유은사가 있는 분을 찾아가셔서 은혜를 받으세요.

53장 심장병과 류머티즘을 치유 받고 싶어요

Q. 목사님 안녕하세요. 저는 류머티즘 관절염으로 몇 년을 고생하고 살아가는 집사입니다. 목사님 교회에 가면 저의 병을 치유 받을 수 있을까요? 정말 해방 받고 싶습니다. 목사님의 희망 있는 답변을 기다리겠습니다.

A. 치유는 3가지 요소가 일치 되어야 합니다. 첫째, 본인은 하나님이 반드시 치유하신다고 하는 믿음이 있어야 합니다. 그리고 치유의 역사가 있는 장소로 나와야 합니다. 둘째, 치유사역자는 하나님이 함께 하며 신유능력이 있어야 합니다. 환자를 사랑의 마음으로 보고 치유 받게 하여 건강하게 하겠다는 의지가 있어야 합니다. 셋째, 하나님의 역사가 함께해야 합니다. 그런데 하나님의 역사는 환자의 믿음을 보고 역사하십니다. 주저하지 말고 오세요. 하나님이 100% 치유하십니다. 다음은 우리 교회에서 치유 받은 분의 간증입니다. 읽어보시고 희망을 가지시기를 바랍니다.

어느 권사님의 이야기입니다. 이 권사님은 한창 전쟁 중인 51년도에 태어났습니다. 출산하고 보니 여자아이니까 친정어머니가 이 전쟁 중에 딸을 키워서 무엇 하느냐고 가져다 버리라고 하여 버렸답니다. 버린 후 이틀이 지났는데 아이가 죽지 않고 울고 있기에 데려다가 기른 아이가 바로 이 권사님입니다.

권사님은 이때 두려움과 공포에 시달린 후유증으로 심장병과 류머티즘 관절염으로 많이 고생을 하였습니다. 전철을 타려고 세 계단만 올라가도 쉬어야만 할 정도였답니다. 그래서 내적치유 세미나에도 몇 번 참석했으나 치유 받지를 못한 것입니다. 권사님은 그곳에서 치유 받지 못한 이유를 이렇게 말합니다. 성령의 역사가 없이 내적치유 이론으로 치유 받으려고 했기 때문에 치유 받지 못했다는 것입니다.

그러다가 소문을 듣고 충만한 교회를 찾아오셔서 말씀과 성령의 강한 역사를 체험하며 상처를 치유 받고, 지금은 오십 계단을 거뜬하게 올라간다고 간증하였습니다. 하나님은 어떤 문제라도 치유하십니다. 하나님의 치유 능력을 몰라서 고생하는 것입니다. 반드시 성령의 강한 역사가 있어야 류머티즘 관절염이나 심장병 같은 깊은 질병을 치유 받을 수 있습니다.

집사님도 생명의 말씀과 성령의 깊은 역사가 있는 곳을 찾아가시기를 바랍니다. 그래야 집사님의 류머티즘 관절염과 심장병을 치유 받을 수 있습니다. 질병치유는 아무 곳에서나 치유 받는 것이 아닙니다. 반드시 성령의 역사가 있고, 하나님이 보증하는 장소라야 치유가 됩니다. 우리 충만한 교회에 오시면 반드시 하나님이 치유하실 것입니다. 성령님이 집사님을 장악하는 시간이 필요합니다. 단번에 치유를 받으려고 하다가 실망하지 말고, 성령님이 반드시 치유하신다는 믿음을 가지면 반드시 치유하십니다.

54장 허리통증과 어깨통증을 치유 받고 싶어요

Q. 지방에 사는 여 집사가 저에게 메일로 상담을 요청했습니다. 자기가 마트에서 근무를 했다는 것입니다. 마트에서 근무하면서 무거운 박스를 많이 들어서 그런지 46세부터 허리통증과 어깨통증으로 고통을 당하다가 이제 일을 하지 못할 정도로 심해졌다는 것입니다. 너무 힘이 들어서 주변에 있는 기도원에 가서 상담을 한 결과 자신이 사명자인데 사명을 감당하지 않아서 어깨통증과 허리 디스크가 발생했다는 것입니다. 그래서 신학을 하여 전도사를 하면 어깨통증과 허리 디스크가 치유된다고 했다는 것입니다. 그런데 신학을 시작하여 2년이 지났는데 어깨통증과 허리 디스크가 더 심해졌다는 것입니다.

저에게 이렇게 말하는 것입니다. 전라도 광주에서 살고 있는데 환경이 어려워 서울에 올라가 치유를 받을 수 없는 처지라는 것입니다. 우리 교회에 있는 CD를 듣고 교재를 보면 치유가 되느냐는 것입니다. 주변에 성령 치유하는 분들에게 가서 상담을 하고 안수를 받아도 효과가 없다는 것입니다. 그분들이 하는 말이 죄로 인하여 질병이 발생했기 때문에 회개하라고 해서 저녁마다 교회에 가서 회개 기도를 1,000일을 해도 좀처럼 차도가 없다는 것입니다. 저에게 어떻게 하면 치유를 받을 수 있느냐고 질문을 하는 것입니다.

A. 신학을 해서 전도사가 되고 목사가 되어도 어깨통증과 허리 디스크가 치유되지 않습니다. 사람의 행위로는 사람의 문제나 질병을 치유할 수가 없습니다. 질병과 문제 뒤에는 영적인 문제가 결부되어 있기 때문입니다. 말씀과 성령으로 문제의 원인이 무엇인지 알아내야 합니다.

문제의 원인을 성령하나님이 만이 아십니다. 원인을 알고 치유는 반드시 성령으로 세례를 받고 강력한 성령의 역사를 일으켜서 문제에 역사하는 영적인 세력을 노출 시켜야 합니다. 그리고 예수 이름으로 몰아내야 합니다.

회개도 그냥 머리로 생각해서 하는 회개는 효과가 나타나지 않습니다. 반드시 성령의 임재 가운데 성령의 인도에 따라 회개해야 합니다. 그렇기 때문에 성령으로 세례를 받지 않으면 영의 차원의 회개가 되지 않는 것입니다. 머리로 생각하며 울고불고 하면서 회개를 해도 죄악은 처리 되지 않는 것입니다. 그렇기 때문에 100일 동안 철야하며 기도해도 아무런 현상이 나타나지 않은 것입니다.

CD를 듣고 교재를 읽는 것도 마찬가지입니다. 아무리 CD를 듣고 교재를 읽어도 치유가 되지 않을 수 있습니다. 그러나 CD를 듣고 교재를 읽으면 내가 왜 이런 고통을 당하고 있는가? 어떻게 하면 치유 받을 수 있는가를 깨닫는 효과가 있습니다. 깨달을 대로 실제 행동에 옮기면서 살아있는 성령을 체험하면서 전문적인 치유를 해야 합니다. 치유는 아무나 하는 것이 아닙니다. 성령이 보증하여 주시고, 여러 가지 은사를 가지고 진단하여 정확한 성령의 역사를 일으키는 사역자이어야 당신의 어깨통증과 허리 디스크를 치유할 수가 있습니다. 그러므로 주면에 전문 사역자에게 찾아가서서 정확한 치유를 받으세요. 주변에 그런 사역자가 없으면 서울로 올라오셔야 합니다.

당신의 어깨통증과 허리 디스크는 이런 경우로 발생한 것으로 판단이 됩니다. 원래 당신의 안에 어깨통증과 허리 디스크를 발생하는 요인이 어려서부터 잠재하여 있었습니다. 마트에서 일하면서 스트레스를 받고 힘이 버거워 체력이 소진되기 시작한 것입니다. 체력이 소진이 되니 내면에 잠재하여 있던 요인이 밖으로 나타난 것입니다. 제가 그동안 치유사역을 하면서 체험한 바로는 잠재된 요인은 이런 경우가 많았습니다.

가계에 무당의 내력이 있고, 남묘호랭객교나 우상을 지독하게 섬긴 내력이 있는 분들이 심한 근육통과 허리디스크, 뼈, 관절의 질병으로 고생을 많이 합니다. 초등학생 시절에 드러나는 경우도 있습니다. 중학생 시절에 드러나는 경우도 있습니다. 고등학교 시절에 드러나는 경우도 있습니다. 당신과 같이 체력이 소진되고 스트레스를 많이 받았을 경우에 드러납니다.

드러나면 밤에 잠을 잘 수가 없을 정도로 고통을 많이 당합니다. 병원에 가서 MRI를 찍고, CT를 찍어도 증상이 확인되지 않는 것이 보통입니다. 이것을 무병이라고 합니다. 무당의 영으로 나타나는 질병입니다 무당이 되는 사람들이 이렇게 고생하다가 무당에게 가면 신내림을 받으라고 합니다. 버티다가 결국 고통을 이기지 못하고 무당이 되는 것입니다.

그러므로 치유는 영적치유를 받아야 합니다. 제가 그동안 사역경험으로 보아서는 성령으로 세례를 받게 하고, 성령의 강력한 역사로 무당의 영을 지속적으로 축귀하면 쉽게 해결이 됩니다. 그런데 문제는 이렇게 강력한 성령의 역사로 치유하는 전문적인 사역자의 지속적인 보살핌을 받아야 합니다.

또 다른 문제는 이렇게 전문적으로 치유할 수 있는 사역자가 바닷가 모래사장에서 단추를 찾는 것과 같이 찾기 힘이 든다는 것입니다. 당신의 질병도 이런 방법으로 치유를 해야 합니다. 믿음이 생기면 주변에 치유센터를 방문하여 치유를 받으시기를 바랍니다.

6부 정신문제 고통 궁금증

55장 공포와 두려움으로 고생해요

Q. 일단 전화로 해야 하는데 메일로 보내서 죄송하게 생각합니다. 제가 너무 힘겨운 상황이라 목사님의 내적치유 책을 읽어보고 상담하고 싶은 생각이 들었습니다. 현 상황을 어떻게 이겨내야 할지 몰라서요. 읽어봐 주시고 상담을 원합니다.

저는 어려서부터 잔병이 굉장히 많은 편이었는데 고등학교 때 정말 일어나지 못할 만큼 아픈 적이 있었습니다. 그래서 이렇게 살 바에 하나님의 일을 하겠다고 기도를 드렸었는데 몸이 기적적으로 좋아진 일이 있었습니다.

그러나 그 후에 교회를 어쩌다가 나가는 편이 되었고 나중에 군대를 지원해서 가는데 우리나라에서 손꼽힐 정도로 고된 곳이었습니다. 이곳은 저랑 힘든 것도 힘든 것이었고 적성이 너무나 맞지 않았습니다. 일반 부대보다도 기간은 훨씬 길었고요 인간관계적인 면이나 조용한 성격이었던 저와는 완전히 반대되는 곳이어서 정말 힘겨운 생활을 했습니다.

그러다가 군 생활 3년차일 때 영적으로 눌리는 그런 느낌이 강하게 들었는데 그러던 중 부대에서 모임을 갖게 되었는데 술자리였습니다. 술자리 중 마음속에 술자리가 끝나면 그냥 이 사람들을 데리고 가야 한다는 마음이 강하게 일어났습니다.

그러나 저는 저랑 친한 사람들만 데리고 갔고 그 후에 남았던 한 명이 교통사고로 죽는 일이 발생했습니다. 그 후에 저는 장례식까지 제가 곁에서 해야 했습니다. 그 사건이 엄청난 죄책감과 후유증으로 다가오게 되었고 하나님에 대한 원망으로 교회는 더 나가지 않게 되었습니다. 영적으로도 더욱 더 눌리는 것을 느꼈고요….

그러던 중 하루에 5분 정도씩은 기도를 하고 했었는데 제가 정말 싫어했었던 사람을 용서하라는 느낌을 받았습니다. 그러나 저는 고집이 엄청나게 강한 사람으로 거부했습니다. 그러한 군 생활 중에 점점 더 지쳐가고 더 힘들었던 것은 영적으로 눌리는 느낌이 강하게 일어났다는 것입니다. 그러나 저는 장로교에서 어려서부터 다녔던 사람으로 영적인 이러한 부분을 부정하는 편이었고 철저하게 그 모든 부분을 무시하다가 결국은 2주 이상의 긴 훈련에 참가했다가 나중에 갑자기 안정이 안 되고 몸이 공황장애 증상 비슷하게 나타나 병원에 실려 갑니다.

그 후로 전역하고 7년이 지난 지금에도 몸은 많이 힘겨운 상태이고 성경책을 신약만 15번 이상을 거의 정독하고 말씀과 기도로 그리고 교회를 다니며 시간을 보냈습니다. 몸도 처음보다는 상당히 많이 좋아진 편이기는 하나 몸도 피로하고 아직도 영적인 싸움을 너무나 치열하게 하고 있는 중입니다. 누구에게 말하기도 너무 힘들 구요…. 성경책을 읽다보면 몸에서 나쁜 영들이 나가는 것이 느껴지기도 합니다. 또한 많이 낫기도 했지만 낫는 속도가 너무 느립니다.

아픈 중에서 학교를 그래도 마쳐서 한번 연습 삼아서 취업과 관련된 곳에 지원을 했는데 합격하여 지금 당장 서류를 내고 다 다음주부터 나가야 하는 상황입니다. 그러나 그 생활이 온전할 수가 없을 것이라는 것을 잘 알기에 이렇게 글을 올립니다.

그러나 조건이 너무나 좋아 포기하기에는 너무 힘이 들고 현 재 다니고 있는 교회도 보수 장로교이기 때문에 목사님께도 상 담을 하기가 쉽지 않습니다. 여기서 한 몇 년 정도 사회생활 하 고, 하나님의 일을 하려고 생각하고 있습니다. 그 동안 아팠기 때문에 금전적으로도 여러 가지로 당장 하나님의 일을 할 수는 없습니다. 그러나 분명 하나님의 일을 해야 한다는 생각은 변함 이 없습니다.

바쁘신 중이라는 것을 알지만 시간이 되시면 정말 상담을 받 아보고 싶습니다. 또한 시간이 없기에 너무 초조하고 걱정근심 으로 요즘 시간을 보내고 있습니다. 도와주시면 나중에 하나님 의 일을 하는데 밑거름이 될 것입니다. 메일은 수시로 확인을 하고 있습니다. 부탁합니다.

A. 공포와 두려움이 있다는 것은 충격적인 상처를 받았다는 것입니다. 성령으로 세례를 받고 내면의 상처를 치유 하면서 공

포와 두려움의 영을 축귀하면 됩니다. 걱정하지 마세요. 충만한 교회에 오시는 것이 문제이지 오시기만 하면 치유는 문제가 안 됩니다. 성령이 장악해야 완치되기 때문에 시간이 많이 걸립니다. 아무 것도 아닌 병을 가지고 노심초사 하지 마시기를 바랍니다. 공포와 두려움을 치유하려면 기도가 바르게 되어야 합니다. 그런데 소리를 내지 않는 마음의 기도나 묵상기도는 효과가 없습니다. 환자가 의지적으로 소리를 내서 기도를 해야 합니다. 호흡을 들이쉬고 내쉬면서 아랫배에서 나오는 소리로 주여! 를 지속적으로 해야 합니다. 묵상기도를 하면 잡념에 사로잡혀서 기도를 할 수가 없습니다. 상처로 인한 정신적인 문제가 있는 분들은 성경도 소리를 내어 읽어야 합니다.

주기도문도 소리를 내어 암송해야 합니다. 찬양도 소리를 내어 불러야 합니다. 소리를 내는 이유는 소리를 함으로 마음의 문이 열리기 때문입니다. 마음의 문이 열리니 밖에서 역사하는 성령과 자신의 안에서 역사하는 성령이 자신을 장악하여 성령으로 세례를 받게 됩니다. 성령으로 세례를 받아 성령이 환자를 장악해야 그때부터 비로소 치유가 되기 시작하는 것입니다.

성령으로 세례를 받아 성령으로 기도가 되기 시작하면 이제 자신의 문제에 대한 원인을 찾아야 합니다. 문제의 원인은 성령님이 알고 계시니 성령님에게 지속적으로 문의를 하는 것입니다. 자꾸 내가 왜 이럽니까? 내가 왜 이럽니까? 하고 계속 묻는 기도를 하다가 보면 성령께서 문제의 원인을 알려주십니다. 원인을 알았으면 반드시 해결을 해야 합니다.

자신에게 일어나고 있는 문제의 원인에 따라 회개하고 용서하라는 말입니다. 자신의 인생에 문제를 일으키는 귀신은 법적인 권리를 가지고 들어와서 역사하는 것입니다. 이 법적인 권리는 죄입니다. 이 죄를 해결하기 전에는 인생에 문제에 역사하던 귀신은 떠나가지 않습니다. 반드시 성령의 깊은 임재 하에 회개와 용서가 있어야 떠나가는 것입니다.

성령의 깊은 임재 안에서 자신에게 일어나고 있는 영육의 문제들을 찾아내고 회개하고 끊어내고 귀신을 몰아내야 합니다. 머리로 외워서 입으로 하는 기도를 효과가 적습니다. 육적인 상태에서는 인생의 문제에 역사하는 귀신이 떠나가지 않습니다. 영적인 상태, 성령의 임재 하에서 예수 이름으로 명령한 때 인생에 고통을 주던 영들이 물러갑니다.

성령의 임재 하에 선조나 자신이 죄를 짓는 장면을 눈으로 직접 그리면서 깊은 차원의 기도를 해야 합니다. 깊은 차원의 기도를 하면서 회개할 것은 회개하고, 용서할 것은 용서해야 성령의 역사로 귀신이 떠나갈 수 있는 조건이 됩니다. 우리에게 역사하는 마귀는 우리보다 강한 영적인 존재입니다.

고로 성령의 깊은 임재 하에 예수 이름으로 회개도 하고 용서도해야 역사하던 마귀, 귀신이 성령의 권세로 떠나가는 것입니다. 성령이 자신을 완전하게 장악을 해야 역사하던 귀신이 떠나가는 것입니다.

56장 가위눌림 후 자신감이 없어요

Q. 목사님 안녕하세요. 제가 초등생일 때 집의 사정으로 인해 시골집으로 이사 와서 그곳에서 10년간 살았는데요. 그 집이 집터가 영적으로 강했었나봅니다. 제가 가위눌림도 많이 겪었고, 친오빠도 가위눌림을 당했다고 하더라고요 제가 중2때부터 치아색이 조금 누렇고 거무티하게 변해서 지금껏 그런 상태입니다. 치과에 가서 치아미백도 몇 번 받고 했는데도 근본 치료가 안 됩니다. 직장에서도 제가 양치를 잘 안하는 사람같이 오해도 받습니다. 고딩 때도 이런 문제로 성격이 소심하고 직장과 교회에서도 그렇습니다. 담배를 피운 적도 없는데 오해받고요 웃는 얼굴에 자신감도 없고 직장에서도 얼굴표정이 무표정하다며 소곤대고…저한테는 말 못할 고민입니다. 어떻게 해야 치유 받을 수 있을까요?

A. 가위눌림을 당했다면 영적으로 좋지 못한 상황입니다. 오셔서 성령의 역사가 나타나는 말씀을 듣고 성령의 세례를 받아야합니다. 제가 그동안 성령치유 사역을 하면서 체험한 바로는 당신과 같은 유형의 성도들이 모두 혈통에 영적인 문제가 있었다는 것입니다. 혈통의 문제를 치유 받으려면 먼저 내적치유를

받아야 합니다. 내적치유는 성령께서 하시는 사역입니다. 고로 성령으로 세례를 받는 것이 급선무입니다. 좌우지간 전문적인 사역을 하는 분의 정확한 진단과 치유를 받아야 앞으로 삶이 평안할 수가 있습니다. 마음도 불안한 상태입니다. 그러므로 성령으로 치유하여 마음에 안정을 찾아야 합니다. 내적치유를 해야 한다는 말입니다. 내적치유가 되어야 혈통에 역사하던 귀신이 떠나갑니다. 또 가위눌림을 했던 귀신도 떠나갑니다. 내적치유하고 귀신을 축귀하는 것으로 끝나는 것이 아닙니다. 앞으로 신앙생활을 성령이 충만하게 해야 합니다. 나이가 들어서 기력이 떨어지면 다시 고개를 들고 나타날 수가 있기 때문입니다.

당신은 먼저 해야 할 일이 성령으로 세례를 받는 것입니다. 성령 세례란 예수 그리스도께서 주시는 것입니다. 성령의 세례란 성령에 의해서가 아니라 주 예수에 의해 행해지는 그리스도의 사역입니다(행 11:15-18). 성령으로 세례 받을 때는 확실한 체험으로 경험이 있습니다. 성령으로 세례를 받을 때 성령이 예수 그리스도의 이름으로 임하므로 성령으로 세례 받는 것은 체험으로 느낄 수 있습니다. 성령 세례를 받으면 하나님의 능력이 임합니다. 성령으로 세례 받을 때 성령의 권능이 함께 임합니다. 권능은 하나님의 일을 행하는 데 적합한 사람으로 크리스천을 준비시킵니다. 성령 세례는 하나님께서 우리를 예수 그리스도의 몸의 일부분으로 택하셔서 맡기신 지체로서의 임무를 효과적으로 수행하게 합니다(행 9:17-20).

성령으로 세례 받음은 성령으로 사로잡히는 것입니다. 성령 세례는 성도의 마음을 그리스도에 대한 이해와 사랑과 신뢰로 가득 차게 하며, 성령이 삶의 주관자가 되게 하며, 하나님의 자녀로서 하나님의 부름에 적합하도록 권능을 부여받는 것입니다. 권능이 있어야 세상에서 역사하는 마귀와 싸워서 이길 수가 있습니다. 성령으로 사로잡혀야 영육에 역사하는 문제를 스스로 치유할 수가 있는 것입니다. 성령의 역사를 체험하시기를 바랍니다. 체험이라는 것은 내가 하나님의 역사하심을 감각으로 눈으로 보게 된다는 뜻입니다.

가위눌림을 하는 귀신은 우리보다 강합니다. 반드시 성령의 역사로 장악이 되어야 떠나가는 것입니다. 그러므로 성령의 권능을 받아야 합니다. 성령의 권능을 받고 권능을 사용할 수 있는 담대함을 길러야 합니다. 성령의 권능을 받아 정신 문제에 역사하는 귀신을 몰아내려면 먼저 성령으로 세례를 받아야 합니다. 성령으로 세례를 받으려면 성령의 역사가 일어나는 장소에 가야 합니다. 성령의 역사가 일어나는 장소에 가서 뜨겁게 기도할 때 성령의 세례를 체험하게 됩니다.

성령께서 불로 역사하면서 자신의 상처를 치유하고 자아를 부수십니다. 혈통에 역사는 귀신을 축사합니다. 귀신이 떠나가니 영안이 열리기 시작을 합니다. 모든 것이 성령의 권세로 되는 것입니다. 그래서 성령으로 세례를 받고 권능을 받아서 사용해야 비로소 자신의 문제를 스스로 치유할 수가 있는 것입니다.

57장 공황장애 치유할 수 있나요

Q. 목사님 제 동생이 공황장애로 고통을 당하고 있습니다. 목사님 교회에 가면 말씀과 성령으로 치유 받을 수 있습니까? 치유 받으려면 어찌해야 하는지 목사님 답변을 부탁드립니다.

A. 공황장애나 불안장애는 세상에서 불치병이라고 합니다. 그런데 말씀과 성령으로 영적치유를 하면 치유가 된다는 것입니다. 얼마 전에 공황장애로 하루에 세 번씩 약을 먹는 30대 후반의 여인을 치유한 경험을 적습니다. 공황장애가 발병하여 고통을 당하다가 저희 교회를 받고 와서 2주 동안 다니면서 내적치유를 받았습니다.

모두 잘 아시다 시피 저희 교회는 매주 토요일 날 개별 능력전이와 집중영육치유 시간을 갖고 있습니다. 이분이 예약하여 치유를 받았습니다.

기도를 시작했는데 50분이 지나도록 성령의 역사가 일어나지 않았습니다. 50분이 지나지 성령의 역사로 악을 쓰면서 울기 시작을 했습니다. 울면서 악을 쓰면서 상처들이 떠나갔습니다. 유아 시절에 충격을 받을 때 들어온 귀신들이 떠나가기 시작을 했습니다.

이렇게 하기를 50여분을 했습니다. 얼굴에 화색이 돌면서 하나님 감사합니다. 를 연발하는 것입니다. 찬양을 부르기도 하고 방언찬양을 하기도 했습니다. 2시간 30분이 지나서 제가 질문을 했습니다. 지금 기분이 어떠세요. 너무 너무 평안합니다. 제가 생각하기를 역시 집중치유가 필요하다는 것을 절실하게 느꼈습니다.

집으로 돌아가서 약을 끊고 생활해도 불안하지를 않다는 것입니다. 그래서 제가 완전히 치유가 된 것이 아니니 지속적으로 성령 충만을 받으라고 권면을 했습니다.

다른 한분은 불안 장애로 사람구실을 못하던 분입니다. 이분은 40대 초반의 남성입니다. 불안하고 초조하여 밤에 잠을 제대로 자지 못한다는 것입니다.

사람이 있을 때보다 없을 때는 더욱 심하다는 것입니다. 그래서 서울 유명한 종합병원에 가서 불안장애라는 진단을 받고 약을 받아서 먹어도 안정을 찾을 수가 없었다는 것입니다. 정신과 전문 의사가 하는 말이 조금 지나면 공황장애로 발전할 수가 있다는 것입니다.

그러다가 지인의 소개로 저에게 연락이 왔습니다. 우선 안정을 취하도록 응급조치를 해줄 수가 없느냐는 것입니다. 그래서 집중치유를 해보자고 했습니다. 토요일 날 집중 치유를 하는데 30분정도 지나니 악을 쓰면서 울면서 상처가 떠나갔습니다. 약 2시간을 성령의 역사로 치유를 했습니다.

그러고 나서 제가 축귀를 했습니다. 불안하게 하는 귀신들을 약 30분간 쫓았습니다. 이제 환자가 안정을 찾았습니다. 2시간 30분이 지났습니다. 종료하고 환자에게 질문을 했습니다. 지금 기분이 어떠합니까? 예 마음이 후련하고 편안합니다. 참으로 감사합니다. 집에서 어느 때는 울고 싶어도 울음이 나오지 않아서 울지를 못했는데 실컷 울고 나니, 마음이 후련하고, 가슴이 시원하고, 마음이 평안해 졌습니다.

그리고 자기 집, 충청도로 내려갔습니다. 제가 일주일이 지나서 전화하여 상태를 물었습니다. 아주 평안하게 잘 지내고 있다는 것입니다. 이렇게 공황장애나 불안장애는 충격적인 상처로 인하여 발생합니다. 고로 성령의 강한 역사로 내적치유와 축사를 하면 치유가 됩니다. 세상 의술과 약으로는 치유할 방법이 없습니다. 상처와 영적인 문제가 복합되었기 때문입니다.

공황장애와 불안장애로 고생하시는 보호자와 환자 여러분 반드시 치유가 된다는 희망을 갖기를 바랍니다.

하나님은 고지치 못하시는 병이 없으시다는 것을 믿어야 합니다. 다만 하나님이 원하시는 영적인 수준이 되는 것이 중요합니다. 자신이 변하여 하늘의 사람으로 바뀌어야 합니다. 그렇기 때문에 시간이 걸립니다. 인내해야 합니다. 물론 한 번 안수받고 집중 치유받아서 해결이 될 수가 있습니다. 그러나 치유가 되고 안 되고는 하나님에게 달려있습니다.

58장 내 동생 치유될 수 있을까요

Q. 목사님 안녕하십니까? 목사님의 책을 읽고 목사님에게 메일을 보내게 되었습니다. 저의 동생은 고등학교 1학년까지는 아주 건강하게 학교생활에 충실했습니다. 공부도 아주 잘했습니다. 그런데 2학년 초부터 정신에 문제가 생기기 시작하여 학교생활을 못하고 지금까지 살아오고 있습니다. 별별 방법을 다 동원해도 치유가 되지 않습니다. 저의 동생이 치유 받아 정상인이 될 수가 있겠습니까? 목사님 답변을 기다립니다.

A. 100% 치유될 수가 있습니다. 단 제가 성령의 음성을 듣고 진단하여 조언한 대로 순종할 때 가능합니다. 시간이 많이 소요가 되기 때문에 인내하며 순종해야 완치될 것입니다. 스스로 깨닫고 기도하며 일어서야 하기 때문입니다. 당신의 동생은 다른 사람을 의지하여 생활에 지장이 없을 정도까지 치유가 될 수 있습니다. 완치는 본인의 의지가 중요합니다. 생활에 지장이 없을 정도 까지는 다른 사람을 통하여 치유가 됩니다. 그러나 완치는 자신이 내성을 기르면서 일어서야 합니다.

전문 치유사역자의 도움을 받으면서 치유를 지속해야 합니다. 치유에 기술이 필요합니다. 전문성이 필요하다는 말입니다. 축귀만 한다고 치유되지 않습니다. 스스로 말씀을 듣고 기도하여 영적인 싸움을 싸워 이겨야 합니다.

능력이 있는 목사를 찾아서 이곳저곳에 다니면 오히려 치유 시간만 길어질 따름입니다. 한 교회에서 전문 목사에게 지도를 받으며 치유를 해야 합니다. 그러면 반드시 정상으로 돌아옵니다. 희망을 가지시기를 바랍니다. 하나님은 치유 못하시는 병이 없기 때문입니다.

왜 지금까지 치유받지 못했느냐는 바른 치유를 받지못했기 때문입니다. 전문적인 치유를 받지 않고 능력자에 안수 한 번 받아서 순간 치유받으려고 했기 때문입니다. 절대로 그런 마음은 버려야 합니다. 말씀과 성령으로 환자가 장악 되어야 합니다. 하늘의 사람으로 바뀌어야 합니다. 필자가 지금까지 성령 치유 사역을 하다가 임상적으로 경험한 결과는 이렇습니다.

조상의 우상숭배와 정신병 대물림이 있거나 어렸을 때에 상처가 있던 사람들이 스트레스를 많이 받으니까, 갑자기 간질증상이 나타나는 사람이 있습니다. 간질이 갑자기 발생하니까, 경험이 없는 사람들이 귀신의 영향으로 간질이 발생했다고 단정을 짓게 됩니다. 그래서 이 목사님 저 목사님에게 귀신축사를 받으러 다닙니다. 이러다가 치유의 시기를 놓쳐서 심각한 상태로 진전이 되기도 합니다. 필자는 이런 분들을 다수 치유한 경험이 있습니다. 우리가 스트레스를 받으면 체력의 소모가 많이 됩니다. 체력이 떨어지니 자신 속에 잠재하여 있던 영육의 문제가 드러나는 것입니다.

그래서 간질을 하기도 합니다. 어떤 분들은 가위눌림을 당하기도 합니다. 그래서 영적인 문제라고 단정하고 축사만 받으려고 합니다. 그러다가 영적인 분야를 잘 알지 못하는 사역자를 만나 금식도 합니다. 그러나 금식은 금물입니다. 체력이 소진되어 문제가 발생했는데 금식을 하면은 기름 가마에 불을 붙이는 것과 마찬가지입니다. 더 악화된다는 것입니다. 이때에는 당황하지 말고 환자를 안정을 시키고 우선 체력을 보강해야 합니다. 빠른 시간에 체력을 보강할 수 있는 보약이나 다른 보양식품을 먹여야 합니다. 그래서 체력을 회복시켜야 합니다. 안정을 취하게 해야 합니다.

그러면서 정신적인 문제를 바르게 전문으로 치유하는 사역자에게 가서 치유를 받으면 바로 정상이 됩니다. 그런데 이와 같은 전문적인 치유를 일반 성도들이나 목회자는 잘 이해하지 못합니다. 그래서 영적치유를 받겠다고 일 년 이상 돌아다니면서 이 사람 저 사람에게 안수만 받으면서 돌아다니게 됩니다. 이러다가 치유의 시기를 놓쳐서 환자가 사람 노릇을 못할 정도로 심각해 질수가 있으니 주의 하지 않으면 안 됩니다.

이와 같은 초기 간질 증상은 나이에 상관없이 발생할 수가 있습니다. 어떤 사람은 17세에 발생합니다. 어떤 사람은 20세에 발생합니다. 어떤 분은 26세에 발생하기도 합니다. 어떤 분은 34세에 발생할 수도 있습니다. 어떤 분은 43세에 발생하기도

합니다. 대략 이런 증상이 발생하는 사람의 유형을 보니 집안에 우상의 숭배가 심한 집안의 내력이 있는 가문에서 발생을 합니다. 그리고 태중에서나 유아시절에 상처를 많이 발생한 분들이 많이 발생이 됩니다. 대개 심장이 약하여 잘 발생합니다.

그러므로 필자가 강조하는 것과 같이 불같은 성령을 체험하고 내적치유를 미리 받아야 합니다. 그러면 성령의 임재로 사전에 상처가 드러나서 치유가 됩니다. 미리 치유하여 예방하라는 것입니다. 조상이 정신문제로 고생했다면 반드시 발생할 수가 있다고 생각하고 미리 예방해야 합니다. 다시 한 번 강조하면 이렇게 초기에 간증 증상 일어난다고 큰일이 나는 것이 아닙니다. 당황하지 말고 환자를 안정을 시키고 체력을 보강하면서 전문 사역자의 영적치유와 내적치유를 받으면 완치가 됩니다.

정신적인 질병치유에 대하여 상세하게 알고 싶은 분은 충만한 교회에 비치되어 있는 "우울증 정신질병 기적치유 비밀"을 활용하시기를 바랍니다.

59장 불면증을 치유 받을 수 있나요

Q. 목사님 저는 불면증으로 3년을 고생하고 있습니다. 하나님의 은혜로 치유 받을 수 있습니까? 정말 힘이 듭니다. 목사님의 답변을 기다리겠습니다.

A. 불면증은 불치병이 아닙니다. 말씀과 성령의 역사로 치유됩니다. 불면증이 있는 분들의 대부분이 영적인 문제로 발생을 합니다. 마음의 상처로 발생하기도합니다. 그러므로 성령으로 세례를 받고 내면의 상처를 치유하면서 축귀하면 치유가 비교적 쉽게 됩니다.

제가 그동안 성령치유 사역을 하면서 체험한 바로는 어려서 물이나 불이나 교통사고, 천재지변을 당한 경우에 상처가 무의식에 그대로 남아 있습니다. 많은 분들이 이렇게 사고를 당한 분들이 영적인 상처로 전환되어 우울증이나 불면증이나 정신적인 문제로 고생하는 분들이 많습니다. 내가 내적치유 하다가 어려서 물에 두 번 빠져서 사경을 헤매다가 구출되었고, 불속에서 한 번 구출된 경험이 있는 60세 된 목사님을 내적치유와 축귀를 통하여 치유한 경험이 있습니다. 이 목사님이 불면증으로 2년을 고생하시다가 저의 충만한 교회 성령치유 집회에 연속적으로 참석했습니다.

여러 곳을 다니면서 치유를 받으려고 했지만 불면증을 치유받지 못하다가 국민일보 광고를 보고 참석하기 시작했습니다. 몇 개월 동안 열심히 다니면서 능력과 치유를 받았습니다. 그런데 어느날 아마 밖의 날씨가 영하 8도 정도 내려갈 때인데 집회를 마치고 집으로 가려고 하는데 내가 보니까 땀을 비가 내리듯이 흘리면서 몸을 가누지를 못하는 것이었습니다. 그래서 내가 그냥 가시면 안 된다고 잠시 안정을 취하고 가시라고 의자에 앉게 했습니다.

그리고 머리에 손을 얹고 안수하며 기도를 했습니다. 그러니까, 성령께서 이렇게 감동을 하시는 것입니다. "어려서 심하게 놀란 일이 있다. 본인에게 한번 물어보아라."

그래서 본인보고 어렸을 때 놀란 일이 있는지 생각하여 보라고 했습니다. 그랬더니 한참을 눈을 감고 생각을 하더니 "목사님 이제 생각이 났습니다. 제가 물에 두 번 빠져서 죽을 뻔 했는데 하나님의 은혜로 살아나왔습니다. 그리고 불에도 한번 들어가서 타죽을 뻔 했습니다." 그래서 제가 안수를 시작했습니다. 성령이여 임하소서. 성령이여 사로잡으소서. "불속에 집어넣고, 물속에 집어넣어 죽이려고 했던 귀신아 내가 예수 이름으로 명하노니 정체를 밝히고 나와라. 정체를 밝히고 나와라." 하니까 한참을 흐느끼니 서서히 정체를 드러내기 시작을 했습니다. 온몸이 부르르하고 한참을 떨었습니다.

숨을 몰아쉬더니 기침을 한동안 사정없이 하다가 떠나갔습니다. 목사님 얼굴을 아주 평안한 상태가 되었습니다. 그렇게 줄줄 줄 흐르던 땀이 싹 멈추었습니다. 축귀를 한 후에도 계속 다니면서 은혜를 받았습니다. 목사님이 우리 사모에게 간증하기를 축귀를 받고 2년 동안 고통당하던 불면증을 치유 받았다는 것입니다. 이와 같이 축귀와 신유는 연결이 되는 경우가 많습니다. 축귀를 하고 불치의 병을 치유 받는 경우가 많습니다.

그런데 불치병이 있는 분들이 한번 집회 참석하여 치유 받을 수는 없습니다. 지속적으로 말씀과 성령으로 자신이 장악이 되어야 깊은 속에 숨어있던 귀신이 정체를 드러내는 것입니다.

반드시 치유 받고 말겠다는 각오로 인내하셔야 합니다. 그러면 반드시 치유가 됩니다.

60장 내 아들을 어찌하면 좋을 까요

Q. 우리아들은 지금 10학년(고1) 인데 순하고 조용한 아이입니다. 1년 반전쯤 제가 밤에 꿈을 꾸었는데 아이가 머리부터 등 뒤로 뱀처럼 우둘투둘한 것으로 덮여있고 가느다란 혀를 날름거리는 그런 모습이었습니다. 며칠 후 또 꿈을 꾸었는데 이번에는 아이가 누워있고 가슴뼈가 이상하게 튀어나와서 내가 그것을 붙들고 막 아이를 흔들며 야단치는 꿈이었습니다.

평소에 제가 영적인 꿈을 자주 꾸는 편이어서 3년 전부터 꿈을 기록해놓는 편입니다. 그런 꿈을 꾸고 나서 걱정은 되었지만 특별한 증상도 없고 저의 경험도 짧아서 어찌지 못하다가 작년 여름부터 아이가 친구들을 잘 사귀지 못하는 것을 알게 되어 상담도 3개월가량 받고 했습니다. 상담사는 큰 문제는 없고 아이가 내성적이어서 그런 것 같다고 하고 끝을 맺었습니다.

그러다가 올해 2월 어느 날 새벽기도에서 오랜만에 충만히 기도하고 집으로 돌아와 평소대로 아이 방에 들어가 손을 얹고 기도해주는데 속에서 "리워 야단"이라는 단어가 올라왔습니다. 그날부터 갑자기 아이가 아프기 시작하면서(두통 복통) 학교에 가지 못하기 시작하였는데 3주 정도는 정말 의식을 잃은 것처럼 열이 나면서 하루 종일 깊은 잠에서 빠져 나오지 못했습니다.

그 이후에는 아픈 것은 사라졌는데 지금까지 4달간 학교에 가지 않고 있습니다. 매일 11시까지 잠을 자며 깨우면 난폭해 집니다. 오후에는 예전과 같은 착한 아이입니다.

저도 한인교회에 다니기 때문에 목사님께 말씀드리고 기도 해 주십사고 했는데 목사님은 아이가 어려서 안수기도는 하지 않으시겠다고 하시고 제 이야기가 사실이라고 해도 아이가 신앙을 가지는 것 외에는 방법이 없다고 하십니다. 아이가 모태 신앙이기는 하지만 몇 년 전에 성령체험도 했지만 아직 자신 만에 신앙은 없는 것 같습니다. 저도 방법이 없어서 아이를 달래며, 또 아이가 힘들어하는 부분들을 찾아서 도와주려 하면서 기도하고 기다리고 있는데 너무 답답하고 애가 탑니다. 저도 힘이 없어서 어떻게 이 영적전쟁을 해 나가야 할지 모르겠습니다. 목사님, 제가 어떻게 해야 할까요? 도와주세요.

A. 할렐루야! 걱정이 되시겠습니다. 아이의 상태는 이렇습니다. 원래부터 상처가 있던 아이입니다. 안수기도를 하니까. 깊은 곳에 숨어있던 상처가 드러난 것입니다. 그때 열이 나고 일어나지 못할 때 영적치유를 받았으면 아무런 문제가 없이 치유가 되었을 것입니다. 자녀가 안수 받고 열이 나는 것은 성령의 역사로 그런 현상이 일어난 것입니다. 성령의 역사와 악한 영의 역사가 대립할 때 그런 일이 일어납니다. 그때 완전하게 치유를

했어야 하는데 경험이 없어서 그렇게 된 것입니다. 지금은 상처에 역사하던 악한 영이 아이에게 강하게 영향을 끼치고 있는 것입니다. 담임 목사님이 안수를 하지 않겠다고 하는 것은 자신이 없어서 그러는 것입니다. 안수한번 받아서 치유될 일이 아니라는 것을 알기 때문입니다. 집중적인 치유를 받아야 합니다. 안수만 받는 것이 아니고 본인이 뜨겁게 기도하며 말씀을 듣고 성령으로 충만하여 일어서려는 의지를 발동시켜야 합니다.

절대로 안수만 받아서는 해결이 되지 않습니다. 시간이 자꾸 흐르면 흐를 수 록 강해집니다. 나빠진다는 것입니다. 주변에 전문적인 영적치유를 하는 분을 찾아보세요. 아무나 치유할 수 없습니다. 전문성이 있어야 해결할 수가 있습니다.

하루 이틀에 치유된다고 생각하면 안 됩니다. 시간이 걸릴 것입니다. 도움이 되질 못해서 죄송합니다. 워낙 멀어서 말입니다. 빠른 시간 내 치유가 되기를 바랍니다. 정말로 안타깝습니다. 조금만 영적인 지식이 있었으면 이런 일을 사전에 예방할 수 있었을 것입니다.

제가 지난 세월 성령치유 사역을 하다가 내린 결론은 어린 시절부터 성령으로 충만한 믿음생활을 해야 한다는 것입니다. 어려서부터 영적체질이 되어야 한다는 것입니다. 성령으로 세례를 받아 상처를 치유하고, 자아를 부수고, 혈통의 문제를 치유하여 영적으로 밭을 만드는 것입니다. 어린 시절의 신앙생활은 어른이 되어도 영향을 미칩니다. 어렸을 때 성령을 체험하여 영적인 체질이 되면 어른이 되어도 그와 같은 믿음생활을 하기 때문입니다. 어려서 성령을 체험하고 상처를 치유하면 건강에도 좋습니다.

일부 성도들이 아이들이 그저 교회에 나가는 것으로 만족을 하는 경우가 많습니다. 그러나 그렇지 않습니다. 아이가 부모의 보살핌으로 순탄하게 자랄 때는 아무런 문제가 없는 것 같습니다. 그러나 나타나지 않았을 뿐이지 문제는 아이의 심령 안에 잠재해 있을 수 있습니다. 잠재해 있는 문제는 취약시기가 되면 고개를 들고 나타납니다. 고개를 들고 나타나기 전에 성령으로 세례를 받고 치유를 해버리는 것입니다. 그러면 어른이 되어도 강건하게 지낼 수가 있습니다.

이런 방법으로 안수를 합니다. 아이를 안고 머리에 손을 얹어서 기도를 합니다. 자그마한 소리로 기도를 합니다. 어머니가 해도 됩니다. 아버지가 해도 좋습니다. 성령이 충만한 목사님이면 더욱 좋습니다. 그런데 큰 교회 목사님들이 아이까지 안수기도할 수가 없습니다. 그러나 작은 교회 목사님은 할 수가 있습니다. 성령님 임하소서. 사로잡아 주옵소서. 우리 사랑하는 아이를 축복하여 주옵소서. 하나님의 은혜로 이 세상에 태어나게 하신 하나님 감사합니다. 우리 아이가 강건하게 하옵소서. 어려서부터 성령으로 충만하게 하옵소서. 안정한 심령이 되게 하여 주옵소서. 영육으로 강건하게 하옵소서. 집중하고 몰입을 잘하게 하여 주옵소서. 사람을 잘 만나는 복을 허락하여 주옵소서. 형통의 복이 함께하여 가는 곳마다 잘되게 하옵소서."내가 나사렛 예수의 이름으로 명하노니 아이에게 성령으로 충만한 역사가 일어날지어다. 아이에게 역사하는 상처는 치유될지어다. 아이에게 잠재하여 있는 질병의 영은 떠나갈지어다. 태중에서 받은 상처는 치유될 지어다. 태중에서 받은 두려움의 상처는 치유되고 그 때 들어온 악한 영은 떠나갈지어다. 심장에 있는 두려움의 상처는 떠나갈 지어다. 심장이 강심장이 될지어다. 오장 육부 사지백체가 강건하여 질지어다. 정신도 건강할지어다. 머리에 산소가 잘 공급되고 피가 잘 순환될지어다. 위장이 튼튼해질지어다. 안정한 심령이 될지어다. 집중하고 몰입을 잘하는 아이가 될지어다." 예수님의 이름으로 기도합니다. 아멘. 지속적으로 안수를 하세요. 어릴 때부터 영적체질이 되어서 아주 좋습니다.

61장 입에서 구취가 심해요

Q. 목사님의 도서를 구입해 읽다가 이렇게 이메일 드립니다. 저는 지금 해결할 수 없는 삶의 고통 가운데 있습니다. 주님을 찾고 또 찾으며 주님 안에 거하며 살아가려 애쓰지만 삶은 매우 고통스럽고 평안이 없습니다.

저는 결혼한 지 이제 11년에 접어들었습니다. 그동안 고부갈등, 부부갈등으로 말도 못할 고통을 겪으며 살아왔습니다. 어머님은 저희 가정을 지배하고 간섭하려 하고, 남편은 저를 보호하지 못하고 늘 무기력한 가운데 가정에서 저의 자리를 찾기가 너무 힘들었습니다. 그러다보니 화병으로 가슴이 짓눌리고 숨 쉬기 힘들고 제 체질도 변한 것 같습니다. 침은 끈적끈적해지고 입에서는 구취가 나서 제 성격도 많이 소심해졌습니다. 구취가 나기 시작한지는 약 7년 정도가 되네요…. 별의 별 방법을 다 사용해보아도 고칠 수가 없었고, 좋은 회사에 들어갔지만 대인공포증으로 버텨낼 수가 없었습니다.

회사에서 퇴사 후 대학원 공부를 했지만, 다시 사회생활을 하려고 회사 면접을 보게 되었습니다. 최종면접까지 갔지만, 제 구취로 면접을 망쳤습니다. 최종 면접관이 저와 대화하는 것이 힘들어보였고 예상보다 아주 짧게 면접을 끝내고 나올 수밖에 없었습니다.

하나님은 왜 제 질병을 치유해주시지 않나요? ○○○집회에도 가보고 기도도 하지만 사회적 사형선고인 심각한 구취로 전 자존감과 살 소망을 잃어버리고 있습니다. 사람들이 옆에 와서 대화하기를 힘들어하니까….

그리고 몇 주 전 목사님 집회에 한번 가본 적이 있는데요, 목사님께서 안수기도를 해주셨지만 저는 아무것도 느낄 수 없었고 그 곳 분위기가 생소해 도망치듯 나왔어요. 그리고 다음날 새벽기도에서 기도하다가 악한 영이 모두 떠나고 가슴이 시원해지는걸. 느꼈지만, 며칠 후 다시 제 자리로 돌아왔어요.

목사님! 저는 인생의 절망 가운데 있습니다. 정말 고침 받고 싶고 회복되고 싶습니다. 목사님께서 제게 도움주실 수 있나요? 성령의 권능을 받아 제 질병과 억눌림을 고침 받고 싶습니다. 가정이 회복되기를 원합니다. 목사님 답장 좀 부탁드릴게요.

A. 현재 당신의 질병은 불치의 병이 아닙니다. 스트레스로 인하여 발생한 것입니다. 하나님이 100% 고치신다는 믿음을 가지고 오십시오. 치유에 시간은 소요될 것입니다. 성령께서 당신을 장악하는 시간입니다. 성령께서 당신을 장악하면 구취는 순간 치유가 됩니다. 저는 당신과 같이 구취가 나서 인간관계를 제대로 하지 못하는 분이 화-수-목 3일 집회에 참석하여 성령으로 세례받고 안수기도하니 3일만에 완치한 경험이 있습니다. 자라보고 놀란 토끼 솥뚜껑보고 놀란다고 미리 겁먹지 마시고 시간

을 내서 오십시오. 반드시 1개월 이내에 치유가 될 것입니다. 하나님은 무슨 병이라도 고치실 수 있는 권능의 하나님 이십니다. 그러나 안수 한번 받아서 순간 치유된다는 생각은 아예 접는 것이 좋습니다. 시간이 걸립니다. 마음의 문이 열리는 시간이 필요합니다.

정말로 당신의 질병은 아무것도 아닙니다. 성령께서 장악만 하시면 순간 치유가 될 것입니다. 제가 안수기도를 해주었지만 저는 아무것도 느낄 수 없었다고 했습니다. 우리 교회 분위기가 생소해 도망치듯 나왔다고 하셨습니다. 모두 악한 영의 장난입니다. 지속적으로 은혜를 받아야 합니다. 안수 한번 받아서 치유되지 않고 당신이 영적인 사람으로 완전하게 변하려고 의지를 가지고 노력을 해야 합니다.

성령의 역사가 강한 교회에 적을 두고 장기적으로 치유를 받아야 합니다. 안수 한번에 순간 치유는 다시 재발합니다.

62장 자폐인 내 아들을 어찌하면 좋을까요

Q. 목사님 안녕하십니까? 저는 전라도 광주에 사는 김 집사입니다. 저에게 아들이 하나있는데 자폐입니다. 나이는 28살이고요. 목사님 책을 아무리 보아도 자폐를 치유하는 방법이 없어서 상담을 드립니다. 저의 아들의 상태는 좀 심각합니다. 지난 월요일 아침에 전제 다니던 교회 재정 장로님에게서 전화가 왔습니다. 저의 아들이 교회에 있는 헌금 통을 뒤져서 그 속에 있는 2만원을 가져갔다는 것입니다. 왜 가지고 갔느냐고 물으니 아무나 가지고 가서 사용하면 되는 줄 알고 가지고 나왔다는 것입니다. 어떻게 하면 좋겠습니다. 제가 서울에 올라갈 상황이 아닙니다. 물론 물질 문제도 있습니다. 물질이 너무나 어렵습니다. 그런데 다른 문제가 또 하나있습니다.

거동할 수 없는 친정어머니를 제가 모셔다가 수발하고 있어서 꼼짝을 못합니다. 형제들 모두 수발하기를 거부하여 장녀인 제가 할 수 없이 모시고 와서 수발하고 있습니다. 남편은 20년 전에 사별을 했습니다. 제가 예수 믿고 교회에 다닌 지 20년이 넘었습니다. 그런데 목사님 책에 소개되는 성령체험은 한 번도 한 일이 없습니다. 성령이라는 말도 별로 듣지 못했고 생소합니다. 저희 아들을 어찌하면 고칠 수 있겠습니까?

A. 성령의 역사가 있어야 치유가 될 수 있습니다. 예수님은 포로된 자에게 자유를 주시기 위하여 오셨습니다. 그런데 당신은 삶에서 예수님을 누리지 못하고 있습니다. 삶에서 예수를 누리지 못하는 이유는 성령으로 세례를 받지 않았기 때문입니다. 지금 당신의 가정 형편을 보면 예수를 믿으면서도 예수님의 뜻과는 반대로 마귀에게 포로되어 있습니다. 빨리 이 포위를 뚫고 성령하나님에게 나오셔야 해결의 실마리가 풀리기 시작할 것입니다. 좌우지간 성령의 역사가 일어나는 장소에 가셔서 성령의 역사가 나타나는 말씀을 듣고 성령의 세례를 받아야합니다. 지금 당하고 있는 모든 고통은 귀신이 저지르고 있습니다. 책을 아무리 많이 읽어도 해결이 안 될 것입니다.

귀신은 성령의 역사가 일어나야 떠나가기 때문입니다. 환경도 귀신이 그렇게 만든 것입니다. 아무 곳도 가지 못하게 하여 죽이고 멸망을 시키려는 귀신의 계략입니다.

자폐인 아들의 문제를 해결하는데 있어서 그 조건과 상태는 여러 가지이지만 첫째 의지를 발동해야 합니다. 의지를 발동하게 하여 성령세례를 받는 것이 제1의 원리요, 그 다음은 말씀과 성령으로 내적 치유하는 것이 제2의 원리요, 귀신 추방의 제3 원리입니다. 그리하여 생각이 바뀌고, 마음이 감동되어, 믿음이 생겨서, 본인의 의지가 발동되어, 몸이 움직여지고, 행동으로 옮겨지는 과정을 거쳐야 합니다. 이 영적 원리는 모든 것에 적용됩니다. 또한 성령의 역사로 이루어집니다.

먼저 성령으로 세례를 받아야 합니다. 성령 세례란 예수 그리스도께서 주시는 것입니다. 성령의 세례란 성령에 의해서가 아니라 주 예수에 의해 행해지는 그리스도의 사역입니다(행 11:15-18). 성령으로 세례 받을 때는 확실한 체험으로 경험이 있습니다. 성령으로 세례를 받을 때 성령이 예수 그리스도의 이름으로 임하므로 성령으로 세례 받는 것은 체험으로 느낄 수 있습니다. 성령 세례를 받으면 하나님의 능력이 임합니다. 성령으로 세례 받을 때 성령의 권능이 함께 임합니다.

권능은 하나님의 일을 행하는 데 적합한 사람으로 크리스천을 준비시킵니다. 성령 세례는 하나님께서 우리를 예수 그리스도의 몸의 일부분으로 택하셔서 맡기신 지체로서의 임무를 효과적으로 수행하게 합니다(행 9:17-20).

당신이 지금 우선적으로 해야 할 것은 성령으로 세례를 받고 부모인 당신이 먼저 치유 받는 것입니다. 그리고 아들을 관리해야 합니다. 성령의 역사가 아니면 절대로 해결되지 않습니다.

성령의 역사가 바로 하나님의 역사이기 때문입니다. 하나님만이 당신이 당하는 영육의 고통에서 해방되게 하실 수 있습니다. 어서 성령의 역사가 있는 장소를 찾아 가십시오.

63장 환청과 정신분열증을 치유 받고 싶어요

Q. 안녕하세요. 강요셉목사님! 저는 전라남도 광주에 사는 올해 37세의 미혼인 ○○○자매 라고 합니다. 저는 충만한 교회 홈페이지에서도 상담 글을 남긴 적이 한번 있는데요. 제가 목사님의 책을 접하게 된 것은 제가 다니는 교회 도서관에서 〈대물림된 고통 끊어야 산다〉라는 책을 보게 된 것입니다.

그 책은 정독하지는 못했습니다. 제 증상 중에 하나는 읽고 싶고 좋은 내용의 책도 사두기만 할뿐 집중이 잘 되지 않아 읽지 못한다는 겁니다.

그러고 나서 〈성령의 불세례를 체험하라〉〈기독교인의 인생문제 치유하기 1, 2〉 이렇게 사보게 되었지만 책을 제대로 읽진 못했습니다. 오늘 주문해서 받아본 〈기독교인의 인생문제 치유하기 2〉는 대충 처음부터 끝까지 훑어보았습니다. 여전히 집중해서 보진 못하고요.

저는 정신분열병을 앓고 있어서 정신과 치료를 받으며 약을 타서 먹고 지냅니다. 지금은 4년제 대학 농학과와 2년제 유아교육과를 졸업하기는 했으나 편의점 알바를 하며 지내고 있습니다.

저는 예수님을 믿은 지 15년이나 되었으나 영적성장이 없고 병세가 심해지는 것 같습니다. 교회 부흥집회 때 방언을 받아서 방언기도를 하지만 교회에서만 방언이 터지는 것 같고, 또 방언을 한다고 해도 기분이 좋거나 속이 후련하지는 않습니다.

정신분열병의 증세 중에 '환청'이 들리는데 이 환청이 하나님께서 역사하셔서 그런 것인지 아니면 진짜 제가 헛것을 듣고 있는 것인지 알 수가 없고요. 이제는 하나님 원망하는 맘과 하나님을 욕하려는 마음까지 생길 때가 있습니다.

충만한 교회에서 핸드폰 문자로 오는 집회에 한번 참석하고 싶으나 거리가 있어서 혼자 찾아가기도 조금은 여의치 않네요. 부모님과 한번 목사님의 교회에 가보자고 말씀을 드려본 적도 있습니다. 그래도 제가 낫고자 한다면 강한 의지가 필요하겠지요.

저는 제병이 나을 수 있다는 확신이 듭니다. 하지만 제게는 문제가 산재해 있네요. 그리고 전 눈물을 흘릴 상황이 아닌데도 눈물이 나는 그런 점도 있네요. 삶이 고통스럽게 느껴집니다. 목사님, 저는 어떻게 해야 할까요?

저의 바람은 제 정신분열병이 낫는 것입니다. 어떻게 해야 그렇게 될 수 있을 지 마음의 상처도 많고 열등감도 심하고 사람들과의 관계도 서툴 구요. 제 안에 믿음이 생겼으면 좋겠습니다. 저는 전도도 하고 싶은데 제가 예수님 믿는 모양을 보고 〈아나도 니가 믿는 예수를 믿고 싶다〉 할 그런 사람이 지금은 별로 없을 것 같아요.

답답하고 그냥 지낼 수 있겠지만 이렇게는 안 될 것 같아요.

기도도 잘 안되고, 잠을 자고 일어나도 아침에 개운하지도 않고 머리가 멍하니 그렇습니다. 목사님 방법이 없을까요?

A. 당신의 질병은 100% 치유될 수가 있습니다. 하나님은 무슨 병이라도 치유하는 분이기 때문입니다. 그런데 단기간에 치유를 생각하면 안 됩니다. 시간이 많이 걸리는 질병이기 때문입니다. 앞에서도 이야기를 했지만 제가 성령의 음성을 듣고 진단하여 조언하는 대로 순종해야 하기 때문입니다. 순종하면서 말씀 듣고, 성령 충만 받고 성령으로 기도하며 말씀을 듣고 스스로 깨닫고 일어서야 하기 때문입니다. 당신이 질병은 다른 사람을 의지하여 어느 정도까지만 치유될 수가 있습니다. 생활하는데 지장이 없을 정도까지는 다른 사람을 통하여 치유가 됩니다.

그러나 완치는 자신이 성령으로 기도하여 치유의 능력을 기르면서 일어서야 합니다. 당신이 성령으로 세례를 받고 영으로 기도할 수 있어야 합니다. 치유에 기술이 필요합니다. 전문성이 필요하다는 말입니다. 축귀만 한다고 치유되지 않습니다. 스스로 말씀을 듣고 기도하여 영적인 싸움을 싸워 이겨야 합니다.

능력이 있는 목사를 찾아서 이곳저곳에 다니면 오히려 치유 시간만 길어질 따름입니다. 한 교회에서 전문 목사에게 지도를 받으며 치유를 해야 합니다. 그러면 반드시 정상으로 돌아옵니다. 희망을 가지시기를 바랍니다. 하나님은 치유 못하시는 병이 없기 때문입니다.

당신의 질병을 치유하기 위해서는 교회를 잘 찾아가야 합니다. 교회가 중요합니다. 교회에 열심히 다닌다고 치유가 되는 것은 아닙니다. 전문성이 있는 교회를 정하여 치유해야 합니다. 교회를 정할 때는 목회자의 영성과 치유 전문성을 알아 보셔야 합니다. 당신의 질병 치유는 교회가 아주 중요합니다.

전문성 있는 목회자의 지도가 필요합니다. 전문성 있는 목회자와 교회를 만나면 당신은 반드시 정상으로 회복이 될 것입니다. 이제 기도할 때 전문성 있는 목회자와 교회를 만나게 해달라고 기도하시기를 바랍니다. 당신의 질병은 하나님 만이 치유하실 수 있기 때문입니다.

하나님은 당신에게 전문성있는 사역자를 만나게 하여 치유받도록 인도하실 것입니다. 희망을 갖기를 바랍니다. 절대로 자포자기나 포기하지 마시기를 바랍니다.

7부 환경고통 궁금증

64장 물질문제를 해결할 수 있을까요

Q. 목사님! 안녕하세요. 저는 서산에 사는 김 집사입니다. 우리 가정은 조상 대대로 물질 고통을 당합니다. 완전하게 가난에 찌들려 살고 있습니다. 어찌하면 좋을까요?

A. 하나님은 축복하시는 하나님이십니다. 당신이 지금 당하는 물질 고통은 마귀로부터 말미암은 것입니다. 그러므로 말씀과 성령으로 원인을 찾아 해결해야 합니다. 가만히 앉아서 "하나님 물질 축복을 주시옵소서," 하고 기도한다고 해결이 되지 않습니다. 영적인 전쟁을 해야 합니다. 재정의 고통에 대하여 정확하게 알고 해결을 받으시려면 "물질축복 받는 비결"을 읽어보시기를 바랍니다. 한 성도가 가난으로 고생하다가 축복을 받은 간증입니다. 읽어보시면 방법이 떠오를 것입니다. 가난에서 해방될 수 있다는 희망이 생길 것입니다.

여기 한 여성도의 간증을 들어보시기를 바랍니다. 대물림되는 가난과 거지의 영이 끊어졌어요. 라는 제목의 간증입니다. 어느 여 성도님이 결혼을 했는데 남편과 자신의 가계에 흐르는 가난의 대물림으로 너무너무 가난하고 헐벗고 굶주리면서 고통을 당하고 살았습니다. 이웃의 전도를 받고 예수님을 믿었습니다. 성령이 충만한 교회에 등록하여 성령을 체험하고, 내적치유도 받고, 가계에 흐르는 마귀역사를 끊는 집회도 참석하여 은혜를 받았습니다. 성령으로 충만하여 가정에 역사하는 가난의 대물림의 원인을 찾아 회개를 했습니다.

가난의 대물림의 줄을 끊는 대적기도를 수없이 하였습니다. 성령의 보증의 역사로 하나님의 축복으로 서서히 물질적인 문제가 풀렸습니다. 물질 형편이 풀려서 조그마한 주택도 마련하고 이제는 가정 삶이 평안하게 되었습니다. 계속적으로 대물림되는 가난의 마귀역사를 예수 이름으로 끊고 대적 기도하여 귀신을 몰아낸 결과입니다. 이 자매님이 교회에서 하는 가난의 고통을 끊는 집회에 참석하여 우리 시대의 가난의 대물림도 끊어질 수 있다는 믿음을 가지게 되었습니다.

순수하게 강사 목사님이 하라는 영적인 원리대로 가정예배 드릴 때나 교회에서 기도할 때나 할 것 없이 성령이 충만한 가운데 매일 입버릇처럼 대적 기도를 했습니다. "예수 이름으로 명하노니 우리 가정에 대물림되는 가난의 고통은 끊어질지어다." "가난하게 역사하는 귀신은 예수 이름으로 명하노니 떠나갈지어다." "예수 이름으로 명하노니 우리 가정에 대물림되는 가난의 고통은 끊어질 지어다." "가난하게 역사하는 귀신은 예수 이름으로 명하노니 떠나갈지어다." "예수 이름으로 명하노니 우리

가정에 대물림되는 가난의 고통은 끊어질 지어다." "가난하게 역사하는 귀신은 예수 이름으로 명하노니 떠나갈지어다." 하고 마음으로 외치고 다녔다고 합니다.

그러던 어느날 남편이 한 꿈을 꾸었습니다. 꿈에 밖에서 자꾸 문을 두드리면서, "주인 있소? 주인 있소?" 밖에서 주인을 부르는 소리가 나더랍니다. 그래서 문을 열고 나가보니까 자신의 할아버지 거지, 자신의 할머니 거지, 자신의 아버지 거지, 어머니 거지, 거기다가 세상에 있는 거지라는 거지는 다 모인 것같이 많은 거지 들이 모였더랍니다. 깡통을 차고 아주 험한 거지 옷을 입은 거지 할아버지가 와서 하는 말이 "우리가 몇 십 년 동안 이 집에서 거지노릇을 하면서 같이 살았는데, 왜 손자며느리가 들어와서, 그놈의 예수를 믿더니 자기만 믿을 것이지 손자까지 예수를 믿게 해가지고, 항상 가정에서 예배드리고 거지 귀신 떠나라고 예수이름으로 명령하고, 예수 그리스도와 함께 밥 먹고, 기도하고 예배하고 자고, 깨어나면 예수 이름으로 명하노니 거지 귀신아 물러가라고 그러느냐? 우리를 쫓아낼 너의 권한이 무엇이냐? 이유를 말해 달라."

그래서 그 거지 할아버지에게 대답을 어떻게 할까 생각하다가 성령께서 알려주시는 예수님의 말씀을 기억하고 "증명이 있다. 내가 예수 이름으로 명령한다. 알겠냐! 나사렛 예수 이름으로 명하노니 거지 귀신들은 물러갈 찌어다." 그러니까 다다다다 발걸음 소리를 내면서 전부 거지 떼가 걸음아 날 살려라 하면서 도망을 치더라고 했습니다.

그 꿈을 꾸고 나니 너무나 마음이 평안하고 가난과 거지의 영의 줄이 끊어졌다는 성령의 감동이 오더랍니다. 이 꿈은 가난과 거지영이 예수 이름으로 물러가는 꿈입니다. 성령께서 기도를 응답하여 가문에 흐르는 가난의 귀신들이 떠나갔다는 것을 꿈으로 보증해 주신 것입니다. 아주 좋은 꿈입니다. 그러나 대적기도를 중단하면 안 됩니다. 지속적으로 성령의 임재 하에 대적기도를 마음으로 해야 합니다. 당신도 이와 같이 꿈속에서도 대적기도를 하시기를 바랍니다.

가만히 앉아서 가난이 떠나가지 않습니다. 가난의 영과 일전을 치르면서 성령께서 알려주시는 일을 해야 합니다. 하나님은 성도가 일을 해서 돈을 벌어 가난이 물러가게 하십니다. 절대로 돈을 가져다가 주시지 않습니다. 그러므로 성령의 감동에 따라 일을 하셔야 성령이 역사하여 돈을 벌게 하십니다.

당신은 분명하게 가난 귀신과 일전을 치루어야 합니다. 그래서 승리해야 가난의 대물림이 치유가 됩니다. 하나님은 당신이 아브라함의 복을 받는 것이 하나님의 뜻이기 때문입니다.

65장 물질이 자꾸 새나가요

Q. 저는 대전에 사는 김 집사입니다. 남편이 벌기는 잘 버는데 항상 쪼들리는 생활을 하고 있습니다. 목사님! 어떻게 해야하는지 알려주세요.

A. 저에게 상당한 수의 성도들이 질문을 하는 내용입니다. 목사님! 벌기는 잘 버는데 물질로 고통을 당합니다. 이는 물질을 새나가게 하는 귀신의 장난입니다. 말씀과 성령으로 원인을 찾아 해결해야 합니다. 성령의 임재 가운데 하나님에게 물어보세요. "하나님! 왜 저의 가정은 물질로 고생을 합니까?" 자꾸 물어보면 원인을 알려주실 것입니다.

성령님이 원인을 알고 계십니다. 알려주시는 원인에 대한 조치를 취해야 합니다. 가만히 있으면서 하나님이 해주시기를 바라면 천국에 갈 때까지 해결이 되지 않습니다. 우리가 바르게 알아야 할 것이 있습니다. 세상 샤머니즘의 신앙은 신에게 빌어서 신이 잘 되게 하기를 기다립니다. 무당하다가 개종한 성도에게 물어보니 무당은 귀신에게 잘 해달라고 빈다고 했습니다. 무조건 신에게 비는 것입니다.

우리 예수를 믿는 성도는 성령의 권능을 가지고 문제가 있을 때 하나님에게 기도하여 원인을 알고 레마를 받아 원인을 해결해야 합니다. 그리고 성령으로 기도하여 레마를 받아 선포하여 축복으로 바꾸어야 합니다. 예수님이 너희가 네 이름으로 귀신을 쫓아내라고 했기 때문입니다. 그러므로 하나님이 주신 권능을 사용해야 물질이 새나가는 것을 해결할 수가 있다는 것입니다. 하나님에게 물질 새나가는 것을 해결하여 달라고 백날을 기도해도 하나님은 이렇게 말씀하십니다. 니가 예수 이름으로 선포하여 해결하라고 하십니다. 다음 간증을 보시고 방법을 찾으시기를 바랍니다.

믿음생활을 잘하는 가운데 거지의 영이 대물림되어 고통당하게 된 집사님 부부가 있었습니다. 믿음 좋고 신앙생활도 모범적으로 잘해나가던 집사님 부부에게 문제가 한 가지 있었습니다. 맞벌이를 하는데도 불구하고 늘 물질문제로 고통을 당하는 것입니다. 그래서 제가 하나님께 기도하니 그 집안에 거지 영이나 가난의 영이 흐르는지 분별해 보라는 감동을 주셨습니다.

두 부부는 이렇게 상담을 요청해 왔습니다. "목사님, 목사님이 아시다시피 우리 부부는 돈도 열심히 벌고, 믿음생활도 열심히 하고 십일조 생활도 잘하는데 왜 그러는지 물질로 늘 고통을 당합니다. 왜 그럴까요?" "저는 그렇지 않아도 제가 집사님 부부를 위하여 기도를 하였는데 집안에 거지 영이나 가난의 영이 흐르는지 찾아보세요.

그리고 회개하시고, 예수 이름으로 가난이나 거지의 영의 줄을 끊고 귀신을 쫓아내세요" 하고 가르쳐 주었습니다. 집사님 부부는 날마다 열심히 마귀의 저주를 끊고 저주하던 귀신을 쫓아내는 기도를 하였습니다. 그런데 어느 날 여 집사님이 돌아가신 시아버지가 거지꼴을 하고 자신을 따라오는 꿈을 꾸었습니다.

"예수 이름으로 명하노니 떠나가라! 예수 이름으로 명하노니 떠나가라! 예수 이름으로 명하노니 떠나가라!"라고 꿈속에서 아무리 외쳐도 시아버지가 계속 따라오는 것입니다. 그래서 "하나님 어떻게 해야 합니까?"하고 울부짖자, "물과 불을 통과하라! 물과 불을 통과하라! 물과 불을 통과하라! 물과 불을 통과해야 저 거지 귀신이 떠나간다."라고 하셨습니다.

그래서 앞을 보니까 큰 강이 흐르는데 불이 훨훨 타면서 흐르더랍니다. 무서워서 도저히 통과할 수가 없었지만 시아버지가 계속 따라오고 있어서 에라, 모르겠다는 심정으로 불 강을 통과했습니다. 그러고 나서 뒤를 돌아보니 거지 시아버지가 따라오지 않더랍니다. 그 다음부터 물질이 서서히 풀리기 시작하더니 지금은 물질의 문제가 풀려 하나님 나라에 열심히 물질을 심으면서 지내고 있습니다.

66장 사업 잘 되게 할 수 있을까요.

Q. 목사님! 안녕하세요. 저는 서산에 사는 김 집사입니다. 목사님의 책 "형통의 복을 받는 법"을 읽고 목사님을 알게 되었습니다. 제 남편이 사업을 하는데 계약이 될 것 같다가 안 된다고 합니다. 제가 도울 수 있는 방법이 없을까요? 목사님 부탁드립니다.

A. 하나님은 남편의 사업이 잘 되기를 원하십니다. 사업을 시작하기 전에 하나님께 기도하여 응답받은 사업에 계약이 될 것 같다가 안 되는 것은 문제가 있다는 것입니다. 남편에게 성령의 임재 가운데 기도 해보라고 하십시오. 문제가 있으면 반드시 원인이 있습니다. 쉽게 말해서 계약을 방해하는 세력이 있다는 것입니다. 계약이 성사되지 못하는 하는 것은 마귀로부터 말미암은 것일 수 있습니다. 그러므로 말씀과 성령으로 원인을 찾아 해결해야 합니다. 가만히 앉아서 "하나님 사업 잘 되게 하여 주옵소서. 계약이 성사되게 하옵소서,"하고 간구하고 기도한다고 해결이 되지 않습니다. 영적인 전쟁을 해야 합니다.

사업의 축복은 하나님께 잘 되게 해달라고 많이 빌어서 잘 되는 것이 아닙니다. 하나님의 마음에 합한자가 되어야 사업이 잘

됩니다. 하나님이 축복하여 주시는 사업을 해야 합니다. 하나님이 축복하시는 사업은 하나님에게 기도하여 응답받고 하는 사업입니다. 즉, 하나님이 하라고 승인하신 사업입니다. 하나님은 아무리 예수를 믿고 열심히 믿음생활을 하더라도 사람의 말을 듣고 사업하는 것은 상관을 하지 않습니다. 망하든지, 흥하든지 상관하지 않으십니다. 많은 성도들이 하나님에게 기도하여 응답받고 사업을 시작하지 않고, 자기 생각이나 다른 사람의 이야기를 듣고 사업을 시작합니다.

사업을 하다가 어려움에 봉착하면 그때서야 하나님을 찾는 경우가 많습니다. 아무리 기도를 해도 하나님은 응답하시지 않습니다. 사람의 생각을 가지고 사업을 시작했기 때문입니다. 우리가 알아야 할 것이 있습니다. 하나님은 설거지 해주시는 하나님이 아니시라는 것입니다. 시작을 잘해야 합니다. 당신의 사업을 하나님이 이끌어 가시도록 해야 한다는 말입니다. 사업을 시작할 때부터 기도하여 하나님의 뜻에 합한 사업을 시작해야 축복하십니다. 하나님이 사업장에 주인이 되도록 해야 합니다. 하나님에게 물어보고 사업을 시작하고 운영을 해야 합니다.

한 성도가 사업에 축복을 받은 간증입니다. 읽어보시면 방법이 떠오를 것입니다. 우리교회가 지방에 있을 때 조그마한 중소기업을 하는 성도가 있었습니다. 이 성도가 영적인 것을 알고 순수하여 조그마한 개척 교회에 다닌 것입니다. 이 성도에게 선포기도 하는 방법을 알려주었습니다. 방법은 특별한 것이 아니고 영적인 것입니다. 아침마다 공장의 문을 열기 전과 문을 닫을 때 문고리를 잡고 기도하는 것입니다. 성령이여 임하소서. 성령이여~ 우리 공장을 점령하여 주옵소서. 성령님! 우리 공장을 장악하여 주옵소서. 영광의 하나님 은혜를 주셔서 공장을 주시고 사업을 하게 인도 하시니 감사합니다. 우리 공장이 하나님의 나라 확장에 크게 쓰임을 받도록 인도하여 주옵소서. 우리 공장을 통하여 하나님의 영광이 나타나게 하옵소서. 천군 천사를 동원하여 둘러서 진을 치고 보호하게 하시고,

우리 공장의 거래처가 날마다 늘어나게 하옵소서. 우리 공장을 통하여 하나님이 영광을 받으시옵소서. 내가 나사렛 예수 이름으로 명하노니 우리 공장에 역사하는 흑암의 권세는 물러갈지어다. 우리 공장에 역사하는 흑암은 떠나갈지어다. 천사들아 공장 앞에 둘러 진을 칠지어다. 손님들을 많이 모시고 올지어다. 거래처가 날마다 늘어나도록 도울지어다. 수입이 달마다 늘어나도록 도울지어다. 이렇게 날마다 대적하며 선포기도를 하라고 했습니다.

그리고 아침에 공장을 가동하기 전에 전 직원을 모아놓고 간단하게 예배를 드리고 일을 시작하도록 알려주었습니다. 이분이 순종을 했습니다. 믿고 선포한 대로 정말로 거래처가 늘어났습니다. 거래처가 늘어나니 매출이 늘어났습니다. 항상 지난달보다 이번 달이 수입이 늘어나는 것입니다. 믿고 선포한대로 역사가 일어난 것입니다.

어느 달은 배로 수입이 늘어나기도 했습니다. 하나님에게 십일조를 빠짐없이 드렸습니다. IMF 시절이라 다른 모든 공장이 어려워도 어려움을 몰랐습니다. 하나님이 믿음을 보시고 역사하신 것입니다. 이렇게 믿음으로 하는 선포기도는 기적을 체험하게 하십니다. 성령의 임재 하에 담대하게 선포하시기를 바랍니다. 그러면 눈에 보이는 가시적인 현상이 일어날 것입니다. 여기에는 아주 중요한 영적인 원리가 있습니다.

공장을 성령의 권능으로 장악하게 했다는 것입니다. 아침, 저녁으로 공장 문을 잡고 대적하며 선포하며 기도를 했습니다. 날마다 업무 시작 전에 예배를 드렸습니다. 이 모든 것이 성령께서 공장 지역과 장소를 장악하도록 하는 적극적인 영적인 활동 이었다는 것입니다.

사업장이든지, 공장이든지, 교회이든지, 성령이 장악을 해야 성장하는 것입니다. 우리 모두 성령으로 충만한 상태에서 영적으로 사고합시다. 이렇게 하면 누구든지 하나님의 기적적인 역사를 체험하게 될 것입니다.

재정과 사업에 축복을 받기 원하는 분은 "기적 체험하는 대적 기도"와 "물질축복 받는 비결"을 읽어보시기를 바랍니다. 이 책에는 가정과 교회, 사업장이 하나님의 복을 받는 비결이 제시되어 있습니다.

67장 열심히 하면 문제가 해결되지요

Q. 목사님 안녕하십니까? 저는 ○○○에 사는 권사입니다. 하도 기가 막혀서 하소연을 합니다. 저의 여동생은 무당을 하다가 6년 전에 회개하고 개종하여 교회를 다니고 있습니다. 그런데 무의도식을 하면서 저에게 생활비를 받아다가 살아갑니다. 저도 너무나 살기가 힘이 드는데 동생까지 저에게 기대니 힘이 듭니다. 제가 상담을 하는 것은 다름이 아니라, 동생이 하는 신앙생활이 이상하다는 것입니다.

자신이 다니는 교회 목사님과 사모님이 아무 것도 하지 말고 전도만 하라고 했다고 일을 하지 않고 전도만 다닙니다. 담임목사 사모가 말하기를 자기가 잘 알고 있는 사람은 아무것도 하지 않고 3년 동안 전도만 했더니 하나님이 은사를 주셔서 은사가 지고 성도들을 상담하여 문제를 해결하게 하니 헌금하여 부산에 큰 빌딩을 매입 했다고 한답니다. 한마디로 세상 부자가 되었다는 것입니다. 제 동생도 아무것도 하지 않고 전도를 열심히 하면 자기가 아는 사람과 같이 된다는 것입니다. 한마디로 하나님이 부자가 되게 한다는 말입니다.

물론 그렇게 전도를 열심히 해도 열매가 없습니다. 문제는 또 있습니다. 자기가 하나님에게 기도하니 언니인 제가 자기 가족을 먹여 살리라고 했다는 것입니다. 그리고 그렇게 하면 저를 축복해 주겠다고 합니다. 만약이 이를 어기면 저주를 받을 것이라고 했다는 것입니다. 이렇게 저에게 은근 슬쩍 겁박을 하기도 합니다.

목사님! 과연 하나님이 아무 일도 하지 않고 전도만 하면 은사를 주십니까? 또 간증하고 다니도록 길을 열어 주십니까? 문제는 또 있습니다. 동생 딸이 21살인데 동생이 무당되기 전과 같이 정신적으로 이상해졌습니다. 왜 그렇게 교회에서 살다시피 하며 전도하는데 딸이 그렇게 됩니까? 목사님! 어찌해야 하는지 알려주세요.

A. 참으로 어처구니없는 일입니다. 세상 신문기자가 알면 기사화하여 신문에 나올 수 있는 어처구니 없는 이야기 입니다. 동생은 교회를 잘못 찾아 같습니다. 무당을 하다가 개종을 했으면 말씀으로 바르게 양육을 받으면서 성령으로 치유를 해야 합니다. 상당히 오랫동안 치유를 받아야 합니다. 적어도 무당을 한 세월 동안(무당을 10년 했으면 10년) 치유를 받아야 무당의 영의 영향에서 벗어날 수가 있습니다.

그런데 치유는 커녕 아무것도 하지말도 전도만하라는 것은 잘못된 것입니다. 하나님은 은사를 주실 때 먼저 자신을 고치라고 주십니다. 그리고 가정을 고치라고 은사를 주시는 것입니다. 절대로 상담해가지고 헌금 받아 빌딩을 사라고 은사를 주시지 않습니다. 동생을 사기를 당하고 있는 것입니다. 하나님은 절대로 허황된 꿈을 꾸게 하지 않습니다. 하루라도 빨리 자신과 가정의 문제를 해결하라고 해야 합니다. 자신이 벌어서 생활하라고 모질게 끊어야 합니다. 언니가 생활비를 주니까, 일을 하지 않는 것입니다. 잘못하면 동생의 인생을 망치게 할 수도 있습니다.

그리고 동생 딸이 동생이 무당되기 전과 같다고 하는데 빨리 치유하지 않으면 동생하고 같은 길을 걸을 수 있습니다. 절대로 동생과 똑같이 되지 말라는 법이 없습니다. 동생에게 허황된 생각을 버리고 자신을 바라보고, 가정을 바라보고 정상적으로 믿음 생활하라고 권면하시기 바랍니다. 교회도 자신의 영육의 문제를 해결할 수 있는 곳을 정해서 믿음 생활해야 합니다. 절대로 지금 상태로 믿음생활하면 무당의 영의 영향에서 벗어날 수가 없습니다.

다시 한번 강조합니다. 동생 딸이 엄마와 같은 세상을 살지 말라는 법이 없습니다. 빨리 서둘러야 합니다. 말씀과 성령으로 치유하라는 말입니다. 그렇지 않으면 그 아이도 무당이 될 수가 있습니다.

68장 왕따 당하는 내 아들 어찌하나요

Q. 목사님! 안녕하세요. 저는 목동에서 살고 있는 정 집사입니다. 목사님의 책을 통하여 은혜 받고 있습니다. 목사님! 우리 아들이 학교에서 왕따를 당합니다. 어떻게 해야 할까요?

A. 왕따를 당하다면 아들에게 문제가 있을 수 있습니다. 많은 분들이 왕따를 시키는 아이들에게 문제가 있는 것으로 아는데 그렇지 않습니다. 아들의 문제가 무엇인지 찾아서 해결해야 합니다. 학교를 옮긴다고 해결되지 않습니다. 근본 원인을 찾아서 해결해야 합니다. 다음 글을 보시면 원인을 찾아 해결할 수가 있을 것입니다.

한 연구기관에서 왕따 당하는 원인을 이렇게 분석했습니다. "저소득층 자녀, 거칠게 양육된 아이, 공격적 성향을 가진 아이일수록 왕따를 당할 위험이 높다는 연구 결과가 나왔다. 아동 10명 중 한 명 이상은 사회화가 시작되는 나이가 되자마자 또래들로부터 학대를 받고 따돌림을 당한다." 며 "이른 시기에 따돌림의 대상이 된 아이들은 이후로도 이 같은 일이 반복되는 경우가 많았다"고 밝혔다. 생후 17개월 때 공격적 성향을 보였던 아이들은 취학 연령이 되었을 때 왕따의 대상이 될 확률이 높게 나타났다. 공격적 성향은 성장환경에서 기인하는 부분이 큰 것으로 보인다. 부모에게 학대를 받은 아이, 부모가 자주 싸우는 집 아이, 저소득층 가정의 아이일수록 상습적 따돌림을 당하는 비율이 높았다.

또한, 왕따를 당하는 아이들은 정신적 충격에서 비롯된 우울증, 외로움, 자신감 상실, 허약한 신체, 알코올이나 약물 중독, 잦은 결석, 낮은 성적, 자해 성향 등의 증세를 겪게 되는 경우도 많았다. 취학 아동 또래에서 나타나는 왕따 현상은 신체적 공격과 언어적 모욕, 사교 관계 단절 등으로 나타났다. "왕따 현상을 막기 위해서는 아이들과 부모 모두를 대상으로 한 조기 예방 교육이 필요하다는 사실이 드러났다"고 설명했다.

한 학생이 왕따 문제에 대해서 제시한 의견입니다. "우리 반에 '간질'이라는 병을 앓고 있어서 추하다며 왕따를 당하는 여자 아이가 있다. 그래서 왕따를 당하는 원인을 알아보고 썼다. 아이들이 왕따를 당하지 않게 하기 위해서 썼다. 왕따를 당하는 아이들을 중심으로 조사해 보고 썼다. 첫째, 아이들은 뚱뚱한 아이들을 싫어한다. 다른 반에 뚱뚱하다는 이유로 왕따를 당하는 아이가 있다. 그 아이가 살을 좀 빼던지. 아이들이 그 아이를 이해해 줘야겠다. 둘째, 아이들은 몸이 안 좋고 병이 걸린 아이들을 싫어한다. 우리 반에 '간질'이라는 병을 앓고 있는 아이가 있는데 아이들은 그 애만 보면 마구 욕을 하고 피한다. 회장이나 부회장이 아이들에게 인기가 많으니 그렇게 하지 못하게 말리거나 그 아이를 달래준다. 그리고 꼭 회장단이 아니더라도 된다. 셋째, 말투가 나쁜 아이 성격이 나쁜 아이를 아이들은 싫어한다. 요즘에는 여자애들이 그런 아이를 보고 '싸가지'없다는 둥. 여러 가지 이유로 싫어하고 왕따를 시키려고 한다. 그 아이는 말투와 성격을 좀 고치거나, 여자아이들이 왕따를 시키는 것만은 자제한다. 넷째, 집이 가난한 아이들을 싫어한다.

집이 가난한 아이들이 거지라고 아이들에게 놀림을 많이 받는다. 그래서 그 아이들은 학교도 잘 안 나오고, 아이들에게 왕따의 대상이 된다. 누구나 거지나, 왕따가 될 수 있으므로 그 아이를 놀리거나 왕따를 시키지 않는다. 입장을 바꾸어 생각해 본다. 지금까지 왕따를 당하지 말자에 대한 원인과 증명, 해결방법을 썼다. 해결 방법으로는 뚱뚱한 아이는 살을 좀 빼고, 성격이 나쁜 아이는 좀 고치고, 집이 가난하다고 놀리는 아이는 자신도 그렇게 될 수가 있으므로 놀리지 않으며, 몸이 아프거나, 병을 알고 있는 아이를 놀리는 아이를 다른 아이들이 말리거나, 선생님께서 주의를 좀 준다. 그렇게 해서라도 왕따를 조금이라도 당하지 않아야겠다. 친구 간에 왕따를 시키는 일이 없어서 친구사이에 사랑하고 친하게 지냈으면 좋겠다."

이런 방법으로 안수를 합니다. 아이를 안고 머리에 손을 얹어서 기도를 합니다. 자그마한 소리로 기도를 합니다. 어머니가 해도 됩니다. 아버지가 해도 좋습니다. 성령이 충만한 목사님이면 더욱 좋습니다. 기도는 이렇게 합니다. "성령님 임하소서.

사로잡아 주옵소서. 우리 사랑하는 아이를 축복하여 주옵소서. 우리 아이에게 성령으로 충만하게 하여 주옵소서. 성령의 권능으로 상처가 치유되게 하옵소서. 혈통으로 대물림되는 영육의 문제를 해결하여 주옵소서. 사람을 잘 만나게 하옵소서. 학교에서나 세상에서 왕따 당하지 않도록 도와주옵소서. 천군천사가 동행하게 하옵소서. 눈동자 같이 지켜 보호하여 주옵소서. 항상 주의 날개 안에 품어주옵소서. 특별히 사람을 잘 만나는 복을 허락하여 주옵소서. 형통의 복이 함께하여 가는 곳마다 잘되게 하옵소서."

"내가 나사렛 예수의 이름으로 명하노니 우리 아이에게 사람 잘 만나는 복이 임할 지어다. 도와주며 바른길로 인도할 수 있는 사람을 만날 지어다. 마음에 상처는 치유될 지어다. 혈통으로 내려오는 영육의 문제는 치유될 지어다. 어디를 가나 형통한 사람을 만날지어다."예수님의 이름으로 기도합니다. 아멘. 지속적으로 안수를 하세요. 어릴 때부터 영적체질이 되어서 아주 좋습니다.

영적인 목사님을 만나 지속적으로 안수기도를 받으면서 치유를 해야 합니다. 지속적인 관심이 필요한 아이입니다. 그래야 아무런 문제없이 세상을 살아가면서 아브라함의 복을 누릴 수가 있습니다. 당신의 아들은 영적인 관심이 지극히 많이 필요한 자녀입니다. 그렇다고 과잉보호를 하라는 말이 아닙니다. 영적인 관심을 갖으라는 말입니다.

8부 뼈와 신경고통 궁금증

69장 어깨통증과 허리디스크로 고생해요

Q. 목사님! 저는 목포에 사는 권 집사입니다. 최근에 출간된 "귀신축사 차원 높게 하는 법"을 읽고 목사님에 대해 알게 되었습니다. 목사님! 저는 큰 고민이 하나있습니다. 처녀시절부터 어깨와 등의 통증과 허리 디스크로 고생을 합니다. 치유를 받으려고 병원도 가보고 침도 맞았습니다.

그런데 좀처럼 치유되지 않습니다. 어떤 목사님이 조상의 우상숭배가 있어서 이렇게 고통을 당한다고 했습니다. 그래서 저의 친정어머니에게 물었더니 외할머니가 무당이었다고 했습니다. 외할머니의 무당과 저의 어깨와 등의 통증과 허리 디스크가 연관이 있습니까? 어떻게 하면 치유를 받을 수 있을까요? 목사님! 답변을 기다립니다.

A. 제가 지금까지 13년 동안 성령치유 사역을 하다가 체험한 결론은 집안에 무당의 내력이 있는 분들이 어려서부터 어깨와 등의 통증과 허리 디스크로 고생을 많이 합니다. 어떤 사람은 중학교 다닐 때부터 어깨와 등의 통증으로 밤에 잠을 자지 못하

는 사람도 치유한 경험이 있습니다. 앞에서도 설명한바 있지만 무속 용어로 하면 무병이라는 것입니다. 병원에 가서 CT를 찍고 MRI검사를 해도 나타나지 않습니다. 그런데 환자는 잠을 자지 못할 정도로 고생을 합니다.

이는 예수를 믿고 신앙생활을 잘해도 예외가 아닙니다. 초등학교 6학년이던 어떤 학생은 목이 아파서 손을 얹을 수가 없다고 합니다. 목을 돌리지도 못할 정도로 통증이 심한 것이지요. 병원에 가서 진찰을 하니 '목 디스크라'고 하더랍니다. 저에게 찾아왔기에 영적 진단을 해보니 조상의 우상숭배로 온 질병이었습니다. 그래서 성령의 불을 집어넣고 안수를 두 번해줬더니 깨끗하게 치유되었습니다. 이런 아이는 지속적인 관리가 필요합니다. 교회를 다니면서 담임목사에게 지속적인 관리를 받아야 합니다.

치유하는 방법은 간단합니다. 성령의 역사가 나타나는 말씀을 듣고 성령의 세례를 받아야합니다. 그 조건과 상태는 여러 가지이지만 첫째 의지를 발동해야 합니다. 의지를 발동한다는 말은 환자가 성령의 역사가 자신에게서 나타나도록 마음을 열고 기도해야 한다는 말입니다. 하나님만이 이병을 치유하실 수 있다고 마음을 열고 성령의 역사에 동조해야 합니다. 배에서 소리가 나오도록 기도해야 합니다. 배에서 소리가 나오도록 하는 것은 마음이 열려 성령이 장악하게 하기 위함입니다. 의지를 발동하게 하여 성령세례를 받는 것이 제1의 원리요, 그 다음은 말씀과 성령으로 내적 치유하는 것이 제2의 원리요, 귀신 추방의 제3 원리입니다. 성령께서 환자를 장악하게 해야 합니다. 사역자는 성령으로 환자가 장악이 될 때까지 인내하며 기다려야 합니다. 물론 환자도 마찬가지입니다. 무조건 떠나가라. 떠나가라. 한다고 치유되지 않습니다. 성령이 장악하면 손을 얹고 기도하면 됩니다. "예수님의 이름으로 명하노니 어깨통증을 일으키는 영들은 떠나갈지어다." "예수님의 이름으로 명하노니 등통증을 일으키는 영들은 떠나갈지어다." "예수님의 이름으로 명하노니 허리통증을 일으키는 영들은 떠나갈지어다." 이렇게 기도하면 기침이나 울음이나 토함 등으로 통증을 일으키던 영들이 떠나갑니다. 제가 그동안 성령치유 사역을 하면서 체험한 바로는 어깨, 등, 허리 통증은 순간 치유되는 것이 보통입니다. 치유 후에 영적인 관리가 중요합니다. 치유 받을 당시와 같은 성령의 역사가 자신을 항상 주장하게 해야 합니다. 관리를 등한이 하면 다시 재발하는 경우가 많습니다.

반드시 성령의 역사가 강한 교회에서 믿음 생활을 해야 합니다. 그냥 교회를 열심히 다니는 것으로는 부족합니다. 성령의 강한 역사로 당신에게 역사하는 혈통의 무당의 영을 축귀해야 합니다. 당신의 대에서 끊어내지 않으면 후대가 똑같은 고통을 당하면서 살아가야 합니다.

70장 오십견을 치유 받을 수 있나요

Q. 목사님! 안녕하세요. 저는 진주에 사는 권 장로입니다. 목사님의 책을 읽으면서 은혜를 받고 있습니다. 제가 오십견으로 오른 팔이 올라가지 않습니다. 고칠 수 있겠습니까?

A. 하나님이 못 고치시는 병이 없습니다. 오십견을 고치려면 성령의 역사가 장악을 해야 합니다. 성령으로 세례를 받고 마음이 열려야 합니다. 성령께서 장악을 하면 순간 치유되는 것이 오십견입니다. 충만한 교회에서 치유받고 간증한 분의 이야기를 일어보시면 희망이 생길 것입니다.

전북 익산에서 8년 동안 오십 견과 어깨 근육통증으로 고생하다가 치유 받은 목사님의 이야기입니다. 이 목사님이 우리교회에 치유의 능력을 받기 위해서 오셨습니다. 하루가 지나고 이틀이 지났습니다. 3일째 되던 날, 내가 오십 견이나 근육통으로 고생하는 분이 있으면 앞으로 나오라고 했습니다. 그랬더니 이분이 손을 들고 앞으로 나왔습니다. 나와서 나에게 이렇게 말했습니다.

"목사님 저는 8년 동안 십 견과 어깨 근육통증으로 오른쪽 팔을 사용하지 못합니다." 그래서 내가 "성령께서 이 시간 치유하여 주실 것입니다." 그랬더니 이분이 비웃는 것입니다. 8년 동안 이 방법, 저 방법을 다 사용해도 낫지 않았는데 어떻게 금방 치유 되냐는 것입니다. 내가 아무 소리도 하지 않고 어디가 아프냐고 하니까, 오른쪽 팔이라는 것입니다.

그래서 내가 어깨에 손을 대니까, "아~"하면서 괴성을 질렀습니다. 아프다는 오른쪽 어깨에 손을 얹고 본인에게 호흡을 들이쉬고 내쉬라고 하면서 성령의 불을 집어넣었습니다. 어느 정도 성령으로 장악이 되었습니다. 원래 오십 견이나 근육통을 성령의 불을 집어넣어 성령이 장악되면 금방 치유가 됩니다.

그래서 내가 "목과 어깨를 잡고 팔과 연결된 신경과 인대 디스크는 제자리에 들어갈지어다."하고 명령을 했습니다. 그러면서 성령의 감동을 받으니 성령께서 어깨를 악한 영이 잡고 누르고 있으니 귀신을 물리치라는 것입니다.

그래서 어깨를 잡아서 "오십 견을 일으키는 귀신은 정체를 밝힐 지어다." 했더니 기침을 하면서 팔을 막 돌리다가 흔드는 것입니다. 성령께서 역사하시는 것이 눈으로 보였습니다. 그래서 "성령님 더 강하게 역사하여 주옵소서." 하면서 계속 불을 집어넣으면서 강하게 역사하여 주실 것을 요청했습니다. 조금 지나니 팔 흔드는 것이 약해지는 것입니다. 성령의 권능에 의하여 오십 견을 일으키는 질병의 영이 제압을 당한 보증입니다. 내가 명령을 했습니다. "지금 이렇게 팔을 흔들었던 더러운 질병의 영은 떠나갈지어다."하니까 기침을 사정없이 한 동안 했습니다. 기침이 잠잠해졌습니다. 그래서 목사님에게 팔을 올려보라고 했습니다. 그랬더니 어깨통증이 있어 올리지를 못하겠다는 것입니다. 그래서 내가 어깨에 손을 얹고 어깨 통증을 일으키는 사기는 "예수 이름으로 명하노니 떠나가라." 했더니 막 소리를 지르는 것입니다. 그러면서 기침을 했습니다. 나는 계속 어깨에 손을 얹고 "뿌리까지 빠질 지어다." 하면서 명령을 했습니다.

한 5분 동안 기침을 하다가 멈추었습니다. 그래서 목사님에게 팔을 올려보라고 했더니 머리위로 쑥 올리는 것입니다. 통증이 없느냐고 했더니 어깨에 통증이 조금 있다는 것입니다. 그래서 어깨에 손을 얹고 "통증은 완전하게 치유될 지어다." 하고 한참 안수를 하고 팔을 올려보라고 하니 잘도 올리는 것입니다. 8년 동안 고생하던 오십 견과 어깨통증이 단 10분 만에 치유가 된 것입니다.

이분이 치유를 받고 신유은사가 강하게 나타나 사역을 하다가 교재를 사러 왔습니다. 와서 하는 말이 1년이 지난 지금까지 아프지를 않다는 것입니다. 이렇게 축귀는 오십 견과 어깨통증도 치유합니다. 축귀가 그냥 되는 것이 아니고 성령이 장악을 해야 순간 치유가 됩니다.

71장 틀어진 골반을 치유할 수 있나요

Q. 목사님! 저는 여수에 사는 민 집사입니다. 목사님의 책 "신유은사사역 달인이 되자"를 읽고 목사님에 대하여 알게 되었습니다. 목사님! 제가 처녀시절부터 골반이 틀어져서 고생을 하고 있습니다. 날씨가 흐리면 더욱 통증이 심합니다. 골반의 영향으로 허리도 아파요. 얼마 전에는 난소 수술도 받았습니다. 침을 받고 '카이로프라틱'을 해도 도로 원위치 됩니다. 목사님! 치유할 수 없을까요?

A. 여성들이 골반의 통증으로 고통을 당하는 분들의 의외로 많습니다. 고반이 틀어져서 생기는 병으로 짝 다리(한쪽 발이 긴 것)가 되기도 하고요. 허리 디스크가 생기기도 하고, 자궁에 문제가 생기기도 합니다. 생리통이 생기기도 합니다. 대부분 대물림이 되는 경우가 많습니다. 그래서 어려서부터 치유를 해야 합니다. 그리고 지속적인 관리를 받아야 합니다. 치유됐다고 방심하면 다시 재발하기도 합니다.

치유는 성령의 깊은 임재가 중요합니다. 그러므로 성령세례를 받는 것은 필수입니다. 성령이 장악을 하면 순간 치유되는 것이 골반의 통증입니다. 집사님은 오래 되었으므로 성령의 역사가 깊게 장악을 하려면 상당한 시간이 걸릴 것입니다. 인내하셔야 합니다.

치유는 이렇게 합니다. 척추골보다 다소 큰 그 다음 뼈는 천골이라고 하는데 그 뼈는 척추 전체를 지탱하고 있습니다. 이 뼈는 또한 양 엉덩이 즉 인대와 건과 천장골 관절을 통하여 장골(골반의 한 부분)로 연결 됩니다. 골반의 전체 부위에 치유를 베풀기 위해서는 다리를 들고 골반을 돌리면서 치유를 합니다.

① 출산으로 인하여 허리의 통증이 올 때: 골반의 뼈가 정상적으로 맞춰 들어가기를 위해 명령합니다. 환자에게 누우라고 하고 양발을 잡고 부드럽게 골반돌리기를 하면서 골반이 정상으로 맞추어지라고 명령합니다. "예수님의 이름으로 명하노니 틀어진 골반은 정 위치로 돌아갈지어다" "예수님의 이름으로 명하노니 허리통증은 치유될지어다"

② 부인병(여성 생식기에 생기는 증세, 생리통, 자궁 탈수 등): 천골이 정상적으로 들어가고 조직과 신경이 자유 할 것을 명령하며, 혈관 세포가 정상 기능을 발휘하며 통증이 떠날 것을 명령합니다. 부인병은 거의 모두 골반이 틀어져서 생깁니다. 그러므로 골반을 맞추면 치유되는 것입니다.

③ 좌골 신경통: 척추에서 넓적다리 사이로 뻗어있는 큰 신경을 따라 통증이 일어나는 증상을 말합니다. 요추와 천골이 바르게 조절 될 것과 디스크가 제 위치에 가서 신경을 누르는 모든 압력이 없어질 것을 명령합니다. 천장골의 위치는 여러 가지로

달라질 수 있습니다. 가끔 장골(골반 뼈)은 천골 위에서 회전되기도 하며, 그 결과 한쪽 다리가 짧아 보일 수 있습니다. 그렇지 않으면 골반 뼈가 제 위치를 벗어나서 두 다리가 더 길게 보일 수도 있습니다.

그 결과 척추는 굽게 됩니다(척추 만곡증, 척추 측만증). 천골은 앞으로 기울어 질 수 있는데, 그 결과 척추 만곡증(척추가 만곡하여 앞으로 돌출)이 생깁니다. 아니면 뒤로 기울어져서 등이 "군인"의 등처럼 꼿꼿하게 될 수도 있습니다. 이런 모든 경우에도 양다리를 살짝 들고 골반과 허리를 돌려줍니다. 무릎을 굽히고 돌리고, 펴고 돌리고를 반복합니다. 천골이 제자리로 제 위치로 돌아갈 것을 명령하면 치유가 됩니다. 돌출된 부위에 손을 얹고 안수기도를 합니다. "허리뼈는 정상으로 돌아갈지어다." "돌출된 허리뼈는 정상으로 들어갈 지어다"성령께서 완전하게 장악이 된 상태에서 명령해야 치유가 됩니다.

72장 허리디스크를 치유 받을 수 있나요

Q. 저는 허리 디스크로 15년 이상 고생을 하다가 치유 받고 신유의 은사를 받은 ○○○목사입니다. 허리 디스크로 사람노릇을 못하고 살았습니다. 어느 기도원장이 목회자가 되어야 하는데 사명을 감당하지 않아서 허리가 치유되지 않는다고 하여 신학을 시작했습니다.

그래서 목사가 되어 지금 교회를 개척하여 목회를 하고 있습니다. 우연한 기회에 인터넷에서 충만한 교회를 알게 되었습니다. 홈페이지에 기록되어있는 간증을 읽고 나도 치유를 받을 수 있다는 감동이 강하게 와서 신유집회에 참석하게 되었습니다.

신유집회에 참석하여 그동안 체험하지 못한 강한 성령의 불이 임하는 것을 체험을 했습니다. 내안에서 역사하는 악한 영들이 수없이 떠나갔습니다.

A. 집회 마지막 날 강 목사님이 뼈와 신경 치유에 대한 강의를 마치시고 시범을 보이셨습니다. 뼈와 신경과 근육에 있던 질병들이 그 자리에서 치유가 되었습니다. 나도 저렇게 순간 치유를 할 수 있는 은사를 주셨으면 좋겠다는 말이 저절로 나왔습니다. 허리 디스크로 고생하는 분 나오라고 해서 나갔습니다. 누

우라고 하시더니 양발을 잡으시더니 오른 발이 길다는 것입니다. 그러고는 양발을 잡고 성령이여 임하소서, 하시면서 기도를 하셨습니다. 머리와 어깨에 임하시고 사로잡아 주옵소서, 그리고 허리도 사로잡아 주옵소서, 골반도 사로잡아 주시고, 온몸 약한 부위를 사로잡아 주셔서 치유하여 주옵소서, 하고 임재를 요청하셨습니다. 그다음에 허리 골반을 강하게 사로잡아 주시고 치료하여 주옵소서, 허리도 돌려주시고, 완전하게 치유하여 주옵소서, 하고 기도를 하니 내 다리가 한쪽씩 올렸다 내렸다 합니다.

골반이 나도 모르게 돌려집니다. 이제 허리를 만지시는데 목을 뒤로하여 머리가 땅에 닿게 하시는데 꼭 허리가 부러지는 것 같았습니다. 투두둑 투두둑 하며 뼈가 만져지는 소리를 요란하게 냈습니다. 저는 순간 이러다 허리 부러지면 어떡하나 하고 걱정을 하기도 했습니다. 그러다가 이제는 다리를 쭉 펴더니 손으로 발을 잡고 으으으 하면서 일어섰다, 앉아다, 하게하면서 진동을 하더니 서서히 진동이 약해졌습니다.

목사님이 다리를 잡고 허리를 돌리면서 "지금까지 괴롭혔던 허리 디스크를 일으키던 병마는 떠나갈지어다"하시는 것입니다. 내가 기침을 한동안 막 합니다. 그러더니 휴우! 휴우! 소리가 나옵니다. 목사님이 일어나서 허리한번 만져 보세요. 아픈가, 일어서서 허리에 손을 잡고 허리를 돌려보았더니 하나도 아프지 않습니다. 10년을 괴롭히던 허리디스크가 깨끗하게 치유

되었습니다. 할렐루야! 주님께 영광 돌립니다. 정말 나에게도 이런 은사가 나타나게 해달라고 기도를 쉬지 않고 했습니다. 주일날이 되었습니다. 오후 예배를 마치고 성령께서 뼈와 신경과 근육이 성도를 불러내어 안수를 하라고 감동을 하십니다.

그래서 선포를 했습니다. 뼈와 신경과 근육에 질병이 있는 분들은 종이에 병명을 써놓고 앞에 나와서 기도를 하라고 했습니다. 그랬더니 7명이 나왔습니다. 그래서 목사님이 가르쳐 준대로 안수 기도를 했습니다.

막 성령의 역사가 일어나 기침을 하고 울고 했습니다. 모두 안수를 해주었습니다. 끝난 다음에 일일이 물어보았습니다. 아픈 부위에 통증이 사라지지 않고 그대로 있느냐고 질문했습니다. 그러자 신기하다는 것입니다. 조금 전만 해도 그렇게 통증이 심하다가 안수 받고 나니 모두 시원해 졌다는 것입니다. 어디서 능력을 받아 왔느냐는 것입니다. 충만한 교회에 가서 십오년 묶은 질병을 치유 받고 신유의 은사도 받은 것입니다. 하나님! 감사합니다.

73장 허리와 영적문제를 치유 받고 싶어요

Q. 안녕하세요. 저는 24살 ○○에 살고 있습니다. 목회자의 부르심을 받았고 공익 근무 요원 ○○○이라고 합니다. 예전에도 상담 글을 보냈던 것 같은데, 공익 근무 때문에 집회에 참석하지 못하여 이렇게 다시 한 번 상담 올립니다. 몸 상태는 몸이 돌아가면서 목 디스크가 생기고 하지정맥류가 생기고 허리 수술은 했지만 온전치 못합니다. 약 2주 전부터 약을 끊고 기도를 하고 있는데… 답답합니다. 목사님! 저희 집안에 친가 외가 증조할머니들이 무당이셨고, 할머니가 자살하시고, 외할머니가 정신 이 온전치 못하십니다.

두 큰아버지가 암으로 돌아가셨습니다. 우상숭배(제사)도 심합니다. 그리고 받은 상처들도 많아서 내적치유도 받고 싶고 그런데…. 온전케 회복 되어서 목사님처럼 능력 있는 목회를 하고 싶습니다. 내년 1월에 공익이 끝나 그때부터 매주 올라가 집회에 참석하려고 기도하고 있습니다. 조언 부탁드립니다. 목사님 살고 싶습니다.

A. 형제가 지금까지 치유 받지 못한 것은 치유에 대한 정확한 진리를 몰랐기 때문입니다. 이해하기 쉽게 말하면 지금까지 순

간 한 번에 치유 받으려고 마음먹은 것이 잘못되었다는 것입니다. 하나님은 절대로 한 번 안수받았다고 치유하여 주시지 않습니다. 말씀과 성령으로 장악이 되어 영의 사람으로 변하기를 원하십니다. 형제는 치유 받으려면 시간을 느긋하게 잡아야 합니다. 적어도 성령의 역사가 일어나는 곳에서 3년 정도를 하면서 치유 받아야 영육이 정상으로 돌아올 수 있습니다. 그래야 하늘의 사람으로 변하여 목회도 할 수가 있습니다. 절대로 순간 치유되지 않는 다는 것을 명심해야 합니다. 목회도 아무나 하는 것이 아닙니다. 지금 상태를 완전하게 치유를 받고 성령의 권능이 함께해야 목회할 수가 있습니다. 하나님은 절대로 목회자가 되겠다고 했다고 순간 치유하여 주시는 분이 아니십니다.

말씀과 성령으로 심령이 변해야 합니다. 땅의 사람이 하늘의 사람으로 변해야 합니다. 이곳저곳 능력이 있다는 곳에 돌아다니면서 안수 받는 다고 해결이 되지 않습니다. 자신이 말씀과 성령으로 장악이 되어야 치유가 됩니다. 그러므로 그렇게 말씀과 성령으로 자신이 장악될 수 있는 장소를 찾아서 상주하며 치유 받아야 합니다. 지금 하는 처방으로는 절대로 치유 받지 못합니다. 몸과 마음을 하나님에게 맞기고, 하나님이 치유하실 때까지 한 곳에서 기다리시기를 바랍니다.

이글을 읽는 다른 분들도 마찬가지입니다. 하나님은 혈통에 여러 가지 문제를 한 번에 해결하여 주시지 않습니다. 자신이 변하여 하나님이 원하시는 영적인 수준이 되기를 기다리십니다. 그래서 아브라함이 25년간 훈련을 받았고, 모세가 40년간 훈련을 받은 것입니다. 영적인 원리를 바르게 알고 적용해야 영육의 건강을 유지할 수가 있습니다.

형제는 마음을 강하게 먹고 성령의 강한 역사가 일어나는 교회에 적을 두고 최소 3년은 싸워야 합니다. 그래야 혈통의 문제와 개인의 문제가 치유됩니다. 저도 3년을 싸웠습니다. 그렇게 싸우니까 성령의 권능도 나타나고 환경도 풀렸습니다. 저와 같이 3년을 싸우면 치유되면서 권능이 나타나게 될 것입니다. 절대로 순간치유는 안 됩니다. 형제가 하나님의 사람으로 변해야 하기 때문입니다. 안일한 생각을 버리고 성령의 역사에 몰입 집중해야 해결 받고 목회할 수가 있습니다.

9부 교회문제 궁금증

74장 교회를 개척하는데 조언부탁해요

Q. 할렐루야! 하나님께 영광을 돌립니다. 교회와 목사님사역에 하나님의 은혜의역사가 더욱 풍성하시길 기도합니다. 이렇게나마 목사님과 나눌 수 있게 하신 하나님께 감사드립니다. 저는 개척을 위해 10월까지 부목을 사임하고 교회와 앞으로의 목회를 위해 기도하고 있는 ○○○ 목사입니다.

그동안 영성목회, 치유목회에 관심을 가지고 기도하며 서적을 구입해 읽던 중 목사님이 쓰신 "성령의 불세례를 체험하라"는 책을 읽게 되었습니다. 저는 지금 방언기도를 하고 있고, 신유은사가 가끔 나타나고 있습니다. 무릎에 손을 대고 기도하면 관절염이 치료되는 경험을 하기도합니다. 그리고 굽었던 허리 척추가 펴지는 경험을 하기도 했습니다.

책을 읽던 중에 개척을 준비하는데 체계적인 준비를 해야 되겠다는 마음이 와서 목사님께 전화를 드리게 되었습니다. 지금은 무엇을 여쭈워야할지도 잘 모르겠습니다. 사모하며 기도하는 것은 말씀의 권세를 위해, 영안이 열리기를, 영력을 위해, 마음을 살피고, 통변, 모든 마귀를 제어하고 병 고치는 능력과 권능을 위해 기도하고 있습니다. 목사님 쓰신 서적을 보면 훈련이 필요한 것 같은데 , 제가 섬기고 있는 교회는 제가 사모하고 있는 것과는 다르거든요. 저는 정말 사모합니다.

더 깊은 성령의 역사가 있는 목회를 하고 싶은데 어떻게 훈련을 해야 하는 것인지요. 이직은 부목사로 있기 때문에 움직일 수가 없고요. 아니면 목사님께서 쓰신 서적과 테이프 이런 훈련이 가능할까요?

A. 한마디로 마음을 강하게 먹어야 합니다. 교회를 개척하는 것이 말과 같이 쉬운 것이 아닙니다. 능력이 조금 나타난다고 다 된 것도 아니랍니다. 저역시도 안수하면 그 자리에서 병들이 치유되고 귀신이 축사되어도 한 명도 찾아오지 않았습니다. 체험적인 말씀을 전할 수 있게 되었을 때 부흥이 되기 시작했습니다. 하나님은 이 땅의 개척교회들이 모두 성장하기를 원하십니다. 그런데 왜 개척교회들이 부흥되지 않을까요? 이유는 반드시 있습니다. 여러 가지 요인들이 있겠지만 먼저 하나님과의 관계가 열리지 않았기 때문입니다. 교회를 개척하는 목회자들의 영적인 수준이 약하다는 것입니다. 한마디로 육신에 속한 분들이 많다는 것입니다. 우리는 영육을 구분할 줄 알아야 합니다.

교회는 엄연하게 성령님이 이끌어 가십니다. 성령은 육이 아니고 영이십니다. 육적인 상태에서 성령이 뜻을 알아낼 도리가 없는 것은 당연한 것입니다. 그래서 영적으로 변하는 것이 우선입니다. 영적으로 사고하고 영안이 열려야 한다는 것입니다.

그런데 일부 교회를 개척하는 목회자들의 영적인 상태를 보면 성령으로 세례도 받지 못한 분들이 의외로 많습니다. 하나님의 교회를 자신의 생각을 가지고 개척하니 성령의 역사가 일어나지 않는 것은 당연한 것입니다.

교회가 부흥되지 못하고 중도에 문을 닫는 것은 불을 보는 것과 같은 이치인 것입니다. 개척 교회는 성령이 역사하지 않으면 절대로 부흥되지 못합니다. 교회를 개척하려면 영적으로 변하는 것부터 준비가 되어야 합니다. 예수를 믿고 목사가 되었다고 영적인 사람이라고 우기면 큰 오산입니다. 영적인 사람은 땅의 사람은 죽고 하늘의 사람으로 태어나서 하나님의 음성을 듣고 순종하며 따라가는 사람입니다. 교회를 개척하는 많은 분들이 막연한 생각을 가지고 교회를 개척합니다. 목사안수를 받아야 하니까, 아니면 목사안수를 받았으니까, 저역시도 막연한 생각을 가지고 교회를 개척했습니다. 교회만 개척하면 금방 부흥이 될 줄 알았습니다. 큰 교회에서 부교역자 3년 하면서 많은 성도들이 능력이 있다고 했겠다. 교회개척과 성장에 대해서 3년이란 세월을 투자하여 연구도 했겠다. 내가 교회를 개척하면 금방 성도들이 구름과 같이 모여들 것으로 생각을 했습니다.

그 당시 저는 교회를 개척하여 10년이 넘었는데 성도가 10명도 안 되는 목회자를 보면 아주 우습게 생각을 했습니다. 얼마나 무능하면 십년이 넘었는데 성도가 고작 10명일까? 아주 교만했던 것입니다. 지금 교회를 개척하려고 생각하는 목회자 중에도 저와 같은 교만을 가지고 있는 분이 계실지 모르겠습니다. 죄송합니다만, 그 교만이 꺾어지기 전에는 교회가 성장하지 않는다는 것을 명심해야 할 것입니다. 그런데 막상 내가 교회를 개척하고 나니 6개월이 되어도 한 사람도 등록하는 사람이 없습니다.

많은 분들이 기도하면 하나님이 해주신다고 합니다. 그래서 40일 금식도 합니다. 산에 가서 기도도 합니다. 기도원에 가서 천일을 철야하기도 합니다. 그런데 우리가 바르게 알아야 할 것은 기도하면 하나님이 해주시는 것이 아닙니다. 기도해서 하나님의 음성을 듣고 하나님이 하라는 대로 순종할 때 역사가 일어납니다. 막연하게 앉아서 기도한다고 자동으로 하나님이 해주신다는 이론은 샤머니즘의 논리입니다. 한마디로 이방신앙의 놀리라는 것입니다. 절대로 하나님은 기도한다고 자동으로 해주는 분이 아닙니다. 자신이 하나님의 음성을 듣고 움직일 때 역사해주십니다.

그러므로 하나님의 음성(레마)를 받을 수 있는 영성이 되어야 합니다. 하나님의 음성은 아무나 듣지 못합니다. 하나님은 영이시기 때문입니다. 내가 말씀과 성령으로 변하여 영의 상태가 되어야 영이신 하나님의 음성이 들립니다. 그래서 영적으로 변하는 것이 중요하다는 것입니다. 교회를 개척할 분은 제일 먼저 영이신 하나님의 음성을 들을 수 있어야 합니다. 그런다고 다른 신령한 사람을 찾아가 물어보라는 이야기가 절대로 아닙니다. 자신 안에 계신 성령하나님으로 부터 직접 들어야 합니다.

목회는 전문적인 것입니다. 특별히 교회를 개척할 분은 전문성을 개발해야 합니다. 개척교회가 전문성이 없으면 살아남을 수가 없습니다. 그것도 중대형교회가 하지 않은 영성 깊은 전문성을 개발해야 합니다. 교회는 사람을 바꾸는 곳입니다. 땅의 사람을 하늘의 사람으로 바꾸어야 합니다. 사람이 사람을 바꿀 수가 없습니다. 반드시 초자연적으로 역사하는 성령이 개입해야 합니다. 성령의 역사가 같이 갈 수 있는 전문성을 개발하라는 것입니다. 그래야 개척교회가 살아남을 수 있습니다.

하나님에게 집중은 무엇보다도 중요합니다. 개척교회는 누구보다도 하나님에게 집중해야 합니다. 하나님만 바라보아야 한다는 말입니다. 많은 개척교회 목회자들이 사람을 의식합니다. 교단을 의식하고, 노회를 의식합니다. 주변의 목회자들을 의식합니다. 어느 개척교회 목사가 저에게 이렇게 말하는 것입니다. 제가 성령사역을 하면 노회와 교단에서 시비를 걸 것 같아서 못하겠다는 것입니다. 저는 이렇게 말합니다. 아니 노화와 교단에서 목사님 교회 망하면 책임져주십니까? 절대로 의식하지 말고 성경에 나와 있는 대로 성령사역을 하십시오. 또 조직신학을 따라서 하십시오. 목사님이 성경대로 조직신학에 근거하여 사역하면 누가 무어라고 말하지 않습니다.

하나님은 절대로 사람을 의식하는 사람과 상관하시지 않습니다. 왜 그럴까요? 아직 땅의 사람으로 살고 있기 때문입니다. 하나님은 땅의 사람(아담)과는 교통할 수가 없습니다. 그래서 목사님이 자꾸 노회, 교단을 의식하면 할수록 귀신이 강하게 사로잡게 됩니다. 육이기 때문입니다. 저의 교회에 비치된 치유집회 CD를 들어도 좋습니다. 더 많은 것은 충만한 교회에 비치되어 있는 "교회개척과 자립성장론"을 읽어보시기를 바랍니다.

75장 내 영을 지키기가 힘들어요

Q. 목사님 안녕하세요. 하나님의 은혜인지 충만한 교회가 집에서 가깝고 다니는데 불편함이 없어서 햇수로 3년을 열심히 다니며 치유 받고 은혜를 받은 ○○○집사입니다.

저는 집중치유도 한번 받았는데 허리를 완전히 고쳤습니다. 요즘 들어 주변에 계시는 교우들에게 허리 아프다는 말을 많이 듣는데 그때마다 집중치유 받은 것이 얼마나 감사한지 모릅니다.

마음 같아서는 가끔이라도 가서 은혜 받으며 영성을 유지하고 싶었지만 시간이 허락지 않아서간다면 오전집회만 참석할 수 있어서 아쉬운 맘을 가지고 6개월을 보냈습니다. 대신에 새벽에 열심히 기도한다고 했지만 얼마 지나지 않아 갈급함이 찾아왔습니다. 마음 놓고 소리 내지도 못하고, 큰 소리 내어 울지도 못하고 기침이나 하품하면 눈치 보이고….

기도를 해도 뭔가 시원치 못한 맘이 늘 마음에 남아있어요. 목장 예배나 찬양예배를 드리고 나면 그나마 내게 있는 영적인 자산을 하나하나 까먹는 느낌이 들어서 이러다가 바닥나면 힘들어지지 않을까 걱정이 됩니다. 요즘은 정말 성격이 뾰족뾰족 올라오는 화가 있어서 마음 다스리기에 집중 해야겠다 싶어서 치유센터가 절실히 생각이 납니다. 나를 고치고 싶습니다.

말하는 것도 조심해야겠다 싶어서 목사님 저서 "말의 권세를 사용하라"를 읽고 있습니다. 집에서 더 가까운 곳이 한군데 있어서 가봤지만 말씀과 기도는 좋았지만 성령 춤이라는 것을 추고해서 거부감이 느껴지더군요. 가정이 평안해지고 남편이 도박에서 손을 씻고 돌아오고 아이들이 우애 있게 지내고, 모든 것이 감사하지만 아직도 남편이 예수 영접을 하지 못하고 있고, 아이들 진로와 물질문제가 풀어지지 않고 있어서 영적전쟁을 소홀히 할 수는 없을 것 같습니다.

또 주변에 새벽기도, 철야기도 하며 자칭 특별한 은사자(기도자)라고 생각하며 보고 들은 것을 가지고 자신이 대단한 것처럼 말하고 다니는 사람이 있는데 제가 보기에는 영적 분별력이 없는 부분이 많아서 안타깝기도 합니다.

이분은 방언받기를 꺼리는 사람입니다. 주변 사람들에게도 귀신방언을 하니까 하지 않는 것이 좋다고 말하고 다닙니다. 오히려 그분을 만나면 내가 혼탁해지는 것 같아… 목장에 목자-목녀이시기 때문에 안볼 수도 없는 상황이라 고민이 되기도 합니다. 얼마 전에는 사람을 잘못 끌어들여서 목장이 풍비박산이 되고 말았는데 자신의 잘못을 깨닫지 못하고 회개도 하지 않고 모든 것을 하나님이 하셨다고 말하고 다닙니다.

그분은 책도 안보고 기도만해서 음성 듣고 환상보고 하나님이 하라는 대로 순종한다고 하는데 정말 웃지 못 할 일도 많답니다. 이런 사람들에게서 자유로우려면 내 영혼을 더 철저히 관리하지 않으면 안 될 것 같단 생각도 들었습니다.

　목사님께 여쭙고 싶은 것은 저는 오전시간에만 시간이 되어서 집회를 참석할 수가 있습니다. 한 달에 한번정도 안수도 받으며 영성을 관리하고 싶습니다. 아니면 토요일에 시간을 내서 집중치유를 받을까요? 목사님 생각은 어떠신지요?

　전에 집중치유 한번 받고나서 어깨가 심하게 아파서 그 다음주에 다시 한 번 안수를 받은 적이 있거든요. 아직도 영적으로 부족한 것이 많아서 짧은 시간이나마 꾸준히 다니며 치유 받고 싶습니다. 정말 오랫동안 고민하다가 이렇게 매일을 드립니다. 목사님의 지도를 기다립니다. 긴 글 읽어주셔서 감사합니다.

　A. 집사님은 일찍 영적인 면을 깨달아서 자신의 영을 지키는 법도 알게 되었으니 하나님에게 감사하시기 바랍니다. 영적으로 많이 진보된 상태라는 것입니다. 숫자가 많은 교회에서는 더군다나 자신의 영을 지키기가 힘이 들 것입니다. 오전에 시간을 내셔서 치유를 받으시고 성령으로 충만 받으세요. 오전에 오셔도 괜찮습니다. 안수도 해드리겠습니다. 영이 건강해야 육도 건강해지는 것입니다. 예수를 믿는 많은 분들이 영의 활동이 무엇인지 모르니까, 상처로 우울증으로 갱년기 증상으로 불면증으로 두통으로 근육통으로 고생을 하는 것입니다. 인간의 모든 문제는 영에서 시작이 됩니다. 영의활동이 미약하면 여러 가지

문제가 발생합니다.

저는 오늘이 토요일이라 개별 집중치유를 했습니다. 한 여성을 기도하는데 성령께서 친정어머니가 어떻게 지내시다가 돌아가셨는가 물어보라고 해서 질문을 했습니다. 그랬더니 우상을 심하게 섬겼고, 중병으로 다운이 되어 누워서 대소변을 받아내면서 5년을 지내시다가 돌아가셨다고 했습니다. 그래서 제가 그분에게 어머니에게 역사하던 더러운 영이 지금 당신에게 역사하고 있습니다.

아침에 일어나기 힘드시지요. 했더니 조금만 스트레스를 받으면 다운되어 일어나지를 못한다는 것입니다. 몸이 천근만근이기 때문입니다. 그런데 성령 충만한 때는 건강하게 생활할 수 있다는 것입니다. 이는 영의활동이 미약하면 악한 영의 역사가 자신을 주장하는 것입니다. 그래서 성도는 성령으로 충만하여 영의만족을 누려야 합니다. 영의만족을 누려야 질병도 이길 수가 있는 것입니다.

집사님은 지금 제가 하는 말을 모두 이해하실 것입니다. 성령이 충만하지 못하면 악한 기운이 자신을 주장할 수 있다는 것입니다. 그래서 성도는 교회를 잘 정해야 하는 것입니다.

목회자를 잘 만나는 것은 복중에 복이라고 할 수가 있습니다. 하나님은 사람을 통하여 일을 하시기 때문입니다. 집사님 날마다 성령으로 기도하여 귀중한 영을 지키시기를 바랍니다.

76장 목사님 제가 어떻게 해야 할까요?

Q. 목사님! 안녕하세요. 저는 ○ ○ ○ 성도입니다. 저는 어린 시절부터 불안과 두려움으로 고생을 많이 하고 있습니다. 목사님 책을 통하여 은혜를 받고 있습니다. 제가 다니고 있는 교회가 전통적인 교회라 저를 치유하는데 아무런 도움이 되지 못합니다. 작년에만 하더라도 서로 다른 교회를 다녔는데 올해부터 가족이 모두 함께 다니기로 하여 지금 교회를 다니고 있습니다.

그런데 그 교회가 저에게는 아무런 유익이 없어 싫습니다. 저는 충만한 교회와 같이 치유하는 교회를 다니고 싶습니다. 직장을 다니기 때문에 수요일 밤과 주일밖에 치유 받을 시간이 없기 때문입니다. 그런데 저의 어머니가 아주 완고하셔서 교회를 옮긴다고 말을 꺼내지 못하고 있습니다. 저는 정말 지금 다니는 교회가 나가기 싫습니다. 율법적인 말씀과 전통적인 예배 인도로 마음이 열리지를 않습니다. 마음이 열리지를 않으니까, 영과 진리로 예배를 올리지를 못하는 실정입니다. 이런 교회에 나와서 내가 예배드린다고 귀중한 시간을 낭비하고 있는가 하는 생각이 강하게 듭니다.

어머니에게 말을 꺼내려고 해도 무서워서 말을 하지 못하겠어요. 목사님 어찌하면 좋을까요. 답변을 부탁합니다.

A. 교회는 참으로 중요합니다. 교회에는 두 가지가 있습니다. 유형교회와 무형교회입니다. 무형교회는 성도 한 사람 한 사람의 심령에 있습니다. 심령에 있는 성전이 천국에 가는 것입니다. 그러므로 보이는 유형교회보다 보이지 않는 무형교회가 중요합니다. 무형교회가 잘 되도록 훈련하는 곳이 유형교회입니다. 그래서 유형교회도 중요합니다. 성도가 영적으로 성장을 하느냐 퇴보하느냐는 유형교회의 역할에 달려있습니다. 유형교회에서 생명의 말씀을 듣고 영을 깨워야 합니다. 성령으로 충만하도록 영성훈련을 받아야 합니다. 유형교회가 어떤 교회인가에 따라서 성도의 심령교회가 깨어 있느냐 잠자느냐가 결정되기 때문입니다.

저는 이렇게 생각을 합니다. 몇 대째 신앙생활을 하여 영육의 문제가 없는 분들은 아무런 교회나 가서 은혜를 받으면 됩니다. 그러나 영적인 문제가 있고, 조상의 우상 숭배가 심했고, 정신적인 문제가 있고, 가정에 문제가 있고, 불안과 두려움으로 고생하는 분들은 교회를 어떻게 정하느냐에 따라서 치유를 받고 심령 천국을 이루면서 사느냐, 고통을 당하면서 사느냐가 결정이 되는 것입니다. 마음의 고통을 당하면서 사는 것은 하나님의 뜻이 아닙니다. 영적이고 정신적인 문제가 있는 성도가 특정 교회를 10년 이상 다녔는데 치유 되지 않고 있다면 분명하게 교회를 잘못 정한 것입니다.

하나님은 성도들을 치유하여 심령 천국을 이루면서 아브라함의 복을 받기를 원하십니다. 그래서 하나님은 세상에 여러 유형의 교회들을 많이 세우셨습니다. 모두 심령교회(무형교회)가 잘 되게 하기 위해서입니다.

성도들이 문제를 치유 받고 심령천국을 이루려면 성령의 역사와 생명의 말씀이 전해져야 합니다. 성령의 역사와 말씀을 전하는 것은 목회자입니다. 성도들의 영을 깨우는 생명의 말씀을 전하는 목회자를 만나야 한다는 것입니다. 하나님은 사람을 통하여 역사하시기 때문입니다. 그래서 성령의 역사를 일으키고 생명의 말씀을 전하는 목회자가 목회하는 교회를 찾아서 다녀야 합니다. 성도는 자신의 영을 살리는 목회자와 교회를 만나는 것은 참으로 중요하고 축복입니다. 그래서 자신의 영육의 문제를 해결하고 성령의 권능을 받고 영을 깨우는 교회를 찾았다면 어떠한 장애물이 있더라도 개의치 말로 그 교회를 다녀야 합니다.

교회를 선택하는데 성령님 외에 어떤 사람의 영향도 받아서는 안 됩니다. 신앙생활은 자신과 하나님과의 관계이기 때문입니다. 성령하나님에게 기도하여 자신이 영을 맡길 교회를 선택하라는 것입니다. 어떻게 생각할지 몰라도 교회를 정하는데 부모의 말-압력을 받아서도 안 됩니다. 우리가 성령의 인도를 받고, 하나님의 은혜를 받으며 살아가는데 사람을 의식하면 절대로 안 됩니다. 사람의 소리를 듣고 하나님을 따라가는 것을 변경하면 안 된다는 것입니다. 마귀가 사람을 통하여 성령의 인도를 받는 것을 방해할 수가 있기 때문입니다.

아담이 선악과를 따먹은 것은 마귀의 말을 들은 것이 아닙니다. 마귀에게 미혹을 당한 하와의 말을 듣고 선악과를 따먹었습니다. 성도는 사람의 말을 분별하는 분별력이 있어야 합니다. 우리가 예수를 믿고 교회에 들어와 하나님의 복을 누리고 있다면 그 교회를 떠나면 안 됩니다. 저는 지금까지 치유사역을 하면서 하나님의 은혜를 받고 복을 받던 교회를 이사나 기타 일을 통하여 교회를 떠나 방황하는 성도들을 많이 보았습니다. 교회는 참으로 중요합니다. 세상에 교회는 참으로 많습니다. 그러나 생명을 전하는 교회는 그리 많지 않습니다. 하나님의 복은 교회를 통하여 옵니다. 그래서 교회가 영의 줄입니다.

교회는 정말로 중요합니다. 생명을 전이 받는 곳이냐, 사람들의 모임이냐를 결정하는 아주 중요한 장소입니다. 교회는 반드시 생명을 전이 받는 곳이어야 합니다. 성도님도 자신의 문제를 해결 받고 영적으로 깊어질 수 있는 교회를 찾았으면 사람을 의식하지 말고, 그 교회를 정하고 다녀야 합니다.

그래야 영육의 고통을 빨리 해결 받을 수 있습니다. 사람을 의식하고 머뭇거리면 그만큼 치유의 기회가 멀어지는 것입니다. 성도님은 어머님을 설득하세요. 성도님의 사정과 정신적인 문제를 어머니에게 상세하게 말씀드리세요. 어머니도 똑같은 고통을 당해보셨으니 말리지 않을 것입니다. 그것이 성도님이 치유 받고 능력 받아 하나님의 복을 받는 지름길이 될 것입니다. 승리하세요.

77장 성령의 역사 일으킨다고 해임 당했어요

Q. 목사님! 저는 목사님의 책을 통하여 영성을 개발하고 있는 목사입니다. 제가 얼마 전 어이없는 일을 당했습니다. 만 명 정도 모이는 교회에서 고등부 담당목사를 했습니다. 고등부 학생들의 기도회를 인도했습니다. 그런데 성령의 역사가 일어나 많은 학생들이 통곡하며 진동을 하면서 기도를 했습니다.

아이들이 성령을 체험한 것입니다. 아이들이 너무나 좋아했습니다. 다음날 담임목사님에게 호출을 당했습니다. 장로 몇 명이 담임목사님을 찾아와 저를 해임하라고 했다는 것입니다. 이유는 교회에서 추구하는 말씀 중심의 목회를 하지 않고 성령의 역사를 일으켰다는 것입니다. 그래서 해임을 당했습니다. 목사님! 제가 잘못한 것입니까? 정말 답답합니다.

A. 저는 사역의 특성상 많은 목회자들을 만납니다. 만나서 대화를 하다가 보면 목사님과 같은 경우를 당한 목회자가 종종 있습니다. 저는 그분들에게 이렇게 말합니다. 하나님의 섭리이니 원망하지 말라고 말입니다. 하나님이 목사님을 사랑하셔서 그 말씀중심의 꽉 막힌 교회에서 끄집어내어 보다 넓은 곳을 바라보게 하며, 성령님이 직접 훈련을 하시려고 역사한 것이라고

말입니다. 단독 목회하도록 훈련하기 위해서 입니다.

교회사에 보면 육적인 사람이 영적인 사람을 핍박했습니다. 우리는 하나님의 섭리를 바르게 알아야 합니다. 아브라함을 아버지 집에서 불러내어 25년간 훈련하여 축복하셨습니다. 야곱을 20년간 훈련하시고, 허벅지 관절이 어긋나는 고통을 당하게 한뒤 자신을 의지하지 않고 하나님을 의지하게 하여 사용하셨습니다. 요셉을 구덩이에 빠뜨려서 아버지와 단절하게 하여 13년간 훈련하여 사용하셨습니다. 모세를 광야로 몰아내어 40년간 훈련하여 사용하셨습니다. 다윗을 불러내어 사울왕의 쫓김을 당하게 하시면서 13년간 훈련하여 사용하셨습니다.

하나님은 하나님이 사용할 사람을 세상에서 불러내어 직접훈련하십니다. 성령이 역사하는 교회시대인 지금도 마찬가지입니다. 하나님이 사용하실 사람은 안일한 생활을 하도록 방치하지 않습니다. 불러내서 성령의 인도를 받아가며 훈련하시는 것입니다.

예수님도 요단강에서 성령으로 세례를 받고 성령의 인도로 광야로 나가셔서 40일간 굶주리시면서 마귀의 시험을 받게 하셨습니다. 마귀의 시험을 성령께서 알려주시는 말씀으로 물리치자 천사들의 도움을 받으면서 공생애를 시작하신 것입니다.

목사님도 마찬가지입니다. 성령으로 세례를 받았으니 성령의 인도를 받으면서 광야훈련을 시키시려고 불러내신 것입니다. 광야훈련을 통과해야 영적으로 한 단계 깊어져서 하나님에게 쓰임을 받을 수 있기 때문입니다. 그러므로 원망하지 마세요. 하나님의 뜻이 무엇인지 바르게 알고 훈련 받아 하나님에게 쓰임을 받으시기를 바랍니다.

그리고 저도 부교역자를 해보아서 아는데 부교역자라는 자리가 영구적이지 못합니다. 언제 나와야 될지 아무도 모르는 자리입니다. 파리 목숨입니다. 그러니 부교역자에 생명을 걸지 말고 하루라도 빨리 단독목회를 하려고 생각을 해야 합니다. 그것도 10년 20년 앞을 내다보고 준비해야 합니다.

저는 부교역자 들어가는 순간부터 교회를 개척하여 단독 목회를 하려고 준비를 했습니다. 나가라고 하면 하시라도 나와서 교회를 개척하려고 말입니다. 그렇게 준비하고 있으니 나가라도 해도 상처가 되지 않았습니다. 마음의 준비를 하고 있었기 때문입니다.

목사가 되면 여러가지 제약이 따릅니다. 어디가서 예배도 마음대로 드리지 못합니다. 눈치가 보여서 말입니다. 어떤 교회는 목회자가 주일 예배를 드리러 오는 것을 꺼려하는 교회도 있습니다. 그래서 어찌하든지 교회를 개척해야 합니다. 준비 많이 하셔서 개척하여 성공하시기를 바랍니다.

78장 목회하면 어려움이 풀린다는데 맞나요

Q. 목사님! 안녕하세요. 목사님이 집필한 "기적 체험하는 대적기도"를 통해서 목사님을 알게 되었습니다. 저는 52세로 건축업을 하고 있습니다. 사업이 잘 되지 않아 어느 기도원에 가서 예언을 들었습니다. 그분이 하시는 말씀이 사명이 있는 사람이 목회를 하지 않고 사업을 하니 사업이 잘 되지 않는 다는 것입니다.

지금이라도 신학을 하여 목회를 해야 환경이 열린다는 것입니다. 목사님! 정말로 제가 신학을 하여 목회를 하면 어려움이 풀립니까? 답답합니다. 답변 부탁드립니다.

A. 툭하면 신학 하여 목회하면 문제가 해결된다고 합니다. 그래서 많은 분들이 신학을 하고 목회를 합니다. 목회를 하면 문제가 풀어지는 것이 아니고 더 심해집니다. 저도 마찬가지 이었습니다. 신학하여 목회하면 금방 잘되는 줄 알았는데 점점 더 문제가 꼬여서 더 어려워지는 것입니다. 그러다가 성령을 체험하고 영적인 전쟁을 하니 문제가 서서히 풀렸습니다. 그러기 때문에 신학하면 자동으로 문제가 해결이 되는 것이 아닙니다. 반드시 말씀과 성령으로 심령을 치유하며 영적전쟁을 해야 문제

가 해결이 되는 것입니다.

자신의 육성이 없어지고 성령으로 채워져서 예수님의 성품으로 변화되는 만큼씩 문제가 해결되고 환경이 열리는 것입니다. 저는 상담을 많이 합니다. 신학하면 문제가 풀러진다고 하여 신학 7년을 하고 나니 모든 물질과 건강이 바람과 같이 날아갔다는 것입니다. 그래서 살고 있는 집 주인이 방을 빼라고 한다는 것입니다. 이제 오갈대도 없어졌다는 것입니다. 거기다가 고혈압에다가 당뇨병이 생겨서 고통을 당한다는 것입니다. 스트레스를 받으니 당연히 나타나는 질병입니다. 정말 답답할 일입니다. 이것은 누구를 원망할 수도 없습니다. 영적으로 무지해서 당하는 것입니다. 우리 바르게 알고 바르게 행해야 합니다.

그래서 무엇을 하면 하나님이 문제를 해결하여 주신다는 생각은 아예 버리는 것이 좋습니다. 제가 치유사역을 하며 경험한 바로는 가계에 대물림된 영육의 문제는 말씀과 성령으로 찾아내어 끊어내고 치유하기 전까지는 떠나가지 않으면서 알게 모르게 문제를 일으킨다는 것입니다.

그러므로 자신에게도 대물림의 문제가 있을 수 있다고 인정하고 성령의 역사로 찾아내어 치유하는 것이 중요합니다. 절대 방심은 금물입니다. 반드시 영적인 원리를 적용하여 문제의 원인을 찾아 성령으로 해결해야 합니다. 성령으로 해결해야 대물림은 끊어지는 것입니다.

기도를 어떻게 하라고 알려주지 않고 무조건 저녁마다 철야

하고 기도하면 문제가 풀린다고 합니다. 그래서 기도원마다 철야를 하는 성도들이 있습니다. 그런데 철야하다가 이혼하는 성도가 많다는 것입니다. 실제로 내가 저녁마다 철야하고 새벽에 오는 성도의 남편에게 물어보았습니다. 밤마다 철야할 때 기분에 어떠했느냐고 말입니다. 그랬더니 이를 갈고 있었다는 것입니다. 죽이고 싶을 정도로 미웠다는 것입니다. 그래서 문제가 풀렸냐고 물었습니다. 더 악화되었다는 것입니다.

지금 사면초가에 걸려있다는 것입니다. 무조건 철야한다고 문제가 해결이 되는 것이 아닙니다. 반드시 말씀과 성령의 역사로 문제의 원인을 찾아 성령의 이끌림을 받는 깊은 기도를 해야 합니다. 깊은 기도를 하면서 원인을 영성으로 보면서 회개도 하고 영적인 전쟁을 하면 문제는 서서히 해결이 됩니다. 그러나 막연하게 철야하면 해결이 되겠지 하면서 천일을 철야를 해도 문제는 해결되지 않습니다. 문제는 영적인 원리를 적용하지 않고 막연하게 철야만 한다는 것입니다. 영적인 원리에 따라 분명하게 적용을 하면서 기도를 해야 되는 것입니다. 반드시 영적인 조치를 하면서 기도를 해야 문제가 해결이 되는 것입니다.

축귀하고 은사 있으면 능력이 있고 다 된 사람이라고 자만합니다. 일부 분별력이 없는 성도들은 축귀를 하는 교회가 제일로 권능이 있는 교회라고 믿고 있습니다. 축귀를 하면 다되는 줄로 착각을 합니다. 축귀를 하고 은사가 나타나도 심령이 예수 심령으로 변화되지 않으면 헛것입니다. 축귀 능력과 은사는 육에서 나오는 경우가 많기 때문입니다. 성령을 체험한 사람이면 모두 예수 이름으로 기도할 때 귀신이 쫓겨나갑니다. 축귀를 너무나 어렵게 생각하지 말기를 바랍니다.

성령의 인도를 받고 원리만 제대로 알면 정말로 쉬운 것이 축귀입니다. 그래서 반드시 축귀는 성령의 역사를 통하여 해야 합니다. 성령의 역사 없이 완력으로 축귀하는 교회의 성도들은 모두 은혜가 메마를 수가 있습니다. 말씀을 듣고 성령의 인도를 받으면서 축귀를 해야 합니다. 축귀만 하면 평생 축귀를 받아야 합니다. 반드시 심령에 말씀과 성령의 은혜를 채워야 떠나갔던 귀신이 다시 들어오지 못합니다. 그래서 성도들은 영적인 견문을 넓히고 자신이 자신의 영을 지킬 수 있는 권능을 길러야 합니다. 권능 있는 사역자만을 의지하면 절대로 안 됩니다.

축귀의 권능이나 은사는 성령의 열매가 있는 심령에서 나오는 것이라야 합니다. 일부 어린 성도들이 귀신을 쫓아내면 권능이 있는 사람이고 영적으로 깨어있는 사람으로 알고 추종하고 따릅니다. 그러나 우리는 열매를 볼 줄 알아야 합니다. 심령이 변하여 예수 인격이 나오고 옆에만 가도 은혜가 전이되는 심령이 되려고 해야 합니다.

79장 주일 예배는 거룩하게 드려야만 하나요

Q. 목사님! 안녕하세요. 목사님의 책을 읽으며 은혜 받고 있는 청년입니다. 저는 예수를 믿은 지 2년이 되었습니다. 많은 분들이 교회에서 입을 열 때마다 '성령 충만'이란 말을 많이 사용합니다. 저로서는 성령 충만이란 말도 생소한데, '저 사람은 성령이 충만하다. 저 사람은 돌덩어리이다'라는 식으로 평가를 합니다. 그래서 성령 충만을 받으려고 합니다.

저 같은 사람은 언제 성령 충만을 받을 수 있나요. 직장 생활을 하고 있어서 주일 밖에 교회에 나오지 못합니다. 우리 교회는 주일 예배를 거룩하게 드리기 때문에 성령 충만을 받을 수가 없습니다. 기도를 해야 성령 충만을 받는 다고 하는데 주일날 기도 기껏해야 5분정도 합니다.

성령 충만의 평가의 기준이 무엇인지요. 그리고 영적인 지식을 많이 알면 성령이 충만한 것이고, 믿음 생활 오래된 사람들은 성령이 충만하고, 저 같은 초신자는 성령이 충만하지 않은가요? 성령이 충만하다고 하는 분들의 말하는 것을 보면 이러쿵저러쿵 다른 사람들을 흉보고 욕하는 것을 보면, 성령 충만이 무엇인지 이해가 안 갑니다. 목사님 답변을 기다립니다.

A. 먼저 성령 충만에 대하여 알고 다음으로 가겠습니다. 원래 성령 충만은 장로교 교파에서 자주 사용하는 용어입니다. 장로교는 예수를 믿을 때 성령으로 세례를 받았다고 합니다. 성령세례를 받은 것이니 성령으로 충만 받으라고 하는 것입니다. 오순절 교회에서는 필히 성령으로 세례를 받고 방언으로 기도하면서 성령 충만을 받으라고 하는 것입니다. 어떤 성도가 성령 충만한 성도일까요? 삶에서 성령의 열매가 나타나는 성도입니다.

성령 충만은 믿음 생활 오래한 것하고 관계가 없습니다. 직분과도 관계가 없습니다. 삶에서 성령의 열매가 있는 성도가 성령 충만한 성도입니다. 그래서 청년도 성령 충만을 받을 수 있다는 말입니다. 성령 충만을 언제 받느냐 입니다. 예배를 드리면서 받는 것입니다. 주일 예배도 마찬가지입니다. 성경에 주일 예배는 거룩하게 드리라는 말씀이 없습니다. 그러므로 청년 같은 경우는 주일날 성령 세례도 받고 성령 충만도 받아야 합니다.

하나님은 예배하는 사람이 영과 진리로 드리라고 하십니다. 예배는 영이신 하나님을 만나는 것입니다. 하나님을 만나지 못한 예배는 헛된 수고입니다. 예배는 몇 번 드렸는가보다 과연 예배답게 드렸는가가 핵심입니다. 우리는 예배를 통하여 하나님이 살아 계심을 체험하고 하나님의 말씀을 듣고, 하나님을 만났는가? 어떻게 하나님을 만나는가? 성령으로 충만한 상태가 되어야 하나님을 만날 수 있습니다.

예배 속에서 우리의 상한 마음이 치유되고, 무거운 짐이 내려놓아지고, 그 대신 하나님의 은총을 받아서, 내 삶이 변해 가는 역사가 있어야 합니다. 이것이 내적 치유입니다. 하나님이 주시는 자유 함을 가지고 세상으로 가야 합니다. 세상에서 얻은 상처, 짐, 피곤을 가지고 와서 내려놓고, 다시 하나님이 주시는 에너지를 가지고 세상을 향하여 나아가야 합니다. 세상과 싸우기 위한 실탄과 에너지를 예배에서 받아야 합니다.

이것을 못하면 피곤하고 답답한 믿음생활을 하게 됩니다. 예배 속에서 주님을 만나야 합니다. 세상에서 상처받은 사람들이 와서 말씀과 성령으로 고침 받고, 배고픈 자가 배부름을 얻고, 문제해결을 받고 세상을 향하여 나갈 수 있어야 합니다. 그렇지 않고 단지 사람들이 모이는 모임이 되고, 인간의 말잔치가 되어서는 안 됩니다. 예배 속에서 하나님을 만나야 합니다. 모두가 예배 자가 되어서 영이신 하나님께 드려야합니다.

예배는 인간이 하는 모든 행위 중에서 가장 거룩하고 귀한 행위입니다. 하나님을 만나고 하나님 앞에 나아가는 것이므로 예배 중에서 치유가 일어나야 합니다. 예배 중에서 하나님의 은총을 받아야 합니다. 예배는 하나님과 하나가 되는 것입니다. 하나님의 자녀가 아버지 보좌 앞으로 담대히 나아가는 것입니다.

예배는 영과 진리로 드려야 합니다. 진리라는 말은 영적으로 라는 말입니다. 즉 예배에는 성령의 감동함이 있어야 합니다는 것입니다. 교회 안에 성령이 운행하셔야 합니다. 그래야 그 예배가 영적인 예배가 되면서 성공하는 예배가 됩니다. 기도도 마찬가지입니다. 성령 안에서 하는 기도란 성령의 감동, 성령의 임재가 있는 기도입니다. 성령으로 기도할 수 있어야 합니다. 영이 깨어서 기도할 수 있어야 합니다.

성령이 운행하시는 예배, 성령으로 하나 되는 예배가 되게 해 달라고 간구해야합니다. '성령님, 충만하게 역사하소서. 충만하게 역사하소서. 감동시켜주소서.' 예배에 성령의 도우심이 너무 필요합니다.

예배는 드리는 것이지만 결국은 받는 것입니다. 성도는 예배를 통하여 은총을 받고 은혜를 받고 사랑을 받고 축복을 받게 됩니다. 예배를 드리는 일에 성공하면 받는 일에도 성공하는 것입니다. 성령의 감동으로 예배를 드리면 점점 치유 받게 되어 있습니다. 자신도 모르게 강건하여지고, 점점 삶이 풍요해지는 일이 생깁니다. 하나님 앞에 와서 예배를 드릴 때, 우리의 약한 것이 점점 강해지는 것입니다. 이것이 치유입니다.

예배는 인간의 모든 행위 중에서 가장 축복된 행위, 시간입니다. 하나님을 만나며, 하나님을 느낄 수 있는 시간이므로, 지상에서 가장 복된 시간입니다. 하나님을 느낄 수 있다는 것이야말로 얼마 복된 것인가. 우리를 귀찮게 하고, 하나님이 대접받으시려고 예배를 드리라는 것이 아니라, 우리를 위한 것입니다.

예배를 드림이 바로 우리가 가장 좋은 것을 받는 것입니다. 섬김이 바로 가장 높아지는 것입니다. 영과 진리로 예배를 드리라고 하시는 것은 우리에게 주실 것이 많기 때문에 요구하시는 것입니다.

예배와 찬양 속에서 하나님의 임재하심을 느끼세요. 우리를 채워주고, 우리를 일으키고, 우리를 강건하게 하기 위하심입니다. 하나님의 생명력이 내게 들어오고, 하나님의 치유가 내게 들어오고, 하나님의 능력이 들어옴을 느낄 수 있어야 합니다. 하나님이 이곳에 계시기 때문입니다. 이것을 깨닫고 드리는 예배는 전혀 다른 예배가 됩니다. 하나님의 감동이 있는 예배가 됩니다. 하나님은 느헤미야 8장 10절에서 "여호와를 기뻐하는 것이 너희의 힘이니라." 말씀하십니다.

내 안에 계신 하나님을 기뻐하는 것, 내 안에 계시는 성령님을 귀하게 여기세요. 그분이 나의 힘이 되어주십니다. 그러므로 성전인 나를 귀하게 여기세요. 그리고 기뻐하십시오. 우리는 세상을 이기는 힘을 내안에 모시고 있습니다. 기뻐하고 감사하십시오. 그리고 이제 마음 깊은 곳에서 늘 주님을 부르세요. 늘 주님을 만나야 합니다. 하나님을 느끼세요. 새 노래를 부르세요. 새 기도를 드리세요. 새 삶을 살아가야 합니다. 살아 계신 하나님의 감동으로 예배를 드려야 합니다. 나를 늘 보살피시고 지키시는 하나님, 분초도 나를 떠나지 않고 함께 하시는 하나님, 그 하나님을 느끼세요. 하나님을 느끼며 사는 것이야말로 가장 좋은 축복입니다.

예배를 통해서 늘 하나님과 새롭고 친밀한 관계를 유지하십시오. 그러면 예배를 통해서 하나님의 권세가 우리에게 점점 더 들어옵니다. 엄청난 권세로 세상을 다스리게 됩니다. 이제는 내 감정이 아니라, 성령의 감동에서 나오는 말, 권세 있는 자의 말이 됩니다. 바리새인과 서기관의 말과 같지 않고 권세 있는 자의 말이 됩니다. 이것이 바로 우리의 이야기입니다. 전과 같지 않습니다. 무엇인가 달라졌다는 것을 내가 느끼고 세상이 느끼게 됩니다.

영과 진리로 예배드리는 자가 바로 여호와를 앙망하는 자입니다. 이러한 사람에게 새 힘이 넘치게 됩니다. 내가 모르는 새 힘이 나로 하여금 새 삶을 살게 합니다. 이러한 사람에게 모든 문제를 이기고 독수리처럼 하늘을 차고 날아오르는 힘이 부어집니다 (사40:31). 마음이 담대해지고, 육체가 강건해지고, 자신 안의 스트레스가 성령의 권능으로 튕겨 나가는 존재가 됩니다. 마음이 영적으로 강건해지면, 타이어에 바람이 가득해진 것처럼 망치로 쳐도 튕겨 나가고, 방탄조끼를 입은 것처럼 화전이 튕겨 나가게 됩니다. 피해를 입거나, 쉽게 상처받지 않게 되었습니다.

왜냐하면 이러한 사람에게는 뜨겁고 간절한 찬양, 간절한 기도, 열린 마음이 있기 때문입니다. 이러한 곳에 하나님이 스스로 자신을 우리에게 나타내십니다. '나다! 내가 너희에게 나타납니다! 이것이 바로 나다! 문제를 이기는 나, 거룩한 나, 이것이 나다!'

예배를 통해서 우리는 이렇게 하나님과 하나가 됩니다. 하나님과 연합하게 됩니다. 어느 누구도 더 잘나고 못나고 가없습니다. 하나님과 하나 된 존재일 뿐입니다. 누구나 서로를 섬겨야할 존재입니다. 성령님은 서로 섬기려는 마음이 있는 곳에서 역사하십니다. 계급 사회에는 예수님이 찾아가지 못하셨고, 환영받지도 못하셨습니다. 섬김의 사회에 예수님이 찾아가십니다. 섬김이 있는 곳이 바로 신령과 진정의 예배가 있는 곳입니다.

성령의 역사는 낮아지는 곳, 겸손한 마음이 있는 곳, 죽고자 하는 마음이 있는 곳에 나타납니다. 이러한 곳에 성령께서 나타나셔서 세상을 이기고 세상의 위에 설 수 있는 능력으로 역사 하십니다. 스트레스를 이기는 능력으로 역사 하십니다. 눌린 자가 아니라, 누르는 자로 만들어주십니다. 이런 사람이 되어야 합니다. 눌린 자가 아니라, 누르는 자가 되시기를 바랍니다.

이런 의미에서 예배는 영적 전쟁입니다. 영적인 힘을 받고, 영력을 받아 마귀와 싸워 이기러 나가는 영적 전쟁터입니다. 기도로 공격하십시오. 우리 앞에 늘 하나님의 은총과 능력이 있도록 공격적인 기도를 하십시오. 찬양은 예배의 한 순서가 아니라, 찬양 그 자체가 바로 예배입니다. 하나님 중심의 찬양을 하십시오. 하나님 중심의 찬양이 엄청난 역사를 만들어냅니다.

우리 교회는 모든 예배를 성령이 역사하는 집회 형식으로 인도합니다. 왜냐하면 성도들이 주일날 하루만 교회에 나오는 성도들이 있기 때문입니다. 그래서 주일 낮 예배도 동일하게 성령집회 식으로 인도를 합니다. 왜냐하면 성도들에게 성령의 충만을 항상 유지하게 하기 위해서 입니다. 성도들의 영을 깨우기 위해서입니다. 그리고 성령이 역사하는 체질을 만들기 위해서입니다. 말씀을 전하고 기도를 하기 시작을 하면 성령의 임재 현상이 일어나기 시작을 합니다. 몸을 앞뒤로 흔드는 성도도 있습니다. 기침이나 하품을 하는 성도도 있습니다. 우는 성도도 있습니다. 저는 계속하여 성령의 임재를 요청하는 안수 기도를 합니다.

그리고 안수를 받기 위하여 앞에 나와 있는 성도들을 안수합니다. 서모하고 나와 있기 때문에 대부분 성령의 은혜를 체험합니다. 이렇게 약 40-50분간 기도를 합니다.

그리고 성도들의 기도를 정리하고 제가 선포기도를 합니다. 상처와 질병의 치유. 가정의 문제의 치유. 물질 문제의 치유를 선포합니다. 그리고 축도하고 예배를 마칩니다.

우리교회 성도들은 아주 강퍅한 사람을 제외하고 주일날 하루만 나오더라도 모두 성령을 불세례를 체험합니다. 내면의 상처가 치유됩니다. 성도들이 성령의 불세례를 체험하면 발에 발동기를 달아준 것과 같은 효과가 납니다. 이렇게 주일날 신령한 하늘의 능력을 받아 한주동안 세상에 나가 마귀와 대적하며 승리하는 삶을 사는 것입니다. 정말 주일이 중요합니다. 모두 중요한 주일을 잘 활용하시기를 바랍니다. 평일 날 교회에 나와서 은혜는 받고 싶으나 먹고 살아가기 위해서 여건이 되지 못하는 분들이 많습니다. 성도는 하늘의 양식을 먹고 능력을 받아야 합니다. 하늘의 양식을 먹는 시간이 예배시간입니다. 예배를 성령이 역사하는 예배를 드려야 합니다. 그래야 성령으로 말씀을 깨달을 수가 있습니다.

10부 대물림 고통 궁금증

80장 대물림에서 해방 받는 길은 없나요

Q. 목사님! 저는 목사님의 저서를 읽고 목사님을 알게 되었습니다. 목사님! 지금 교회에는 예수를 믿으면서도 대물림의 문제로 고통을 당하는 성도가 한 두 명이 아닙니다. 목사님은 전문적인 치유사역자이시니 어떻게 하면 대물림에서 해방 받는 길인지 아실 것입니다. 알려주시면 성도들에게 알려서 대물림에서 해방 받기를 원합니다. 바른 길을 알려주세요.

A. 분명하게 대물림에서 해방 받는 길이 있습니다. 대물림에서 해방 받는 길은 예수입니다. 대물림의 대한 전문적인 치유는 "가계의 고통을 끊고 축복받는 비결"을 일어보시면 알 수 있습니다. 다음은 성령치유 사역을 하다가 체험한 일입니다. 충남에 사는 한 청년이 정신적인 문제를 치유를 하기 위하여 저희 교회에 왔습니다. 치유를 하다가 알게 된 사실인데 그 청년의 친가는 불교를 아주 심하게 믿는 집안이었다고 합니다. 그런데 일찍이 개종하여 믿게 된 청년의 큰아버지의 가정은 늘 할머니 할아버지하고 종교문제로 갈등이 심했다고 합니다. 어머니

가 간호사였고, 아버지는 고등학교 선생님 이었던 청년은 맞벌이 하는 부모님 때문에 여동생과 함께 할머니 손에서 컸다고 합니다.

할머니는 작은며느리 앞에서 큰며느리를 흉을 보면서 예수를 믿는 것을 핍박했다고 합니다. 그래도 큰며느리는 거기에 신경 쓰지 않은 채 흔들리지 않고 남편하고 열심히 믿음생활을 잘했다고 합니다. 그 청년의 어머니가 하는 말이 그 당시 자기네는 정말로 효자이고 큰집은 불효자로만 보였다고 합니다.

그러던 어느 날 할머니가 밖에 나갔다가 넘어지는 바람에 일어나지도 못하고 돌아가시게 되었다고 합니다. 할머니가 평소에 절에 다니셨으므로 불교식으로 장례식을 치루자, 큰집에서는 아예 신경을 쓰지 않았다고 합니다. 청년의 어머니와 아버지는 정성껏 불교식으로 장례를 치루고 절에서 49재도 지내드렸다고 합니다.

그런데 이 청년이 대학에 들어간 후 정신적으로 문제가 생겼는데 이 방법 저 방법 다 동원해도 치료가 안 되자, 예수를 믿게 되었습니다. 예수를 믿고 나서 영적인 것을 깨닫고 보니까, 자기네가 우상을 숭배하여 자녀에게 그런 문제가 발생한 것을 알게 되었답니다. 그때까지만 해도 큰집을 그렇게 욕했는데 깨닫고 보니까 큰 집에서 장례식에 개입하지 않은 것이 이해가 되더랍니다. 그래서 제가 큰집은 어떻게 사느냐고 물어보았더니 자녀들이 모두 공부 잘하고 잘 풀려서 결혼도 잘하였으며, 예수 잘 믿고 물질도 풍성한 가운데 아무런 문제없이 아주 잘산다는 것입니다. 조상이 우상을 숭배했다고 그 자녀들이 모두 저주를 받는 것이 절대로 아닙니다. 우상숭배를 단절하고 예수님을 믿는 가운데 예수님에게 마음을 드리고 누가 무어라고 해도 우상숭배에 관여하지 않으면서 바르게 신앙생활하면 저주는 물러가는 것입니다. 조상이 우상숭배 했다고 너무 걱정하지 마십시오. 예수를 믿고 성령으로 충만한 가운데 조상들이 우상숭배 한 것을 회개하며 예수 이름으로 끊어내고, 우상숭배 할 때 들어온 악한 영들을 대적하면 저주는 물러가는 것입니다. 하나님은 결코 저주하시는 하나님이 아니시고 복을 주시기를 즐겨하시는 하나님이십니다. 이것을 명심하시기를 바랍니다. 하나님은 우리에게 소원을 두고 행하십니다(빌 2:13).

하나님은 우리가 성령으로 충만하여 하나님의 나라를 이루는 도구가 되기를 원하십니다. 그러므로 저주하시는 하나님이 아니시고 복을 주시는 하나님이십니다. 그러나 아무에게나 복을 주시는 것이 아니고 하나님을 사랑하고 하나님 중심으로 살아가는 사람에게 복을 주셔서 이 땅에 하나님의 나라를 이루시는 하나님이십니다. 그러므로 하나님에 대한 계념을 바르게 해야 합니다. 우리는 얼마든지 과거 조상들의 잘못으로 나에게 영향을 주고 있는 악한 영들을 예수님의 이름과 성령의 역사로 몰아내고 하늘의 복을 받는 자가 될 수 있습니다. 모두 말씀과 성령으로 충만한 가운데 하나님의 마음에 합한 자가 되어 하늘의 복을 받으면서 사시기 바랍니다.

81장 남묘호랭객교를 친정아버지가 믿어요

Q. 목사님! 안녕하세요. 저는 김천에 사는 박 집사입니다. 목사님의 저서 "가계가 축복받는 선포기도문"을 읽고 목사님을 알게 되었습니다. 목사님! 저의 친정아버지가 지금 '남묘호랭객교'를 믿고 있습니다. 방안에 신전을 차려놓고 날마다 빌고 있습니다. 정말 부끄러운 일입니다. 제가 어떻게 해야 '남묘호랭객교'의 영으로부터 자유 함을 얻을 수 있을까요? 목사님의 조언을 기다리겠습니다.

A. 제가 가계치유 세미나를 할 때 이런 말을 합니다. 예수를 믿었으니 조상 탓을 하지 말라는 것입니다. 예수님이 세상에 오신 이유를 바르게 알자는 것입니다. 대물림은 땅의 사람에게 해당이 됩니다. 하늘의 사람으로 바뀌면 대물림하고 관계가 없다는 말입니다. 단 땅의 사람과의 관계를 정리해야 합니다. 그럴 때 예수를 믿어 하늘의 사람으로 바뀐 효력이 나타나는 것입니다.

대표적으로 예를 든다면 이렇습니다. 몇 년 전에 아들이 영적인 문제가 생겨서 아들을 치유하려고 온 여 집사가 저에게 이런 말을 했습니다. 목사님 저는 교회를 십년이상 다녔고, 집사

직분을 받은 지가 팔년이나 되었는데 지금까지 성령세례를 받지 못했습니다. 우리 교회가 성령 충만한 교회라 예수 믿고 얼마 되지 않은 성도들도 다 성령으로 세례를 받고 방언으로 기도를 하는데 저는 지금까지 방언을 하지 못합니다.

그래서 제가 머리에 손을 얹고 성령님 이유가 무엇입니까? 하고 질문을 했더니 성령께서 감동하시기를 예수를 영접했는지 물어보라고 해서 혹시 예수님을 나의 주인으로 모시는 영접기도를 했느냐고 물었더니, 자신이 시집오기 전에 '남묘호랭객교'를 3년을 믿었는데 시집을 와서 보니 시댁이 전부 기독교를 믿고 교회를 나갔습니다.

그런데 시 어머니가 시집을 왔으면 시댁의 종교를 믿어야 되지 않겠느냐고 성화를 해서 가정의 평화를 위해서 교회를 다니다가 보니 집사도 되고 이렇게 시간이 흘렀다는 것입니다. 그래서 제가 예수를 영접시키고 기도를 했더니 성령세례가 임하고 방언이 터지고 치유가 되기 시작했습니다. 그러자 이 여 집사가 목사님 마음이 정말 편안하고 좋습니다. 감사합니다. 그러는 것입니다.

문제는 이렇습니다. 부인이 '남묘호랭객교'를 믿었다는 것입니다. 그런데 남자는 예수를 2대째 믿는 가정입니다. 그런데도 성령으로 세례 받고 충만하게 지내지 못하니 '남묘호랭객교'를 믿는 여자가 집안에 들어오니 가정이 풍지박살이 났다는 것입니다. 아들은 고등학교 1학년부터 정신적인 문제가 발생하여 사람구실을 못합니다. 둘째는 딸인데 정상이 아닙니다. 남편 사업이 되지 않아 하는 것마다 되지를 않는 다는 것입니다. 여집사 역시 미용실을 하는데 손님이 없어서 빚만 자꾸 늘어 간다는 것입니다. 이제 문을 닫아야 될 지경에 처했다는 것입니다.

이 경우 여자가 믿던 '남묘호랭객교'의 영이 남편 가계를 완전하게 장악을 한 것입니다. 이렇게 가족 모두가 예수를 믿고 신앙생활을 해도 성령의 역사로 장악되지 못하니 이방신이 들어와 장악을 한 것입니다. 그러므로 말과 이론으로 신앙생활을 하면 육체가 있기 때문에 이방의 영이 집안을 장악할 수가 있다는 것입니다.

제가 항상 이렇게 말하는 것입니다. 성령의 세례를 받고 성령으로 충만한 믿음 생활을 하라는 것입니다. 성령의 강한 역사가 가정을 장악하지 못하면 열심히 믿음 생활하면서 불필요한 고통을 당할 수가 있다는 것입니다. 그래서 주일날이 중요하다는 것입니다. 성령의 강한 역사가 전인격을 장악해야 되기 때문입니다.

제가 여 집사에게 가정의 여러 가지 문제를 해결하려면 친정하고 관계를 끊어야 한다고 했습니다. 전화도 하지 말라고 했습니다. 전화로도 영의전이가 일어나기 때문입니다. 그랬더니 여집사가 목사님! 성경에 부모를 공경하라고 했는데 그럴 수가 있느냐는 것입니다. 제가 주안에서 부모에게 순종하라고 했습니다. 집사님은 지금 친정아비지하고 주안에서 순종할 수 없으니 가정의 여러 문제가 해결이 되고, 집사님이 영적 자립을 할 때까지 관계를 끊은 것이 좋다고 했습니다. 그러나 강요는 아니니까, 성령의 감동에 따라 행동하라고 했습니다. 이 집사는 자신이 자신의 영을 지킬 수가 있을 때까지 조심을 해야 합니다. 물론 성령 충만한 신앙생활은 필수입니다.

다른 분들도 마찬가지 입니다. 의지적인 결단이 없이는 혈통에 역사하는 남묘호랭객교의 귀신을 몰아낼 수가 없습니다.

82장 무당이 친가에 있어요

Q. 목사님! 안녕하세요. 저는 부산에 사는 김 집사입니다. 목사님의 저서 "가계의 고통을 끊고 축복받는 비결"을 읽고 목사님을 알게 되었습니다. 목사님! 저의 이모가 지금 '무당'을 하고 있습니다. 영적인 것을 알고 보니 걱정이 됩니다. 제가 어떻게 해야 '무당'의 영으로부터 자유 함을 얻을 수 있을까요? 목사님! 답변을 기다리겠습니다.

A. 집사님 예수를 믿었으니 겁내지 말고 바른 영적조치를 하시기를 바랍니다. 성령으로 세례를 받고 성령의 역사가 강하게 일어나는 교회를 다녀야 합니다. 예수님의 권능을 사용하여 무당의 영을 물리치라는 것입니다. 대물림은 땅의 사람에게 해당이 됩니다. 하늘의 사람으로 바뀌면 대물림하고 관계가 없다는 말입니다. 단 땅의 사람과의 관계를 정리해야 합니다. 그럴 때 예수를 믿어 하늘의 사람으로 바뀐 효력이 나타나는 것입니다. 집사님은 이모하고 관계를 끊어야 합니다. 전화도 하지 말아야 합니다. 전화로도 영의전이가 일어나기 때문입니다.

대표적으로 예를 든다면 이렇습니다. 2006년도에 일산에 있는 아주 큰 교회에 안수 집사로 교회를 아주 잘 다니는 성도가 치유를 받으러 왔습니다. 이유는 다리부터 머리까지 오른 쪽 한 쪽이 저리고 아파서 견딜 수가 없다는 것입니다. 이렇게 고통을 당한지가 상당히 오래되어 치유하려고 별짓을 다했는데 치유가 되지 않아 자기의 여동생의 소개로 치유를 받으러 온 것입니다.

그런데 올 당시 자신만의 문제가 아니고 부인 집사는 유방암 3기로 고생을 하다가 수술하였으며, 자신의 둘째 아들은 간질과 정신적인 문제로 정상적인 생활을 못하는 형편이었습니다. 생각해 보세요. 안수 집사가 아내는 유방암으로 아들은 간질에다가 고생을 당한다니 한 번 생각해 보아야 할 문제입니다. 예수만 믿으면 영육의 문제가 해결된다는 논리가 맞지 않는 다고 생각하지 않습니까?

이분은 교회에서 아주 믿음생활을 모범적으로 잘하여 우리 교회에서 치유 받고 간 다음 장로가 되었습니다. 치유를 하기 위하여 상담을 했습니다. 그랬더니 자신의 할머니가 반 무당이라 자신이 어렸을 적에 몸이 조금만 아프면 무당에게 찾아가 복을 빌고, 무당이 어깨에 이상한 물건을 얹어놓을 때도 있었다는 것입니다. 그리고 자신의 모친도 시어머니의 영향으로 무당의 신끼가 내려와서 굉장한 시달림을 당하다가 예수를 믿었다는 것입니다. 그러니까 이 집안을 할머니의 우상숭배가 4때 째 내려와 고통을 주고 당하고 있는 것입니다.

그래서 제가 편안하게 누우라고 하고 성령의 임재를 요청했습니다. 그리고 본인에게 우상숭배를 회개하라고 했습니다. 한

참이 지나니 발작을 하기 시작을 했습니다. 오른쪽 머리가 깨어지는 것같이 아프다고 하고, 오른 쪽 팔과 다리를 막 흔들리며 발작을 했습니다. 그러더니 갑자기 일어서서 뛰어다니면서 무당이 굿을 할 때에 손과 발을 움직이는 것같이 행동을 하면서 뛰어다녔습니다. 그래서 제가 성령님 더 강하게 역사하여 주시옵소서. 더 강하게 더 강하게 명령을 했습니다. 그랬더니 한 10분간을 뛰어다니다가 쓰러졌습니다.

그래서 제가 명령을 했습니다. 내가 예수 이름으로 이 가정에 무당의 영의 줄을 끊노라. 무당의 영의 줄은 예수 이름으로 끊어질 지어다. 그리고 무당에게 복을 빌고 무당에게 기도 받을 때 들어와 고통을 주고 있는 귀신은 예수 이름으로 물러갈지어다. 떠나갈지어다. 하니 막 오물을 토해내고 소리를 지르면서 귀신이 떠나갔습니다. 떠나갈 때 무당이 굿하는 현상을 하면서 떠나갔습니다. 그리고 한 몇 개월간 부인과 아들과 다니면서 치유를 받았습니다.

그리고 완치되어 2년이 지난 지금까지 아무런 일없이 잘 지내고 작년에 장로가 되어 믿음 생활 잘하고 있습니다. 이렇게 조상의 우상 숭배는 3-4대에 걸쳐서 고통을 줍니다. 그럼 언제까지 영향을 미치는가, 저는 임상적으로 보아 예수 이름으로 권세를 주장하여 끊고 몰아낼 때 까지 영향을 준다고 개인적으로 믿고 있고 치유하고 있습니다. 방심하지 마시고 조상의 우상숭배를 통해 들어온 악한 영의 역사를 치유하시기를 바랍니다. 그리하여 삶에서 예수를 누리면서 사시기를 바랍니다.

83장 스님이 외가에 있어요

Q. 목사님! 안녕하세요. 저는 인천에 사는 민 집사입니다. 목사님의 저서 "기적 체험하는 대적기도"을 읽고 목사님을 알게 되었습니다. 목사님! 제가 결혼할 때는 몰랐는데 10년이 지난 지금 알게 된 사실이 있습니다. 남편의 아버지가 절에 들어가 스님으로 지내다가 돌아가셨다는 것입니다. 영적인 것을 알고 보니 걱정이 됩니다. 자녀들에게 죄악이 흐를까 두렵습니다. 어떻게 해야 자유 함을 얻을 수 있을까요? 목사님! 답변을 기다리겠습니다.

A. 집사님이 믿는 예수는 모든 세상 신보다 강한 분입니다. 이 강한 예수를 믿었으니 겁내지 말고 바른 영적조치를 하시기를 바랍니다. 성령으로 세례를 받고 성령의 역사가 강하게 일어나는 교회를 다녀야 합니다. 예수님의 권능을 사용하여 불교의 영을 물리치라는 것입니다. 지속적으로 싸워야 합니다. 자녀들에게도 바르게 알려주고 영적싸움을 하도록 해야 합니다. 성령으로 깊은 치유를 받는 것이 좋습니다. 방심은 금물입니다. 육을 가지고 있기 때문입니다. 대물림은 땅의 사람에게 해당이 됩니다. 하늘의 사람으로 바뀌면 대물림하고 관계가 없다는 말입

니다. 단 땅의 사람과의 관계를 정리해야 합니다. 그럴 때 예수를 믿어 하늘의 사람으로 바뀐 효력이 나타나는 것입니다. 성령의 역사가 집사님의 식구들을 장악해야 합니다. 다음 이야기를 읽어보면 대책이 나올 것입니다.

2005년도에 만난 어느 청년의 간질병 치유사례입니다. 이 청년은 나이가 당시 34살이었습니다. 그런데 전년도에 직장 생활하다가 직장에서 스트레스를 많이 받아, 직장에서 일하다가 간질 발작증세가 일어나 직장생활을 못하고 이곳저곳 치유 받으러 다니다가 치유 받지 못하고, 저에게 찾아온 것입니다. 몇 주 동안 혼자 다니며 치유를 받다가 한 주 동안 보이지를 않았습니다. 그래서 어찌된 일인가, 하고 생각을 하고 있는데 금요일날 어머니하고, 형님 부부하고, 청년하고 왔습니다. 다행히 제가 교회에 일하러 갔었는데, 왔다고 전화가 와서 교회에 들어와 치유를 받게 되었습니다.

저는 치유사역하면서 한 가지 규정을 정하고 사역을 합니다. 절대로 집회 시간외에는 사역을 하지 않는다. 그래서 집회시간 이외에는 환자를 만나지 않는데 그날은 교회 앞에 왔다고 사정하여 상담과 치유를 하게 되었습니다. 참고로 그 청년의 가족상황을 말씀드리면 아버지 어머니는 모두 모 교회 집사로서 성실하게 신앙생활을 잘하고 있었습니다. 형님 부부는 형님은 모 교회의 성가대 지휘자로 봉사하고, 형수는 피아노 반주자로 봉사를 한다고 했습니다.

그런데 이 형님 부부에게도 문제가 하나가 있었습니다. 결혼한 지 15년이 지났는데도 아기가 임신되지를 않는다는 것입니다. 제가 청년을 치유하려고 머리에 손을 얹고 기도했습니다. 그리고 성령님에게 물었습니다. 성령님 이 청년이 이렇게 된 원인이 무엇입니까? 그랬더니 성령께서 이렇게 응답을 주셨습니다. 이 가족 중에 지독하게 이방신을 숭배하는 사람이 있다. 그래서 어머니에게 물었습니다. 혹시 가족 중에 무당이나 절의 중이나 다른 우상을 숭배하는 사람이 없느냐고 물었습니다. 그랬더니, 어머니가 없습니다! 우리는 모두 예수를 믿습니다! 그렇게 딱 잡아떼고 대답을 하는 것입니다.

그래서 제가 그럴 리가 없습니다. 잘 생각해 보세요. 그랬더니 그 정신병으로 고통하는 형제의 형님이 하는 말, 목사님 우리 외삼촌이 절의 중입니다. 그러니까 어머니의 얼굴색이 그만 변하는 것이었습니다. 그래서 축사를 시작했습니다. 외삼촌이 중을 하므로 들어와서 고통을 주는 악한 귀신의 줄을 끊으려면 먼저 회개가 있어야 하므로 어머니와 형을 보고 회개를 하라고 했습니다. 회개를 시키고 내가 예수이름으로 명하노니 우상숭배로 인한 저주의 줄은 끊어질지어다. 하고 몇 번을 기도하고, 이제 내가 예수 이름으로 명령한다, 조상의 우상숭배를 타고 들어와 고통을 주고 있는 원수 귀신은 정체를 밝히고 떠나갈 지어다, 하니 청년이 벌벌 떨었습니다.

한참을 그러다가 기침을 막하면서 귀신들이 쫓겨 나갔습니다. 한참을 축사했습니다. 그러고 현제 기분이 어더냐고 청년에게 물었습니다. 청년이 가슴이 시원하고 머리가 맑아졌다고 대답을 했습니다. 그래서 제가 완전히 치유가 되려면 몇 개월 동안 다니면서 은혜를 받아야 된다고 했습니다. 그 후 계속 다니면서 치유를 받고 완전하게 회복이 되었습니다. 이와 같이 이유 없는 마귀의 저주는 없습니다. 만약에 가족 중에 중이나 무당이나 일본에서 건너온 남묘호랑객교나 통일교나 여호와 증인이 있다면 분명이 악한 영의 저주가 있을 수 있습니다.

미리미리 말씀과 성령으로 분별하여 치유 받으시기를 바랍니다. 우리 기독교 신앙은 예방 신앙이 되어야 합니다. 이 청년도 아무런 문제없이 33살까지 살다가 갑자기 문제 노출된 것입니다. 만약에 이런 사실을 미리알고 차유를 했더라면 직장생활과 결혼생활을 잘하며 지냈을 것입니다. 방심은 금물입니다. 미리 예방하시기를 부탁드립니다.

84장 알코올의 대물림을 치유하고 싶어요

Q. 목사님 안녕하십니까? 지난주와 이번 주에 강의를 들은 사모입니다. 강의를 들으며 실습을 하며 진리의 길을 보게 되어 너무 기쁩니다. 저는 저의 교회 성도들과 일대일 사역을 하고 있는데요. 그중 성도의 남편이 하루도 안 빼고 소주 두병을 큰 물 컵에 따라서 매일 마신다는 겁니다.

마땅히 솔루션을 드리지도 못하고 교회로 와서, "가계의 저주 끊고 축복 받는 비결"을 보게 되었습니다. 이 책에 나오는 가정과 저희 성도님 남편의 상황이 거의 흡사합니다.

현재 상황은 이렇습니다. 저희 여 집사님의 친정아버지가 알코올이 심하여 여러 가지 수술을 받고 사시다가 2년 전에 돌아가시고요. 남편의 시어른 들은 아무도 술을 하지 않으셨답니다. 여 집사님은 친정어머니의 무시와 천대를 받다가 복수하기 위해 중학교 2학년부터 술을 하기 시작하고 마약까지 하며, 구속도 되었던 것 같습니다.

집을 나가 술과 마약을 한 상태로 엄마에게 봐라~ 나 술 먹었다. 어쩔래하는 타락의 가도를 같다고 합니다. 자살 시도까지 하여 동맥을 끊기도 했답니다. 본인 친구들은 마약과 술을 하다가 자살과 사망을 합쳐서 5명이 일찌감치 세상을 떠났답니다.

그때 남편을 만났는데 남편도 본인 만나기 전에 이미 술을 아주 즐기는 사람이었답니다. 이제 여 집사님은 술을 끊고 신앙생활을 아주 열심히 하는 생활 10여 년째입니다. 현재 본인과 딸 둘이 미세한 소발작 간질을 앓고 있습니다. 윗대에서는 이런 간질 환자가 없는 것 같다 합니다.

현재 고교생 딸은 거의 완전 치료가 되었고요. 기도로 치료받은 것입니다. 본인은 살짝 기운이 남아 있으나 소발작 이므로 정신 차리고 위기를 넘긴답니다. 초등생 막내딸만 아직 눈에 드러나게 증상이 나옵니다.

목사님 교재의 알코올 중독의 케이스에서는 장인어른의 알코올 귀신으로 드러났는데, 저희 집사님 남편은 부모님 모두 술을 하지 않는다는데, 그럼 어떤 영의 영향인지요? 친정 장인어른이라면 여 집사님 만나기 전부터 술을 많이 했다는 것과 어떻게 풀이를 해야 할지요? 그 줄기를 잡고 목사님 책에 나온 방법으로 이 가정의 치료를 들어 가보고 싶습니다.

목사님 저는 지난주 교재를 70여권 구입하고 남편 목사님과 함께 기도를 받기로 한 사모입니다. 좋은 안내 부탁드립니다. 감사합니다. 목사님

A. 말씀과 성령으로 집중적인 치유가 필요한 집사입니다. 알코올은 여 집사 가문의 영향으로 대물림된 것입니다. 간질역사 대물림이 분명합니다. 성령의 강한 역사로 장악이 되어야 치유

될 수가 있습니다. 남편을 데려다가 치유하면 더욱 빨리 알코올 중독에서 해방될 수가 있습니다. 다음 이야기를 읽어보시면 치유에 참고하실 수 있을 것입니다.

충북 제천에 사는 박옥자 집사님의 남편이 술을 많이 먹어서 알코올 중독으로 인사불성이 돼서 사람구실을 못했습니다. 그래서 병원에 입원을 시켰지만 강하게 날뛰기도 했습니다. 이곳저곳을 다니면서 치유를 받으려고 했으나 치유 받지 못하고 우리 충만한 교회 소문을 듣고 왔다고 합니다. 왔는데 내가 보니까, 자기의 의지가 완전하게 귀신에게 넘어간 상태였습니다. 병원에서는 알코올에 너무 중독이 됐기 때문에 고쳐도 올바른 사람이 될 수 없다고 진단을 했다고 합니다.

그런 사람을 붙들고서 기도한들 무슨 효과가 있겠습니까? 그러나 한 편으로는 힘이 없이 축 늘어져 있기 때문에 기도하기는 참 좋았습니다. 머리에 손을 얹고 기도를 하니 아무런 현상도 나타나지 않았습니다. 옆에서 부인 집사가 울면서 애통해 하고 있었습니다. 남편이 그런 상태에 있을 때 가장 슬퍼할 사람은 부인입니다. 그래서 다시 부인 집사를 붙들고 안수기도를 했습니다. 나는 그 집사님에게 "아내 속에서 숨어서 역사하는 귀신아! 왜 남편 알 콜 중독에 걸리게 하여 인사불성을 만들었느냐. 내가 예수 이름으로 명하노니 정체를 밝혀라." 했더니, 귀신이 말을 하는 것입니다. "나 이년 친정아버지다." 그러는 것입니다.

그래서 다시 그 집사님에게 "아내 속에서 숨어서 역사하는 귀신아! 왜 남편 알 콜 중독에 걸리게 하여 인사불성을 만들었느냐. 내가 예수 이름으로 명하노니 떠나가라." 했더니, 그 집사의 입술에서 "나가면 되잖아. 더럽게 귀찮게 하네." 하고 귀신이 소리를 지르는 것입니다. 내가 입 다물고 나와라. 명령을 했더니 앉은 자세에서 앞으로 꼬꾸라졌습니다. 그렇게 두 번을 기도해 줬습니다.

이 여자 집사에게 물어보았습니다. 친정아버지가 어떻게 지냈느냐고 말입니다. 그랬더니 "목사님 우리 친정아버지도 알코올중독자 이었습니다. 친정아버지에게 술 때문에 몸서리가 쳐지도록 상처를 받았는데 시집을 오고 조금 자나서부터 남편이 술을 먹기 시작을 하다가 알코올중독자가 되었습니다. 목사님 저의 남편을 고쳐주세요." 그래서 친정아버지가 살아 계시냐고 물었더니 삼 년 전에 돌아가셨다는 것입니다. 돌아가시고 나서 남편이 더욱 심하게 되었다는 것입니다.

그래서 내가 다시 여자 집사님의 머리에 손을 얹고 혈통으로 대물림되는 알코올중독의 줄은 끊어질지어다. 알코올중독 귀신은 떠나갈지어다. 했더니, 막 이 여자가 소리를 지르다가 울다가 하면서 한동안 넋두리를 하더니 기침을 사정없이 하면서 귀신이 떠나갔습니다. 그 후 여자 집사 남편의 건강 회복이 굉장히 빨랐습니다.

술을 먹으면 자꾸 토했다는 것입니다. 내가 몇 개월 더 다니면서 치유를 받으라고 권면하여 몇 개월을 더 다니면서 치유를 받아 정상으로 회복이 돼서 감사헌금까지 했습니다. 이렇게 부인의 영향으로 남편이 알코올 중독자가 될 수도 있습니다. 우리는 바르게 분별하고 치유를 해야 불필요한 고생을 하지 않습니다. 참으로 영적인 세계는 신묘막측합니다. 사람의 이론으로는 이해할 수가 없는 세계입니다. 그래서 우리는 성령으로 세례를 받고 영안을 열어 영적인 세계를 볼 수 있어야 합니다.

85장 저의 가계의 고통을 어찌할까요?

Q. 저는 강동구에 사는 ○○○ 안수집사입니다. 제가 간증을 하는 것은 저같이 영적인 무지가운데 살면서 고통을 당하는 분들이 없기를 바라고 간증합니다. 저의 형제는 육남매입니다. 육남매 중에 저만 예수를 믿습니다. 촌각 때 지금 집사람을 만나 예수를 믿게 되었습니다. 그런데 전만 가난하게 사는 것입니다. 그것뿐만이 아니고 허리디스크수술을 세 번이나 받았습니다. 이것도 별문제가 되지 않습니다.

이제 사업이 되지를 않았습니다. 칼국수 집을 경영했는데 매달 적자라 보증금을 거의 다 까먹어갔습니다. 너무 고통스러워 기도원에 갔다가 충만한 교회에서 문제를 해결 받은 성도를 만나게 되었습니다. 서로 대화를 하다가 알게 되어 충만한 교회 집회에 참석을 했습니다. 너무나 갈급하여 상담을 요청했습니다. 다행히 첫날 강 목사님이 상담을 해주셨습니다. 저의 이야기를 듣더니 목사님이 이렇게 질문을 하시는 것입니다.

A. 집사님! 지금까지 신앙생활을 어떻게 하셨습니까? 그래서 예! 말씀중심의 신앙생활을 했습니다. 그랬더니 이렇게 말씀을 하셨습니다. 물론 말씀중심의 신앙생활을 해야 맞습니다.

그러나 성령의 역사를 체험하면서 말씀중심의 신앙생활을 하면 더욱 좋습니다. 나는 무슨 말인지 이해가 되지를 않았습니다. 그래서 목사님의 얼굴을 물끄러미 바라보았습니다. 목사님이 이렇게 말씀을 하셨습니다. 원래 세상에 살다가 예수를 믿으면 교회에 들어옵니다. 교회에 들어와서 말씀을 듣습니다. 말씀을 듣고 기도를 하다가 보면 성령의 세례를 받게 됩니다. 성령의 세례를 받은 후에 세상에서 받은 상처와 자신의 자아와 혈통으로 타고 내려오는 악한 영의 영향을 치유 받아야 온전하게 하나님의 복을 받으면서 살아갈 수가 있습니다. 그러면서 집사님 성령체험은 했습니까? 질문하는 것입니다. 그래서 그런 체험은 없이 그저 말씀중심의 신앙생활을 했다고 대답을 했습니다. 목사님이 말씀하시기를 성령을 체험해야 합니다.

성령을 체험하고 치유를 받아야 집사님 같이 예수를 믿으면서도 불필요한 고생을 하지 않습니다. 그래서 내가 목사님에게 이렇게 말했습니다. 목사님 예수만 믿으면 구원을 받고 만사형통하게 지내다가 천국 가는 것 아닙니까? 저는 지금까지 목사님들에게 이렇게 듣고 배웠습니다. 그랬더니 구원은 예수만 믿으면 되지만 성화는 말씀과 성령으로 치유 받으며 노력을 해야 되는 것입니다. 집사님 몇 주 다니면서 말씀을 듣고 성령으로 깨달아서 영적으로 사고를 하시기를 바랍니다. 순종하는 마음으로 두주를 다녔습니다. 두주동안 내가 지금까지 삼십년을 믿음생활하면서 체험하지 못한 성령의 뜨거운 불세례도 받았습니다. 방언기도가 열렸습니다. 말씀을 듣다가 내가 우상숭배를 한 것이 생각이 났습니다. 무엇인가하면 내가 어렸을 때 몸이 아프면 어머니가 무당에게 데리고 갔습니다. 가서 머리에 이상한 물건도 쓰게 했습니다. 무당에게 이름도 올렸습니다. 그것이 그때야 생각이 나는 것입니다. 무려 사십 오년이 지난일이 말입니다. 그래서 목사님에게 이야기를 했습니다. 목사님이 성령의 임재가운데 그때 그 상황을 눈으로 보면서 회개를 하라고 하셨습니다. 목사님이 머리에 안수를 하셨습니다. 조금 지나서 울음이 터졌습니다. 이상한 울음이 터졌습니다.

목사님이 무당의 영은 정체를 밝힐 지어다. 하고 명령을 하셨습니다. 목사님이 머리에 손을 얹고 내가 나사렛 예수 이름으로 명하노니 대물림되는 무당의 영은 정체를 밝힐지어다. 하시는 것입니다. 내가 오른 손을 마구 흔드는 것입니다. 마치 TV에 나오는 무당이 굿거리 하는 장면같이 손을 마구 흔들어 댔습니다. 목사님이 "예수 이름으로 명하노니 혈통을 타고 들어온 무당귀신의 줄은 끊어질지어다." "이제 내가 예수 이름으로 명하노니 혈통을 타고 들어온 무당귀신은 묶음을 풀고 나올지어다." 명령을 하시니까, 내 속에서 한참 괴성이 나오더니만 입에서 맑은 물이 막 토해지면서 귀신이 떠나가는 것입니다. 그리고 다시 "가난하게 하고 사업을 방해하는 귀신은 결박을 풀고 떠나갈지어다." "가난하게 하고 사업을 방해하는 귀신은 결박을 풀고 떠나갈지어다." 하시면서 목사님이 명령을 하니 내가 막 소리를 지르고 악을 쓰고 통하면서 악귀들이 떠나갔습니다. 그리고 목사님이 "이제 사업이 풀리고 재정에 복이 임하는 영이 임할 찌어다." "이제 사업이 풀리고 복이 임하는 영이 임할 찌어다." 하며 안수 기도를 해주셨습니다. 이렇게 하기를 삼일 동안 했습니다.

충만한 교회 치유집회는 시간, 시간 개인별로 안수기도를 하면서 치유를 합니다. 그리고 목사님이 나에게 이렇게 말을 하셨습니다. 집사님 지금은 다른 형제들은 다 잘사는데 집사님만 어렵게 지내지만, 앞으로 삼년만 영적인 전쟁을 하면 집사님이 제일 영육 간에 복을 받고 다른 형제들이 못살게 될 것입니다.

믿고 영적전쟁하면 반드시 그렇게 됩니다. 하나님은 집사님에게 소원을 두고 일을 하시기 때문입니다. 그래서 믿고 영적인 전쟁을 하면서 믿음생활을 한 결과 사업이 슬슬 풀리기 시작을 했습니다. 이제 어려움이 없이 믿음생활을 하고 있습니다. 제 인생이 바뀌고 있습니다. 지금 생각을 하면 내가 영적으로 무지해서 지금까지 고생을 했다는 것입니다.

11부 영성관련 궁금증

86장 하나님의 음성은 들어야 하나요

Q. 목사님! 저는 이천에 사는 김 집사입니다. 제가 목사님이 집필한 "하나님의 음성을 쉽게 듣는 비결"을 읽고 은혜를 받았습니다. 그런데 우리 교회 목사님이 신구약 하나님의 말씀이 있으므로 음성을 들을 필요가 없다고 하십니다. 말씀으로 살아가면 된다고 말씀하십니다. 강요셉 목사님은 하나님은 살아계시니 음성을 들어야 한다고 하시고 우리 목사님은 기록된 말씀을 가지고 살아가면 된다고 하시니 헷갈립니다. 목사님! 바르게 알려주세요. 답변 기다리겠습니다.

A. 하나님은 살아계신 하나님이십니다. 하나님은 말씀을 남겨두고 돌아가신 분이 절대로 아닙니다. 지금도 살아계셔서 성도들에게 말씀하시는 하나님이십니다. 하나님의 음성을 듣는다는 것은, 행복한 일입니다. 하나님의 음성을 들을 수 있다면, 축복받은 사람입니다. 그러나 못 듣는다고, 반드시 불행하다는 말은 아닙니다. 헬렌 켈러는 세상소리는 못 들었지만, "하늘의 소리를 들을 수 있어 행복하다"고 고백했습니다.

듣는다는 것은 소리의 주체가 있다는 것입니다. 소리가 없다면 들을 필요 또한 없을 것입니다. 소리가 있는데 듣지 못한다면 그것처럼 고통스럽고 불편한 일은 없을 것입니다. 듣지 못하고 하루를 살아 보세요! 그것은 비극일 것입니다.

세상에는 소리로 충만합니다. 자연의 소리, 기계소리, 자동차소리, 사람소리, 핸드폰소리, 음악소리 등 인간은 하루도 소리를 떠나서는 살수가 없습니다. 소리를 듣는 것은 즐거운 일입니다. 굉음이나 소음을 제외한다면 말입니다.

하나님의 속성 중에 하나는 말씀하시는 하나님이십니다. 아니 하나님이 말씀이십니다. 하나님은 이 땅에 말씀으로 오셨고, 우리에게 말씀하시고 계시고, 말씀하시기를 원하십니다. 신앙생활에 있어서 하나님의 음성을 듣는 것은 매우 중요한 일입니다. 듣지 못하는데 어떻게 순종하며, 듣지 못하는데 어찌 말할 수 있을까요? 들어야 말하고, 듣는 만큼 순종이 가능합니다.

이러므로, 들음의 size는 순종의 size입니다. 갓난아이가 태어나면, 먼저 '엄마'라고 말하기 전에, 엄마의 소리를 알아듣습니다. 그리고 반응합니다. 엄마 뱃속에서 엄마 소리를 들어왔기 때문입니다.

그때부터 엄마와 아이는 교감을 갖게 되고, 신뢰하게 되고, 동행하게 되고, 그 후로는 하나가 됩니다. 아이는 엄마의 소리를 듣고 평안을 얻게 되고, 엄마는 아이의 소리를 듣고 아이의 필요를 채워주게 됩니다.

마찬가지로 양은 목자의 음성을 알아듣습니다. 양에게 목자의 음성을 알아듣는 것은 생존과 관련된 것이기에 아주 중요합니다. 알아듣지 못하면 맹수에게 잡혀 죽을 수 있기 때문입니다. 성도의 삶도 다르지 않습니다. 우리가 주님과 동행하고, 주님의 뜻에 순종하고, 주님과 하나가 되려면 음성을 들을 수 있어야 합니다.

듣지 못하면 순종이 안 되고, 듣지 못하면 하나가 아니며, 듣지 못하면 주님과 동행이 불가능합니다. 우리가 여행을 하려면 가이드의 말을 알아들을 수 있어야 합니다. 말을 못 알아들으면 순종이 불가능하고 가이드와 동행이 불가능합니다. 어떻게 주님과 동행할 수 있을까요? 교회 열심히 나오십니까? 그것을 동행이라 말할 수 없습니다.

뜨겁게 기도하는 것, 그것도 동행이라 말할 수는 없습니다. 두 손 들어 찬양하는 것, 그것도 동행은 아닙니다. 죽도록 충성하는 것, 그것 또한 동행의 본질은 아닙니다. 선하게 사는 것, 그것은 동행이 아니며, 성경을 많이 아는 것, 그것 또한 동행은 아닙니다. 주님과 동행하려면 주님의 음성을 들을 수 있어야 합니다. 하나님의 사람들은 주님과 동행하는 삶을 살았습니다. 에녹은 365년을 노아는 평생을 하나님과 동행하며 살았습니다. 저들은 세상이 악하고, 불의하고, 소망 없을 때에도 주님과 동행함으로 믿음을 지킬 수 있었고, 고난을 이길 수 있었습니다.

　고난 중에도 죄악 된 세상 속에서도, 주님과 동행하며 이길 수 있었던 이유는 주님의 음성을 듣는 일에 성공했기 때문입니다. 들어야 순종할 것 아닙니까? 들어야 따라갈 것 아닙니까? 듣지 못하면 내 맘대로 내 뜻대로가 시작되는 것입니다. 이러므로 하나님의 음성을 듣는 것은 신앙생활의 기초이며 전부입니다. 물론 현 시대도 하나님의 음성을 들어야 삽니다.

　지하철을 타고 가다가 안내방송을 못 듣는 거나 잘못 듣는다면 어떻게 되겠습니까? 목적지와 다른 곳에 도착하게 될 것입니다. 그것뿐입니까? 불이 나도…사고가 나도…방송을 못 듣는다면 대피하지 못할 것입니다. 마찬가지입니다. 아무리 열심이 있고, 충성하고, 헌신하고, 사역을 잘 한다하여도 주님의 음성을 듣는 일에 민감하지 못하고 둔감하다면 그의 삶과 사역은 엉뚱한 방향으로 흘러갈 것입니다. 보는 것, 말하는 것 보다, 더 중요한 것은 듣는 것입니다.

　하나님은 지금도 말씀하십니다. 하나님은 태초부터 지금까지 한 번도 침묵하신 적이 없으십니다. 다만 우리가 듣지 못한 것뿐입니다. 세상소리, 사람의 소리, 내 소리가 더 크기 때문에 들을 수 없는 것입니다. 그래서 하나님은 사랑하는 자녀들을 때때로 고난이라는 확성기를 통하여 듣게 하십니다.

　우리는 흔히 말소리가 안 들리면 확성기나 마이크를 이용합니다. 그러면 소리가 증폭됨으로 명확하게 잘 들리게 됩니다.

마찬가지로 평안하고 형통할 때는 잘 안 들리던 주님의 음성도 고난 중에는 잘 들립니다. 그것은 고난이 확성기의 역할을 하기 때문입니다. 그래서 고난은 여러 가지로 유익입니다. 말하는 것보다, 듣는 일에 민감하고 집중해야, 신앙생활이 온전하게 성숙할 수 있습니다.

우리 주변에는 '영적농아인'이 너무 많습니다. 요즈음 성도들을 만나보면 말이 너무 많아 걱정입니다. 도무지 음성을 듣지 않으려고 합니다. 왜냐하면, 하나님으로부터 아무것도 들을 수 없었기 때문입니다. 하나님의 음성을 듣지 못하는 사람일수록 사람 앞에서는 말이 많아집니다.

하나님의 음성을 듣는 일에 민감하지 않다는 확실한 증거입니다. 하나님은 하나님의 음성에 민감한 성도들을 찾고 계십니다. 저도 하나님의 말씀을 잘 들어주는 성도들을 만나고 싶습니다. 저는 하나님의 음성을 듣고 순종하는 목회자이고 싶습니다.

87장 많이 알면 영성이 깊은 것이지요

Q. 목사님! 안녕하세요. 목사님의 책을 읽으며 은혜 받고 있는 청년입니다. 많은 분들이 교회에서 입을 열 때마다 '영성'이란 말을 사용합니다. 영성이란 말도 생소한데, '저 사람은 영성이 깊다. 저 사람은 아니다'라는 식으로 평가를 합니다. 평가의 기준이 무엇인지요. 그리고 영적인 지식을 많이 알면 영성이 깊은 것이고, 믿음 생활 오래된 사람들은 영성이 깊고, 저 같은 초신자는 영성 수준이 낮은 것인지요? 영성이 깊다고 하는 분들이 뒷전에서 이러쿵저러쿵 다른 사람들 욕하는 것을 보면, 영성이 무엇인지 이해가 안 갑니다. 목사님 답변을 기다립니다.

A. 영성이라는 것은 예수님을 더 많이 알고, 그 분을 더 많이 닮아가는 것입니다. '영성이 깊다' 라는 것은 그만큼 더 많이 알고, 그만큼 더 많이 닮아 있다는 것입니다. 그렇기 때문에 영적인 지식을 많이 알면 영성이 깊은 것이라고 말할 수 없습니다. 아는 것과 행동이 같아야 진정한 영성 있는 사람입니다. 신앙생활을 오래 했다고 영성이 깊은 것도 아닙니다. 예수님을 많이 닮아야 합니다. 그렇다면 무엇이 닮아 있어야 하느냐 하는 것이 가장 중요한 문제이지 않겠습니까? 성경에서 보여 주신 예수님

의 모습은 권능과 병 고침과 이적과 기사에만 있지 않고, 그 분이 사랑하시는 영혼들을 향한 끊임없는 섬김에 있고, 그들의 영혼을 위해서라면 어떤 상황에 처하시더라도 묵묵히 견뎌내시는 순종에 있음을 볼 수 있습니다.

하나님께서는 우리를 구원하시기 위해서 십자가에 예수님을 내어 주셨습니다. 그리고 예수님께서는 하나님의 뜻에 순종하고 묵묵히 십자가를 지시는 충성을 보여 주셨습니다. 영혼을 구원하는 거룩하고도 복된 그 일이 십자가라는 참으로 억울한 자리에서 일어났다는 것은 어떻게 보면 대단히 역설적입니다.

우리는 그리스도인으로서 참된 영성이 무엇인가에 대해 생각해 볼 수 있어야 합니다. 그 영성은 은사적인 것을 말하는 것이 아니라, 성품적인 것에 있다는 것입니다. 그런데 아쉽게도 많은 사람들이 영성을 은사적인 혹은 능력을 행하는 것으로 알고 있습니다. 예수님께서는 수고하고 무거운 짐을 진 사람들을 부르셔서 쉬게 해 주신다고 말씀하시며, 주님의 멍에를 메고 주님에게 배우는 것이 마음이 쉼을 얻는 길이라고 하셨습니다.

멍에를 메고도 쉼을 누릴 수 있는 그 단계까지 올라가야 참다운 영성이라고 할 수 있는 것이며, 반대로 멍에의 무게에 눌려서 정신도 못 차리는 그 상태를 영성이 있다고 말할 수는 없을 것입니다. 주님의 멍에는 쉽고 주님의 짐은 가볍다고 말씀하신 말씀처럼, 영성 있는 삶이란 십자가의 무게가 결코 가벼운 것이 아니지만, 십자가의 무게도 주님을 사랑하기 때문에, 또한 주님을 사랑해서 멘 것이기 때문에 가볍게 느껴질 수 있는 것이야 말로 진정한 영성이 있는 사람이라고 말할 수 있을 것입니다.

그렇다면 우리의 영성은 무엇입니까? 예수님께서 지셨던 그 자리에서 내가 더욱 순종하고 충성하고, 그 분 대신 그 자리를 메우는 것이 우리의 영성인 것입니다. 기도에도 영성 있는 기도가 필요합니다. 찬양에도 영성 있는 찬양이 필요합니다. 전도에도 영성이 있어야 합니다. 그 외에도 우리가 그리스도인으로 살아가기 위해선 영성이 필요합니다. 그러나 가장 본질적이고도 가장 중요한 십자가를 지는 영성이 없는 사람은 진정한 영성이 있는 사람이라고 말할 수 없을 것입니다. 영성은 하나님의 성품이기 때문입니다.

오늘 우리 주님께서 우리들이 바로 그러한 영성 있는 사람이 되기를 원하십니다. 그래서 예수님이 지셨던 그 자리를 우리가 짐으로 말미암아, 억울함을 느끼는 것이 아니라, 오히려 기쁨과 자랑으로 여기고, 어떠한 형편과 상황이 주어지더라도, 이 땅을 살아가는 동안 나에게 맡겨진 사명을 끝까지 감당하고자 하는 그러한 뿌리 깊은 영성을 가지고 살아가시는 우리가 되시기를 바랍니다.

88장 어린이가 성령체험하면 안되나요

Q. 목사님! 안녕하세요. 저는 김천에 사는 오 집사입니다. 목사님의 책 "성령의 불로 불세례를 받는 법"책을 읽고 은혜 받았어요. 그런데 한 가지 궁금한 것이 있습니다. 저의 딸이 11살인데 여름 성경학교 때에 성령을 체험했습니다. 방언을 받은 것입니다. 울면서 기도를 했답니다. 아주 좋아했습니다. 그런데 어떤 분이 이야기하기를 어려서 성령을 체험하면 좋지만 위험성도 있다고 관리를 잘 해주라고 합니다. 목사님! 어린이가 성령체험하면 안 되며, 만약에 체험했다고 하면 어떻게 관리를 해주어야 합니까? 목사님의 답변을 기다립니다.

A. 어린이가 성령을 체험했다고 잘못되는 것은 아닙니다. 어린이들도 성령의 역사가 있는 곳에 가서 말씀 듣고 기도하면 얼마든지 성령을 체험할 수가 있습니다. 성령을 체험하고 나면 사람이 영적으로 변한다는 것입니다. 영적인 눈이 열려서 성령과 교통하며 영의 말씀이 보이고, 영적인 설교 말씀이 들립니다. 그러니 자꾸 치유되고 변화되어 심령이 성령으로 장악되니 참 편안을 체험합니다.

특별한 관심을 갖아야 할 것이 있습니다. 자칫 잘못하면 밖으로 나타나는 현상에 치중하는 광신자가 될 소지가 있습니다. 방언기도를 한다고 성령으로 세례를 받고 방언기도를 한다고 자신이 스스로 최고라고 생각하여 말씀을 등한히 하는 절름발이 신앙인이 될 수가 있습니다.

이런 아이들은 내면관리를 하도록 지도해야 합니다. 깊은 영의기도를 하도록 훈련해야 합니다. 깊은 기도를 하면서 내면을 치유해야 합니다. 아이들도 상처와 혈통의 문제 등 치유되어야 할 부분이 많이 있습니다. 이것을 어려서 치유하면 어른이 되어 불필요한 고통을 당하지 않습니다.

부모님들은 아이들에게 치유의 중요성을 알게 하는 것이 좋습니다. 특별히 가계에 무당의 내력이 있거나 우상을 숭배했거나 남묘호랭객교를 믿었거나 샤머니즘의 신앙에 심취되었던 가문이라면 대물림에 대하여 아이에게 말해주는 것이 좋습니다. 본인이 알게 하여 어려서 치유 받는 것이 참으로 축복입니다. 그래야 아이가 어려서부터 지산을 보는 눈이 열립니다. 영적인 세계를 알고 대처하는 하나님의 군사가 될 수 있습니다. 하나님의 군사가 되어야 아이가 어른이 되어 아브라함의 축복을 받으면서 살아갈 수가 있는 것입니다.

많은 성도들의 자녀가 어려서 신앙생활을 잘했는데 대학을 다니다가 교회를 멀리하는 자녀도 있습니다. 군대에 갔다 와서 교회를 멀리하는 자녀도 있습니다. 이 모든 자녀들이 어려서 성령으로 세례를 받지 못하고, 심령의 상처와 혈통의 문제를 치유 받지 않고 그냥 교회에 왔다가 갔다가 해서 신앙의 깊이가 없기 때문에 청년이 되어 교회를 멀리하게 됩니다. 저는 어려서부터 영적 체질이 되게 해야 한다고 날마다 강조합니다. 영적 체질이 되게 하려면 성령으로 세례를 받게 하고 깊은 영의기도를 하게 하여 말씀과 성령으로 심령을 치유해야 합니다.

그래야 성령이 아이를 장악하여 성령의 사람으로 자라게 하는 것입니다. 특별히 어렸을 때 신앙이 참으로 중요한 이유가 여기에 잇습니다. 많은 분들이 청년이 되어 교회를 멀리하는 자녀를 걱정하면서 이렇게 말합니다. 목사님! 우리 아들이 고등학교 다닐 때까지 아주 착실하게 교회를 잘 다녔습니다. 그런데 대학을 들어가더니 교회를 멀리합니다. 이렇게 말들을 합니다.

우리 부모님들은 자녀가 교회를 잘 다니면 믿음이 좋아진 것으로 믿어버립니다. 그러나 어려서는 부모님의 말에 순종을 잘 하는 것이 보통입니다. 점점 자라면서 자아가 자라기 시작을 합니다. 상처가 많아집니다. 자아와 상처 뒤에 마귀가 역사하게 됩니다. 점점 마음이 육적인 생각으로 강해집니다. 합리적인 사고가 자라기 시작합니다. 합리적으로 생각해보니 교회에 가서 얻는 것이 없는 것같습니다. 교회에 가도 특별한 것도 없고 변화되는 것도 없고, 이익도 없는 것 같습니다. 그러니까, 교회를 가지 않게 되는 것입니다.

부모님들이여 아이들은 어려서부터 영적인 치질을 만드시기를 바랍니다. 성령으로 세례를 받고 영적인 체질로 바꾸어지면 이런 유익함이 있습니다.

첫째, 권능 있는 사람이 됩니다. 우리가 성령을 모시고 거듭 나서 영생을 얻었으면 그 다음 또 권능으로서 성령을 체험하게 되는 것입니다. 똑같은 성령인데 예수를 믿어서 구원받게 할 때 는 중생의 영으로 역사하시다가 똑같은 성령을 우리가 또 성령 세례를 받게 되면 권능의 영으로 체험하게 되는 것입니다.

둘째, 진리를 깨닫게 됩니다. 성령은 진리의 말씀을 깨닫게 하십니다. 어린이들은 진리의 말씀을 깨닫지 못합니다. 하나님 의 말씀은 성령의 감동하심을 입은 자들이 하나님께 받아 말한 것이기 때문에 성령을 체험하지 못하면 영의 말씀을 깨닫지를 못하게 되는 것입니다(벧후 1:20-21). 왜 처음에는 잘 알아듣 지를 못하는 가 육신에 속해있는 그리스도인이기 때문입니다. 육신에 속해 있는 성도가 영의 말을 알아듣지 못하는 것은 당연 한 것입니다(고전 2:12-14). 육신에 속한 그리스도인이 영적 인 말씀을 알아듣지 못하는 것은 당연한 것입니다. 이런 분들은 성령을 체험하여 영을 깨워서 살아있는 영이 되어야 영의 말씀 이 영으로 들려서 심령이 변하고 치유되며 성령의 충만함을 받 아 권능 있는 삶을 살아갈 수가 있는 것입니다.

셋째, 담대한 아이가 됩니다. 오순절 마가의 다락방에서 성 령을 충만히 받자 그렇게 무서워서 벌벌 떨며 밖으로 못나간 그 들이 문을 박차고 나와서 복음을 증거하니까, 베드로의 설교를 듣고 하루에 3천명이 회개하고 그 이튿날에는 미문가의 앉은뱅

이를 예수 이름으로 일으키고 난 다음에 복음을 전하매 5천 명이 회개하고 돌아오고 예루살렘에 예수 그리스도의 복음이 충만하게 된 것입니다. 보잘 것 없이 겁쟁이들, 그들이 성령을 받자 놀라운 권능이 생겨나게 된 것입니다.

넷째, 신령한 새 사람이 된다. 우리가 알아야 될 것은 우리가 예수를 믿었다는 것은 하나의 종교를 받아들인 것이 아니라 완전히 옛 사람은 죽고 새 사람으로 살아났다는 것을 알아야 합니다. 누구든지 그리스도 안에 있으면 새로운 피조물이라 이전 것은 지나갔으니 보라 새것이 되었도다. 아예 육의 사람은 십자가에 못 박아서 제쳐 버렸습니다. 신령한 살아 일어나게 된 것입니다. 그러므로 이제 예수 믿는 우리들에게는 이 신령한 사람이 우리의 삶의 주인인 것입니다. 육의 사람이 주인이 아닙니다. 신령한 사람이 주인입니다. 이 주인이 성령의 힘을 얻어서 육의 사람 마귀와의 종의 된 육의 사람이 올 때 이를 쳐서 물리쳐야 되는 것입니다.

다섯째, 영육의 질병에서 해방됩니다. 특별하게 가계에 우상을 강하게 섬겼다든지, 무당의 내력이 있다든지, 남묘호랭객교를 믿었다든지, 정신적인 질병이 있었다든지 하는 가계력이 있는 아이는 어려서부터 성령으로 세례를 받고 치유를 받아야 합니다. 성령으로 충만하면 가계에 역사하는 악한 영들이 정체를 폭로하고 떠나갑니다. 제가 성령치유 사역을 하다가 보면 혈통에 역사하던 귀신은 숨어 있다가 취약한 시기에 정체를 폭로합니다. 정체를 폭로하기 전에 성령의 역사로 드러나게 하여 배출시키는 것입니다. 사전에 예방하는 것입니다.

우리가 바르게 알아야 할 것은 아이들이 성령을 체험했다면 관리를 잘해야 합니다. 주일마다 담임목사가 직접 안수하며 관리를 해야 합니다. 성령 체험했다고 혈통에 역사하던 귀신이 완전하게 떠난 것이 아니기 때문입니다. 아이가 자라 스스로 하나님께 기도하며 권능을 사용할 수 있을 때까지 관리를 등한이 하면 안 됩니다. 부모님들도 관심을 갖아야 합니다. 될 수 있으면 담임목사의 안수를 매주 받게 하는 것이 좋습니다. 저는 매주 아이들을 안수합니다. 아이들의 영과 육이 깨끗하게 하기 위해서입니다.

89장 이상한 꿈을 꾸었는데 무시하면 되는가요

Q. 목사님! 안녕하세요. 저는 울산에 사는 박 권사입니다. 우연하게 서점에 갔다가 목사님이 저술한 "꿈과 환상 해석통한 상담과 치유 비결"책을 통해 목사님을 알게 되었습니다. 저는 꿈을 아주 많이 꾸는 편입니다. 그래서 꿈에 관심 또한 많습니다. 그런데 문제는 저의 교회 목사님은 꿈을 무시하라고 하십니다. 예수를 믿는 사람이 꿈에 관심을 갖느냐고 자주 말합니다. 목사님은 꿈을 무시하지 말라고 하시고, 저의 목사님은 무시하라고 하시고, 갈피를 잡지 못하겠습니다. 어찌해야 하는지 목사님의 명쾌한 답변을 듣고 싶습니다. 답변 기다립니다.

A. 결론부터 말하면 꿈을 너무 신성시해도 안 되고, 무시해도 안 된다는 것입니다. 저는 이상한 꿈을 꾸었는데 담임목사님이 무시하라고 해서 그냥 마음 놓고 지내다가 큰 고통을 당하는 경우를 많이 보았습니다. 하나님은 성도가 고통당하는 것을 싫어하십니다. 그래서 꿈을 통하여 알려주셔서 해결하게 하시는 것입니다. 하나님은 이렇게 세심하게 역사하시는데 깨닫지 못하고 무시해서 당하는 것입니다.

심층심리학에 따르면 꿈은 우리가 잠잘 때 의식의 힘이 약해진 틈을 타서 의식의 수면 위로 떠오른 무의식의 내용입니다. 그렇기 때문에 우리는 꿈을 통해서, 본인의 무의식을 잘 이해할 수 있게 됩니다. 우리가 꿈을 무시하면 우리의 심층심리를 알 수 없습니다. 그래서 의식과 무의식을 하나로 통합하는 자기실현의 기회를 상실하게 됩니다. 꿈은 우리의 심층심리를 이해하고 통합하는 데 도움을 줍니다.

영적인 꿈이란, 기도를 많이 하는 영적으로 깊은 성도가 하나님이 알려주시는 자신의 현재의 상태와, 앞으로 어떻게 해야 할 방향과, 하나님의 계획을 알려주는 것입니다.

이와 같이 꿈은 하나님께서 우리에게 메시지를 전달하시고 우리와 소통하시는 하나의 방식입니다. 우리는 인생의 중요한 고비에서 꿈을 통해 하나님의 음성을 듣습니다. 우리는 꿈 해석을 통해 하나님과 더 깊은 관계를 맺을 수 있습니다.

꿈은 우리가 영적으로 더 일관성 있게 살아갈 수 있도록 이끌어 줍니다. 꿈은 영혼의 언어요, 하나님의 선물이기에 에너지를 내포하고 있습니다. 또 창조적인 생각을 드러내 줍니다. 꿈을 통하여 어려운 문제를 풀 수 있는 응답을 받기도 합니다. 꿈은 자기 자신의 보다 정직한 표현이라고 볼 수 있습니다. 그렇기 때문에 꿈을 무시하면 자기실현의 기회를 상실하게 됩니다.

우리는 꿈을 꿀뿐만 아니라 바르게 해석해야 합니다. 해석되지 않은 꿈은 읽지 않은 편지와도 같습니다. 우리는 꿈을 해석함으로써 우리를 치유하시고 위로하시는 하나님을 만나게 됩니다.

꿈에 대한 두 가지 오해는 이렇습니다. 하나님은 우리를 멸망의 구렁텅이에서 건지시려고 꿈으로 경고의 메시지를 보내시는데 우리는 그 메시지를 무시하고 마는 것입니다.

하나님은 꿈을 통해서 우리의 잔꾀를 막고 우리의 교만을 막고자 하십니다(욥33:14-18). 그래서 우리를 멸망에서 건지고자 하십니다. 그런데도 우리는 꿈을 무시함으로써 하나님의 그 자상하신 배려를 묵살하고 마는 것입니다. 꿈을 지나치게 무시하거나 하찮게 여기는 것, 이것이 꿈에 대한 첫 번째 오해입니다. 우리는 꿈을 지나치게 무시하지 말아야 할 것입니다.

로마황제 시저도 자신의 부인이 꾼 경고의 꿈을 무시하다가 살해당했고 미국 대통령 링컨도 자신이 꾼 경고의 꿈을 무시하다가 암살당했습니다. 로마총독 빌라도는 자신의 부인이 꾼 경고의 꿈을 무시하다가 하나님의 아들 예수님을 십자가에 못 박고 말았습니다. 우리는 꿈에 대해서 코웃음 치지 말아야 할 것입니다. 왜냐 하면 꿈 중에는 하나님이 주시는 것도 있기 때문입니다.

꿈을 지나치게 무시하는 것이 꿈에 대한 첫 번째 오해라면 두 번째 오해는 꿈을 지나치게 신성시하는 것입니다. 어찌 모든 꿈이 다 의미 있는 것이라고 할 수 있겠습니까. 사람이 잠을 깊이 자지 못하고 자다가 깨다가 하면서 꿈을 많이 꾼다면 그 꿈들이 어찌 다 소중하다고 할 수 있겠습니까. 꿈 중에는 나의 심리가 만들어내는 것이 많습니다. 나의 심리상태가 어떤가에 따라서 그 꿈도 천차만별이 있지 않겠습니까? 그러니 모든 꿈이 다 소중하다고는 할 수 없는 것입니다. 물론 심리적인 꿈도 가치가 있습니다. 그 꿈을 통해서 꿈꾼 사람의 심리상태를 파악할 수 있으니까요.

우리는 심리적인 꿈을 분석함으로써 우리 자신의 심리를 적절하게 조절하는 조치를 취할 수 있게 됩니다. 그런 측면에서는 심리적인 꿈도 가치가 있겠지요. 여하튼 우리는 꿈에 대한 양극단적인 오해에서 벗어나야 할 것입니다. 꿈을 향해 코웃음 친다거나 반대로 꿈을 향해 절하지 말아야 할 것입니다.

우리는 꿈에 대한 두 가지 오해에서 벗어나 적절한 균형을 취할 줄 알아야 할 것입니다. 우리는 꿈에 대해서 바르게 이해하고 꿈을 바르게 해석하고 꿈을 바르게 적용해야 할 것입니다. 혹시 하나님이 주신 꿈이라면 무엇보다 순종하는 자세를 취해야 할 것입니다.

90장 어려우면 신령한 사람을 찾고 싶어요

Q. 목사님! 안녕하시오. 저는 순천에서 목회하는 사모입니다. 목사님이 집필하신 "물질축복 받는 비결"을 통해서 목사님을 알게 되었습니다. 저는 사모이면서도 어렵거나 문제가 있을 때마다 하나님에게 기도하지 아니하고, 신령한 사람을 찾아가서 물어보지 않으면 좀이 쑤셔서 견디지를 못합니다. 기도를 해야겠다고 생각하고 기도하면 자꾸 신령한 사람이 떠올라서 가지 않고는 견디지 못합니다. 제가 왜 이럴까요. 목사님! 알려주셔서 고치도록 해주세요.

A. 예수를 믿으면서도 신령한 사람을 찾는 것은 두 가지 원인이 있습니다. 첫째, 예수를 영접하기 전 세상에서 살아갈 때에 어려움이나 문제가 있을 때 무당이나, 점쟁이를 찾아다닌 것이 습관이 된 경우입니다. 영적으로 말하자면 점치는 영에 영향을 받는 성도입니다. 둘째는 구약 성경에 보면 이스라엘 백성이 선지자를 이용하여 하나님의 뜻을 알았습니다. 이 말씀을 듣고 배운 것이 자아가 되어있는 성도입니다. 율법적인 말씀을 듣고 믿음 생황을 한 성도들이 이런 경우가 많습니다.

그래서 둘 다 문제가 있습니다. 말씀과 성령으로 원인을 정확하게 찾아서 해결해야 합니다. 점치는 영과 율법의 영을 축귀해야 합니다. 그런데 잘못된 것을 본인이 인정하고 고치고, 치유 받으려고 해야 점치는 영으로부터 자유 함을 받을 수 있습니다. 자신이 하는 행동이 맞는다고 생각하면 천국에 갈 때까지 신령한 사람의 영에 잡혀서 영적 자립을 할 수가 없습니다.

성도들에게 문제가 있으면 자신을 찾아와서 물어보라는 목회자가 있습니다. 그래서 성도들의 대소사를 담임 목사와 사모에게 물어서 결정하는 경우가 있습니다. 심지어 질병이 있어 병원을 가야하는데 어느 병원에 가는 것까지 목회자와 사모에게 물어서 가는 성도도 있습니다.

이런 성도들의 완전하게 목회자와 사모의 결정에 따라 움직이는 허수아비들입니다. 성경에 나온 사람의 예를 들면 모세의 말을 듣고 애굽을 나온 이스라엘 사람들과 동일합니다. 스스로 아무것도 할 수가 없는 성도들입니다.

목회자가 점치는 영에 사로잡히게 되면 성도들을 '해바라기 성도'로 만들게 됩니다. 오직 목회자만 바라볼 것을 요구합니다. 목회자 말을 듣지 않으면 저주를 받는다고 합니다. 그 어떤 곳에도 가지 말고, 그 어떤 설교도 듣지 말고, 그 어떤 집회도 참석하지 말고, 오로지 교회 안에만 머물도록 강요합니다. 오로지 자기의 가르침 이외에는 그 어떤 가르침에도 관심을 두지 말 것을 강요하는 것입니다. 이런 태도는 이단의 영이 일반적으로 취하는 태도와 같지 않습니까? 이단의 영은 성도들을 고립

되게 만듭니다. 자신들이 주장하는 교리 이외에는 그 어떤 것도 용납하지 않습니다. 성경보다는 교리서가 더 중요합니다. 점치게 하는 영에 사로잡힌 사람을 신실한 예언자와 구분할 수 있어야 하지만, 일반 성도들은 이것이 쉽지 않습니다.

점치게 하는 영을 성경에서는 '사술의 영'이라는 말로 표현하기도 합니다. 비전성경 사전에 의하면 '사술'이란 마술이나 점 등을 이용하여 사람을 현혹시키는 술법을 말합니다. 사술, 복술, 점 등을 사용하는 것은 하나님께서 기뻐하시는 방법이 아니다(레 20:27; 신 18:10-11)라고 설명하고 있습니다.

사술(sorceries)은 오늘날 교묘한 방법으로 위장하여 우리들 속으로 침투하고 있습니다. 악한 영은 본성적으로 속이는 일에 능하기 때문에 우리들이 쉽게 눈치 채지 못하도록 교묘하게 위장하는 것입니다. 설교자로 예언자로 위장합니다. 발람처럼 선지자의 위치에 있게 되면 많은 사람들이 속아 넘어갑니다. 목회자가 되어있으면 이단적인 가르침을 주게 됩니다.

자기가 최고로 신령하다고 자찬하는 사람이 있습니다. 미숙한 예언자나 성숙하지 못한 목회자는 이런 영에 휘말릴 위험이 아주 높은 사람들입니다. 이런 사람들은 우리가 흔히 말하는 '양신 역사'의 과정을 거치게 됩니다. 이 과정에서 악한 영을 쫓아내고 성령 충만을 받아 성숙의 과정으로 나간다면 다행입니다. 그렇지 못하면 결국에는 악한 영에 사로잡혀서 교회에 많은 해를 입히게 되는 것입니다. 이들을 제대로 분별하는 일이 쉽지 않을 뿐만 아니라, 자신 안에 역사하는 악한 영에게 속으면 그 속임수에서 쉽게 빠져나올 수 없게 됩니다.

사울 왕에게 악신이 임하자 그는 자신의 행위를 계속 변명하기에 바빴습니다. 사무엘 선지자의 지적에도 불구하고 그는 계속 자신의 행위를 변명했습니다. 회개가 없으면 그는 그 영으로부터 결코 벗어날 수 없게 됩니다. 미혹의 영에 사로잡힌 사람들의 특징은 변명한다는 것입니다. 그리고 광명의 천사로 자신을 위장하고 계속 그 일을 한다는 것입니다. 최근 타락한 교회 지도자들이나 정치 지도자들이 이런 저런 변명으로 자신이 억울하다고 계속 호소하는 모습을 봅니다.

교도소에 들어가면서도 억울하다고 말합니다. 정치적 음해라고 주장합니다. 비록 그것이 음해라고 할지라도 신실한 지도자들은 마치 주님이 그러했듯이 잠잠할 것입니다.

이사야가 주님을 이렇게 설명했습니다. "그가 곤욕을 당하여 괴로울 때에도 그의 입을 열지 아니하였음이여 마치 도수장으로 끌려 가는 어린 양과 털 깎는 자 앞에서 잠잠한 양 같이 그의 입을 열지 아니하였도다."(사 53:7).

억울하기로 따지면 주님보다 더한 사람이 어디에 있겠습니까? 성도를 만나면 점치듯 예언해주고 싶은 사람입니다. 이런 유형의 사람들이 기독교 안에도 있습니다. 예언의 영을 받아서 오랜 세월동안 하나님으로부터 힘든 과정을 소화하지 않고 미숙한 예언자가 되어 예언을 남발하는 사람들이 있는 것입니다.

이들에게는 예언의 영 대신에 점치게 하는 영이 주관하게 되어 아무에게나 예언해주려고 접근하게 됩니다.

삼각산에는 사람들이 많이 몰리는 기도원에도 많이 있기 때문에 기도원에서는 이런 사람들을 각별히 주의할 것을 당부하기도 했습니다. 이들은 교묘한 수단으로 여성 성도들에게 접근해서 예언을 해줍니다. 이들은 어떤 대가를 바라는 것이 아니라 다만 예언하고 싶어 하는 것입니다. 미혹하는 영, 속이는 영, 점치게 하는 영은 예언함으로써 말할 수 없는 즐거움을 느끼게 합니다. 점치게 하는 영에 사로잡히면 점을 치지 않고는 견딜 수 없는 압박을 경험하게 되는 것입니다. 그래서 예언해줄 사람을 찾아다니는 것입니다.

자신의 눈에 보기에 만만한 여성들을 대상으로 접근해서 예언을 해 주는 것입니다. 이들 안에 있는 영은 점치게 하는 영이므로 샤먼들이 족집게처럼 지나간 일을 알아맞히듯이 그렇게 신통력을 발휘하기 때문에 속아 넘어가는 것입니다. 그들의 입에서 하나님 말을 하고 있지만, 실상은 '광명한 천사'로 위장한 것일 뿐입니다. 이런 사람들은 더 많은 기도를 하고 더 많이 신령한 것처럼 보입니다.

이들은 '미치게 하는 영' 즉 귀신 들림과는 전혀 다르기 때문에 분명한 이성을 가지고 있고 자신이 하는 일에 대해서 자부심을 가지고 있기 때문에 이런 영에 속게 되면 그를 추종하게 되거나 그 일을 옹호하게 됩니다. 이런 영이 교회를 장악하게 되면 거룩한 모습으로 위장하기 때문에 쉽게 드러나지 않습니다. 그러나 이들은 결국 악한 영이 그러하듯이 하나님을 영화롭게 하는 것이 아니라, 목사 자신을 영화롭게 하며, 성도를 유익하게 하기보다는 속박과 올무에 빠지게 합니다.

성령이 역사하는 교회시대를 살아가는 우리는 하나님에게 기도하여 음성을 직접 듣고 하나님의 뜻을 알아 문제를 해결하는 성도가 되어야 합니다. 하나님은 성도들과 대화하기를 원하십니다. 그래서 성령이 성도의 마음 안에 임재하신 것입니다. 성령이 역사하는 교회시대를 살아가는 성도는 심령 안에 계신 성령님에게 기도하여 음성을 듣고 문제를 해결하며 살아가야 합니다. 비록 응답을 받는데 시간이 많이 걸리더라도 응답이 올 때까지 기도하여 하나님의 뜻에 따라 행동하며 살아가는 습관을 들여야 합니다.

한번 영의통로가 열려 응답을 받기 시작하면 두 번째 부터는 쉬워지게 됩니다. 좌우지간 자신 안에 계신 성령님으로부터 응답을 받고 행동한다는 의지가 있어야 합니다. 나는 절대로 성령의 인도를 따라가는데 신령한 사람의 말을 듣고 행동하지 않는다는 결심이 있어야 합니다. 그렇게 될 때 하나님과 관계가 열려 어디를 가더라도 하나님과 통하여 영의 자립을 누릴 수가 있습니다. 하나님과 친밀하게 통하는 성도가 될 때 어디를 가더라도 아브라함의 복을 받을 수가 있습니다.

91장 성령 충만한 교회에 다니면 되지요

Q. 목사님! 안녕하세요. 저는 대전에 사는 정 집사입니다. 목사님의 책 "성령의 불로 충만 받는 법"을 읽고 은혜 받았어요. 그런데 한 가지 궁금한 것이 있습니다. 저는 성령 충만에 대하여 많은 관심이 있습니다. 그래서 교회도 성령이 충만하다는 교회를 정하여 다니고 있습니다. 저에게 의문이 있습니다. 제가 성령이 충만한 교회를 다니니까 저도 덩달아 성령 충만한 것인가, 또 저의 남편이 성령 충만한 집사인가 의문이 생기고 궁금합니다. 성령 충만한 교회를 다니면 성령 충만한 것인가요. 목사님의 답변을 기다립니다.

A. 결론부터 말하자면 성령이 충만한 교회를 다닌다고 덩달아 성령 충만하다고 믿는 것은 문제가 있습니다. 본인이 성령으로 세례를 받고 성령 충만 하려고 의적인 노력을 해야 합니다. 그리고 보편적으로 성령으로 세례를 받게 되면 자신이 느끼게 됩니다. 몸으로 느끼는 체험이 없이 다른 사람과 같이 진동하며 기도한다고 성령 충만하다고 믿으면 안 됩니다. 많은 분들이 나는 성령 충만한 교회 다니기 때문에 성령세례를 받았다고 나름대로 생각을 합니다. 성령세례를 체험하지 못하니 말로 성령세

례를 받았다고 단정을 합니다. 그래서 실제 살아서 역사하는 성령세례를 체험하려고 생각을 하지 않는 것입니다. 성령은 성령이 충만한 교회에 다니기만 한다고 체험한 것이 아닙니다. 반드시 개인이 성령의 세례를 받아야 합니다. 자신이 체험해야 한다는 것입니다. 사도행전 2장 1절로 4절에 보면 이렇게 말씀하고 있습니다. "오순절 날이 이미 이르매 그들이 다 같이 한 곳에 모였더니 홀연히 하늘로부터 급하고 강한 바람 같은 소리가 있어 그들이 앉은 온 집에 가득하며, 마치 불의 혀처럼 갈라지는 것들이 그들에게 보여 각 사람 위에 하나씩 임하여 있더니 그들이 다 성령의 충만함을 받고 성령이 말하게 하심을 따라 다른 언어들로 말하기를 시작하니라."

여기에 보면 마치 불의 혀처럼 갈라지는 것들이 그들에게 보여 각 사람 위에 하나씩 임하여 있더니 라고 말씀하고 있습니다. 이는 개인적으로 성령의 세례를 받아야 한다는 것입니다. 개인이 직접 성령의 세례를 받아야만 한다는 것입니다. 그러므로 성령이 충만한 교회에 다닌다고 자동으로 성령의 세례를 받은 것이 아닙니다. 이렇게 성령세례에 대하여 대충 알고 나름대로 성령이 충만하다고 소문난 교회를 다니면서 나름대로 성령세례를 받았다고 믿고 체험을 등한이 합니다. 이런 분들이 마음의 상처나 질병이나 영적인 문제로 고생하다가 자기네 교회에서 치유 받으려고 별별 노력을 해도 치유가 되지 않습니다. 치유 받을 곳을 수소문하다가 우리 교회에 찾아와서 비로소 성령세례를 체험하는 것을 많이 보게 됩니다. 우리나라에서 제일 성령 충만한 교회에 다녔다고 성령세례를 받은 것이 아닙니다. 성령의 세례를 받으면 자신이 체험적으로 알게 됩니다. 체험적으로 알게 되는 성령세례를 체험하시기를 바랍니다.

저에게 이런 상담 전화가 옵니다. 목사님 성령은 한번만 체험하면 되지 않습니까? 저는 몇 년 전에 부흥회에 참석해서 성령을 체험했습니다. 그래서 마음을 놓고 있는데 우리 목사님은 성령의 불을 날마다 체험해야 한다고 하십니다. 정말 날마다 성령의 불을 체험해야 합니까? 맞습니다. 불같은 성령의 체험을 날마다 해야 합니다. 그래야 우리 심령성전의 불이 꺼지지를 않는 것입니다. 심령성전의 불을 끄지 않기 위하여 우리가 기도하는 것입니다. 우리가 하루 세 번씩 밥을 먹는 것과 같이 내 심령성전의 성령의 불이 꺼지지 않도록 해야 합니다.

그래야 귀한 자신의 영을 자신이 지킬 수가 있습니다. 우리는 무시로 기도하여 성령이 충만해야 합니다. 그래야 시시때때로 들려오는 하나님의 음성을 들을 수가 있습니다. 하나님은 영이시기 때문에 우리가 영적인 상태가 되어야 영으로 하나님의 음성을 들을 수가 있는 것입니다. 또, 우는 사자같이 삼킬 자를 찾는 마귀역사를 가지고 이길 수가 있는 것입니다. (벧전 5:8) "근신하라 깨어라 너희 대적 마귀가 우는 사자 같이 두루 다니며 삼킬 자를 찾나니." 우리의 육체에서 나오는 힘으로는 마귀를 이길 수가 없습니다. 반드시 성령으로 충만한 상태가 되어야 마귀를 대적하여 이길 수가 있는 것입니다.

성령의 불은 날마다 받아야 합니다. 성령으로 충만 하려고 의지적인 노력을 해야 하는 것입니다. 그래서 하나님의 복을 받을 수가 있고 마귀를 이길 수가 있는 것입니다. 하나님은 이렇게 말씀하십니다. (엡 5:18)"술 취하지 말라 이는 방탕한 것이니 오직 성령으로 충만함을 받으라." 우리는 의지적으로 성령 충만 하려고 해야 합니다. 성령으로 충만하여 성령의 인도를 받아야만 합니다. (롬 8:14)"무릇 하나님의 영으로 인도함을 받는 사람은 곧 하나님의 아들이라" 하나님의 자녀는 필히 성령의 인도함을 받아야 된다고 말씀하고 있습니다.

92장 안수를 받으면 어떤 유익이 있나요

Q. 목사님! 안녕하세요. 저는 대전에 사는 서 집사입니다. 목사님의 책 "형통의 복을 받는 법"책을 읽고 은혜 받았어요. 목사님! 제가 믿음 생활을 하면서 마르게 알고 싶은 것이 있습니다. 바로 안수입니다. 우리 교회 목사님은 안수를 하지 않습니다. 어떤 이유인지는 몰라도 한 번도 안수를 하시는 것을 보지 못했습니다. 그런데 우리 교회 성도들은 안수를 받으려고 합니다. 어떻게 아느냐고요. 부흥회 때 부흥강사에게 안수를 받으려고 몰려들기 때문입니다. 안수를 받고 그렇게 좋아들 합니다. 대관절 안수에 무슨 영적인 비밀이 있기에 그러는지 저는 궁금합니다. 목사님! 부탁드립니다. 안수에 대하여 알려주세요. 메일 기다리겠습니다.

A. 저는 개인적으로 안수를 하지 않는 것보다 하는 편이 훨씬 유익하다고 생각하는 목사입니다. 저는 안수하기를 좋아합니다. 예배나 집회 때마다 모든 분들에게 두 번씩 안수를 해드립니다. 안수를 하면 성령으로 장악이 빨리됩니다. 질병이 좀 더 빨리 치유가 됩니다. 상처가 좀 더 빨리 치유가 됩니다. 안수를 하면 귀신이 좀 더 빨리 노출되고 떠나갑니다.

저는 어린이들을 안수하기 좋아합니다. 어린이들이 안수를 자주 받으니 육적으로 건강했습니다. 혈통에 흐르는 문제들이 사전에 치유되었습니다. 아이가 영적으로 변했습니다. 특별히 가계에 무당의 내력이 있든지, 점쟁이가 있든지, 스님이 있든지, 남묘호랭객교를 믿었던 사람이 이었던지, 정신적인 질병으로 고생한 사람이 있었든지, 영적인 질병으로 고생한 사람이 있었든지, 우울증, 공황장애 등의 질병이 가계에 있다면 어려서부터 권능 있는 목회자에게 안수를 받는 등, 어려서부터 영적인 관심을 가지고 치유하여 예방하는 것이 좋습니다.

제가 성령치유 사역을 하며 안수 할 때 많은 분들이 성령의 불세례를 체험합니다. 십년 이상을 성령체험하려고 이곳저곳을 헤매고 다녀도 성령을 체험하지 못한 분들도 몇 번만 안수 받으면 성령의 불세례를 체험합니다. 성령은 말이 아니고 실제라는 것을 체험합니다. 그리하여 많은 분들이 마음의 상처가 치유되고 구습이 치유되어 영적으로 변하니 한번 오시면 계속해서 오시면서 성령의 은혜를 체험합니다. 그리하여 목회자는 영계와 영안이 열려 목회의 길이 열려 목회를 잘하고 있습니다. 성도들은 불치의 질병이 치유되고 부부관계가 회복되고 재정의 문제가 풀리니 모두들 기뻐하고 있습니다. 이모든 면을 종합할 때 안수는 하는 것이 여러 가지로 유익합니다.

안수에 대한 견해들을 들어보겠습니다. ① 케네스 해긴 목사 "나는 기적을 믿는다."의 저자의 경우는 안수는 교회사역에 있어서 행하는 사역자와 행하지 않는 사역자와는 근본적으로 틀립니다. 그 이유는 안수를 행하는 사역자에게는 성령께서 피사역자가 권위를 느끼게 만들어줍니다.

예를 든다면 어떤 교회는 목회자가 설교와 다른 것들은 별 볼일 없는데도 그 교회가 충만한 이유는 그 목회자가 예배 후에 30분 이상 통성 기도를 하게 한 후에 안수사역을 하기 때문입니다. 그런데 안수를 안 하면 교회에 문제가 생긴다고 합니다. 저에게는 많은 목회자가 찾아오셔서 상담을 합니다. 와서 이구동성으로 하는 말이 안수를 하지 않았더니 교회에 문제가 생겼다고 합니다. 안수를 하세요. 안수를 자주 받으세요.

② 오랄로버츠 목사의 경우는 오른 손의 민감성을 이용합니다. 즉 그는 안수를 하면서 그 사람에 대한 영적 상태를 알아낸다고 합니다.

③ 저의 경우도 오른 손의 민감성을 이용하여 사역을 합니다. 손을 얹으면 상대의 삼령의 상태나 문제가 영의 막힘 등의 문제가 저의 손을 통하여 영으로 전이 되어 알게 됩니다. 이는 무어라고 글로 표현하기가 좀 난해합니다. 제가 조언하여 준다면 안수를 많이 해보라는 것입니다. 그러면 자연적으로 습득하게 될 것입니다.

안수사역자가 알아야 할 사항은 이렇습니다. 안수 받을 때 불세례를 체험합니다. 성령은 뜨겁게 기도하며 사모하는 자에게 역사하시어 체험하게 하십니다. 성령으로 뜨겁게 기도하는 자에게 안수 할 때 성령의 불세례가 임합니다.

(행8:17)"이에 두 사도가 저희에게 안수하매 성령을 받는지라" (행19:6)"바울이 그들에게 안수하매 성령이 그들에게 임하시므로 방언도 하고 예언도 하니"

이 말씀은 안수 자로부터 성령의 능력의 전이현상이 일어남을 의미합니다. 그러나 성령의 능력이 전이가 일어나는 사람이 있고 전이되지 않는 사람이 있습니다. 능력의 전이가 일어나는 사람은 마음이 열려 성령이 역사할 수 있는 심령이 준비된 영적인 사람입니다. 성령의 능력의 전이가 이루어지는 사람은 영적 교류가 이루어지고 있는 성령의 역사에 장악당한 사람입니다.

안수하는 사역자와 영적 교류가 이루어 질 수 있는 사람은 이는 믿음으로 받아드리는 사람이며 마음이 열려 있는 사람입니다. 강하게 성령의 능력전이가 이루어지면 안수 할 때 회개가 터지기도 하고, 방언이나 예언이 터지기도 하며, 질병이 치유되기도 하며, 잠복된 귀신이 발작하기도 하며 때로는 넘어지기도 하며, 혼수상태에 빠질 수도 있으며 심하면 입신의 경지에 이르게도 됩니다.

저는 보통 성령 집회 할 때에 안수를 많이 하는 편입니다. 그래서 안수 사역에 대하여 체험을 많이 했습니다. 그러나 아무렇게나 안수를 한다고 성령의 불세례를 받는 것이 아닙니다.

안수사역을 하는 영적인 방법이 있습니다. 우선 상대방이 안수를 받으려고 마음의 문을 열어야 합니다. 마음의 문이 열려서 안수를 받아야 성령의 역사가 일어나는 것입니다. 저는 상대방이 마음의 문이 열렸는지, 안 열렸는지 신체 일부에 손을 얹어 보면 당장 압니다. 하도 안수를 많이 해왔기 때문입니다.

그러면 마음이 열린 사람에게 먼저 안수를 합니다. 마음이 열리지 않은 사람은 기다리는 것입니다. 보통 다른 사람이 안수 받고 성령으로 충만해지면 마음을 열게 됩니다. 그러면 손을 얹고 안수를 합니다. 한 손은 머리에 얹고, 한손은 등 뒤에 얹고 안수를 합니다. 그러면서 안수를 받는 사람에게 호흡을 하게 합니다. 호흡을 들이쉬고 내쉬라고 합니다. 이는 성령이 역사할 수 있도록 통로를 열어드리기 위하여 하는 영의 활동입니다. 그러면서 가만히 손을 얹고 안수를 합니다.

사역자는 이러한 사람들에게 안수 할 때는 성령의 능력이 빨려 들어가는 듯한 느낌을 느끼거나 안수 받는 자는 뜨거운 기운이 자신에게 들어오는 것을 지각하게 됩니다. 성령이 더욱 강하게 역사 하는 상태와 조건을 이해하는 것이 능력이며, 말씀과 진리를 똑바로 알고 영적인 맥을 뚫어 평소에 영분별이 있는 영성훈련과 기도훈련으로 더 큰 능력이 전이 될 수가 있습니다. 능력의 전이가 일어나지 않는 사람은 그리스도인이라 할지라도 말씀으로 영이 깨어나지 않는 영적인 어린아이 즉 육신 적인 사람입니다. 여러 가지 장애 요인을 가지고 있는 사람으로서 ①영적 장애 또는, ②혼적 장애 혹은, ③육체적 장애를 지니고 있는 사람입니다.

안수할 때 이러한 것을 말해 속칭 "기도가 숙숙 잘 들어간다." 라고 말하기도 하며 생퉁이라서 "전혀 돌덩이 같다"라고 하기도 합니다. 사역자는 이러한 능력의 전이 현상이 잘 이루어지지 않는 장애요인을 잘 알고, 사역자는 영적인 장애를 제거하는 자신만의 방법을 가지고 있어야 효과적인 성령사역을 할 수가 있습니다. 이런 장애가 있는 사람은 말씀과 영의기도 찬양을 통하여 장애요인을 제거해야 합니다.

그러므로 사역자나 피 사역자 공히 성령 충만을 받는 자기 방법을 개발하여 자기 자신을 훈련시키며, 심령이 어린아이의 심령이 되는 영성훈련을 통하여 예수의 생명과 능력이 나타날 수가 있는 것입니다. 성도들에게 나타나는 이 장애요인을 처리 할 수 있도록 할 수 있는 자가 성령치유 사역자요, 영성훈련을 인도하는 인도자가 될 수 있습니다.

이러한 영적 혼적 육신 적인 장애 요인을 잘 이해하고 분별하는 것이, 육신의 질병의 원인이나, 영과 혼 즉 심령의 문제를 진단하는 영안이 열리는 요인 중에 하나요, 하나님의 나라를 이해하고, 진리를 헤아리게 되는 열쇠라 할 수 있습니다.

93장 영의통로를 뚫고 싶어요

Q. 안녕하세요. 목사님의 책을 읽으며 많은 도움을 받고 있습니다. 저는 천주교 수녀입니다. 학창시절 기독교 장로교회를 다니다가 주님께 제 삶을 바치고 싶은 생각이 들어 고민하던 중 수도자가 그 답일 것 같아 천주교로 개종을 하였지요. 막상 수녀가 되고 보니 그냥 조용히 기도하고 봉사하는 게 다가 아니라 말씀을 몸소 살고 전하며, 여러 성도들을 보듬어줘야 하는 사역자 직분이더라고요.

저는 개신교 미션스쿨을 다니는 동안 보고 들었던 열정적인 신앙생활을 마음깊이 소중한 추억으로 간직하고 있어요. 그때부터 성령님을 사모하다가 몇 년 전 겨우 방언을 하게 되었어요. 4년가량 되었는데 아직도 라라라 수준이지만요.

방언에 대한 책을 검색하다가 우연히 강요셉 목사님 저서를 보았고 "방언기도에 숨은 비밀", "영안은 이렇게 열린다","깊은 기도 체험하기","대물림된 고통을 끊어야 산다","성령의 불세례를 체험하라" 등을 통해 많은 도전과 유익을 받고 있습니다.

요즘은 〈대물림된 고통을 끊어야 산다〉 책을 가지고 기도하며 실제적으로 도움 받는 중입니다. (이 책에 실린 대로 기도하면 마음이 가벼워지고 후련해져요). 그리고 목사님의 육성이 담긴 CD 두 세트를 매일 듣고 있어요. 전 나름대로 성령체험은 한

거 같은데 불세례는 못 받았어요. 저도 성령의 불을 받고 싶고 성령님으로 온전히 장악되고 싶고… 또한 은사 받기를 원합니다.

물론 천주교 안에도 성령 쪽으로 나름의 프로그램이 있고, 그런 세미나에도 몇 번 참석해 보았습니다만 꼭 목사님의 안수를 받고 싶습니다. 제가 목사님 교회에 방문해도 될까요?

지금 〈성령의 불로 불세례를 받는 법〉 책을 읽으며 혼자 적용해보고 있는데 솔직히 스스로 책 보면서 하기란 정말 어려운 것이더라고요. 열심히 구하고 노력하고 있지만 제가 영감이 별로 발달하지 않아서 혼자 하기가 참 힘듭니다.

목사님 안수를 받으면 뚫릴 것 같은 생각이 들어요. 사실 당장이라도 가고 싶지만 제가 있는 곳이 지방이고 수도 생활을 하는 입장이다 보니 시간을 내기가 힘듭니다. 월요일만 쉬는 날인데…. 교회 홈피를 보니 월요일에는 별다른 프로그램이 없으신 거 같아요.

월요일엔 목사님도 쉬시는 날이겠지요. 만일 제가 가도 된다면 몇 달 후쯤…. 며칠 휴가를 받아 갈 수 있을 거 같습니다. 정말 영적 각성을 원합니다.

같은 하나님을 믿는 사람들이지만, 현실적으로 다른 이름으로 불리는 종교이다 보니 미리 허락을 구해야 할 것 같아서 이렇게 메일을 드렸습니다. 그럼 오늘 하루도 예수님 안에서 행복하십시오. ○○○ 수녀 드림

A. 할렐루야! 오셔도 됩니다. 저는 구분하지 않습니다. 모두 다 하나님의 자녀이니까요. 시간을 내서 오세요. 우리교회에 홈페이지에 보면 매주 화요일부터 목요일 까지 집회를 합니다.

화요일 11시전에 오셔서 특별 안수를 신청하세요. 그러면 해 드립니다. 영력 있는 사역자의 도움을 받아 영의통로를 시원하게 뚫어야 합니다. 오시면 뚫립니다. 수녀님은 지금 영의 만족을 누리지 못하고 있기 때문에 답답한 것입니다. 이 모든 것이 기도를 바르게 하지 못하기 때문에 발생하는 것입니다. 영의통로를 뚫고 기도를 바르게 해야 합니다. 2월초에 "성령으로 기도하는 법"책이 출판됩니다. 그 책을 보면 기도를 어떻게 해야 하는지 잘 기록이 되어있습니다. 감사합니다. 승리하세요.

영의통로를 뚫으려면 이렇게 해야 합니다. 영의 통로가 열리게 하려는 그 조건과 상태는 여러 가지이지만 첫째 의지를 발동해야 합니다. 본인이 영의 통로를 열겠다는 의지를 발동하여 불 같은 성령으로 세례를 받는 것이 제1의 원리요, 그 다음은 말씀과 성령으로 내적 치유하는 것이 제2의 원리요, 귀신 추방의 제3 원리입니다. 이 모든 것은 혼자의 영력이나 힘으로는 불가능합니다. 성령 충만하고 체험이 많은 사역자의 도움을 받는 것이 좋습니다. 아니 그렇게 하는 것이 빨리 영의 통로가 열리게 할 수 있습니다.

그리하여 생각이 영적으로 바뀌고, 마음이 감동되어, 마음의 열리면 성령이 역사하시니 영적인 믿음이 생겨서, 본인의 의지가 발동되어, 본인의 원하는 대로 기도가 되고 몸과 마음이 움직여지고, 적극적인 행동으로 옮겨지는 과정을 거쳐야 합니다. 이 영적 원리는 모든 것에 적용됩니다.

영의 통로가 열려 불이 나오는 기도를 하기 위해서 성도가 자신에 대하여 알아야 할 사항은 이렇습니다.

① 자신이 마귀의 공격을 받는 감정을 찾아내야합니다. 자신이 영성의 발전에 저해 요소를 찾아내어 제거 하라는 것입니다. 예로서, 잡념, 죄, 습관, 꿈, 생각, 잘 통제하지 못하는 것 등 등 을 찾아서 고쳐나가야 합니다. 어떻게 치유하느냐 말씀과 성령으로 깊은 역사에 의한 내적 치유와 깊은 영의 기도로 치유해야 합니다. 사람은 스스로 자기 통제가 가능하도록 만들어졌습니다. 그런데 오늘날 우리가 자기 통제를 못하는 이유는 죄성과 상처 때문입니다.

그러므로 예수를 믿는 믿음과 성령의 은혜 안에서는 이 모든 것이 회복되기 때문에 자기 통제가 가능합니다. 이것을 다른 말로 하면 성령의 은혜로 말미암아 공격받는 감정을 치유할 수 있다는 의미입니다. 자신의 공격받는 분야를 찾아 내적 치유하시기를 바랍니다.

② 자신의 공격받는 분야를 꼭 찾아내야 합니다. 예를 들어 혈기나 분노의 경우 자신의 상처와 조상의 유전까지 찾아 들어가야 합니다. 부계와 모계 쪽으로 계속 추적하여 찾아내세요. 상처라고 하면 태아, 유아, 소년기, 부모 등 원인을 찾아내야

합니다. 그래서 치유해야 합니다.

③ 그 죄와 관련된 지속적이고 뚜렷한 경험들을 파고 들어가세요. 그리고 지식의 말씀의 은사와 지혜의 말씀의 은사를 통하여 해결하세요. ⓐ 그때의 감정을 뿌리를 찾아서 제거하세요. ⓑ 거기에 레마의 말씀과 성령의 능력과 주님의 피를 뿌립니다. ⓒ 뿌리 뒤에 역사하는 영을 찾아내야 합니다. 그 찾는 이유는 그때 그 사건을 통하여 들어온 영을 찾아야 하기 때문입니다. 분명히 그 때 타고 들어온 것이 있습니다. ⓓ 그 영의 정체를 드러내고 쫓아내고 몰아내고 반대 영을 공급합니다. 이 원리는 모든 영적인 전쟁을 할 때 적용되는 원리입니다. 이 원리를 적용하여 영적인 전쟁도 하시기를 바랍니다. 더 많은 것은 "영의통로가 뚫려야 성공한다"를 참고하시기를 바랍니다.

94장 영적인 면에 관심이 많아요

Q. 목사님! 안녕하세요. 저는 서울 휘경동에 사는 박 집사입니다. 목사님의 책 "영분별과 기적치유"를 읽고 목사님을 알게 되었습니다. 저는 제가 생각해도 이상합니다. 영적인 면에 관심이 대단히 많습니다. 그런데 여기저기 다니면서 듣고 책을 읽어도 만족을 느끼지 못한 답니다. 목사님! 바른 진단과 조언을 부탁드립니다.

A. 우리가 바르게 알아야 할 것은 특별하게 상처를 잘 받고, 영적인 일에 관심이 많은 분들이 있습니다. 이곳저곳 신령한 사람을 찾아가 물어보는 것을 좋아합니다. 이곳저곳 다니면서 은혜를 받으려고 합니다. 신비하고 영적인 책을 좋아합니다. 이런 분들은 특별히 교회를 잘 찾아가야 합니다. 이유는 영육으로 치유를 받아, 영적으로 바르게 세워야할 필요성이 있는 사람이기 때문입니다. 처음에 바르게 알고 체험하면 영적으로 깊은 하나님의 군사가 될 수가 있습니다. 그러나 영적으로 바르게 양육을 받지 않으면 신비주의자가 될 수가 있습니다. 항상 공허한 마음으로 방황하는 성도가 될 수가 있습니다. 공허하다는 것은 영의 만족을 누리지 못한다는 말입니다.

또 다른 문제는 제가 그동안 성령치유사역을 하면서 체험한 바로는 이런 유형의 성도들 중에 과반수이상의 사람들이 나이가 들어 상처와 영적인 문제로 고생을 많이 하는 것을 보았습니다. 자신의 자녀 중에서 어려서부터 영적인 것에 관심이 많고, 또래들과 어울리지 못하고, 학교에서 따돌림을 당하는 경우가 있다면 미리 치유 받는 것이 좋습니다. 미리 예방을 하기 위하여 성령의 역사가 강한 교회를 다니면서 미리 치유 받고 영적으로 바르게 양육을 받으라는 것입니다.

영적인 면에 관심이 많은 분들의 유형을 두 부류로 나눌 수가 있습니다. 첫째, 조상이 무당이 있거나 샤머니즘의 신앙이 강한 분들입니다. 이런 분들은 예수를 믿고 교회에 들어와 바른 복음을 듣고, 성령으로 세례를 받아야 합니다. 기도를 성령으로 바르게 하도록 인도해야 합니다.

말씀과 성령으로 심령의 상처와 혈통의 문제를 치유해야 합니다. 그래야 성도로서의 정체성을 확립하고 바른 신앙생활을 할 수가 있습니다. 그렇지 않으면 신비주의자가 될 소지가 대단히 많은 분들입니다. 말씀은 뒤로하고 몸으로 나타나고 눈으로 보이는 면만 추구하는 절름발이 신자가 되기 쉽습니다.

이단에 잘 빠질 수도 있습니다. 보이는 면만 추구하다가 보니 분별력이 생기지 않아 생기는 자연스러운 이치입니다. 신천지가 이런 사람을 대상으로 포교를 많이 합니다. 신비스러운 말씀에 빠지면 나오기가 힘든 유형의 사람이지요. 이런 사람은 예수님을 믿는 것보다 능력이 있다는 사람을 추종하고 따르기 때문입니다.

두 번째는 성령으로 세례를 받은 후 성령님이 이끌고 다니면서 훈련시키는 사람입니다. 성령께서 영적인 면에 관심을 끌게 하여 체험하며 영적으로 깊어지게 하는 성도입니다.

참으로 축복받은 성도이지요. 성경에 나오는 요셉과 다윗과 같은 사람입니다. 성령께서 여러 가지 궁금증을 갖게 하시어 스스로 찾아 깨달아 알게 하는 성도입니다. 우리는 모두 이런 유형의 성도가 되어야 합니다.

95장 세상에 3종류의 성도가 있다지요

Q. 목사님! 안녕하세요. 목사님의 책을 통해 은혜 받고 있는 전주에 박 권사입니다. 목사님들이 설교 때에 성도들 중에도 육적인 성도가 있고, 이성적인 혼적인 성도가 있고, 하나님께 쓰임을 받는 영적인 성도가 있다고 하시는데 구분을 어떻게 할 수가 있습니까? 쉽게 이해할 수 있도록 설명해주셨으면 감사하겠습니다.

A. 예! 맞습니다. 성도들 중에도 육적인 성도가 있고, 이성적인 혼적인 성도가 있고, 영적인 성도가 있습니다. 첫째, 육적인 성도입니다. 세상에서 신에게 잘되게 해달라고 빌던 샤머니즘의 신앙의 잔재가 남아서 하나님이 해주시기를 빌면서 기다리는 성도입니다. 빌다가 안 되면 하나님이 살아계시는 것을 믿지 못하겠다고 불평불만 하는 성도입니다. 마치 모세를 따라 애굽에서 나와서 홍해가에서 죽는다고 악을 쓰고 있는 이스라엘 사람들과 같은 사람입니다. 요한복음 6장에 예수님께서 베데스다의 광야에 제자들과 함께 쉬러 가셨는데 그곳에 남자만 오천명 부녀자 기만명이 떼를 지어서 찾아왔습니다. 그래서 예수님의 말씀에 몰입해 있었습니다. 우리 주 예수님께서 병자의 병을 고치시고 귀신을 쫓아내시고 잘 걷지 못하는 자와 앉은뱅이를 일

으키시고 하나님의 기사와 이적을 행하셨습니다. 거기에 모여온 무리들이 정신이 정상이 못하고 침체되어 있었습니다. 그들이 마음에 정신을 차렸을 때는 이미 해 걸음이었습니다.

이제 베데스다 광야에서 가버나움까지 돌아가려면 상당히 거리가 멀고 시간이 걸리고 밤이 늦어야 들어갈 수 있게 됨으로 그들은 도저히 아무것도 먹지 못하고 시장기에 걸려서 걸어갈 수가 없었습니다. 그들은 그대로 들에 들러 누었습니다. 스스로 아무것도 할 수가 없었습니다. 이들이 육의 사람을 대표합니다. 스스로 시장기를 면할 수도 없는 사람입니다. 예수님께서 그것을 보시고 친근히 여기사 제자들을 불러놓고 말씀하셨습니다. 다른 사람의 도움이 없이는 살 수가 없는 사람들이기 때문입니다.

둘째, 이성적인 성도입니다. 하나님이 하라고 해도 계산하여 보고 될 수 있으면 순종하고 아니면 불순종하는 성도입니다. 요한복음 6장에 보면 여기에 빌립을 보시고 주님께서 먹을 것을 주라고 했는데 빌립은 혼의 사람, 이성에 사람을 대표합니다. 빌립은 즉시로 혼의 사람 마음에 사람의 하는 일을 그대로 합니다. 혼 즉 마음은 언제나 이성적이고 지식적이며 과학적입니다. 빌립은 즉시로 수판을 튀겨봅니다. 아무리 계산을 해 보아도 이 많은 사람을 먹이자면 이백 데나리온이라는 떡이 필요할 것이요. 또 이곳은 광야이니 떡 살 곳도 없고 돈도 없습니다. 이러므로 인간으로써 불가능하다고 할 수 없습니다.

안됩니다. 못 먹입니다. 이것이 결론인 것입니다. 이 마음의 사람 즉, 혼의 사람은 언제나 이성적인 계산과 과학적인 판단과 지식적으로 생각해 보고 거기에 안 되면 포기해 버립니다. 절망이라고 말합니다. 불가능이라고 말하는 것입니다.

셋째, 영의 사람입니다. 하나님이 하라고 하면 손해가 나더라도 이치에 맞지 않아도 순종하는 성도입니다. 요한복음 6장의 안드레는 영으로 사는 사람, 신령한 사람을 대변합니다. 안드레는 감각적으로 생각해 볼 때는 불가능합니다. 인간의 혼, 즉 마음으로 계산해 보아도 안 됩니다. 그러나 안드레는 신령한 사람이었습니다. 영으로 믿음으로 사는 사람입니다. 하나님께서 이 사람에게 먹을 것을 주라고 하셨으므로 어떻게 하던지 이 사람들에게 먹을 것을 줄 수 있다는 것을 믿었습니다. 이 사람들이 모두다 배불리 먹을 것을 꿈꾸고 이러한 기적을 하나님께서 일으켜 줄 수 있다는 것을 믿었기 때문에 그는 백성들에 가서 오병이어를 구해서 예수님께 갔다 받친 것입니다.

그러자 예수님이 문제를 해결하십니다. 예수님은 육신의 사람들과 함께 일하지 않았습니다. 이 혼, 즉 마음의 사람과도 일하지 않았습니다. 영의 사람인 안드레의 오병이어를 받으셔서 주님께서 그를 축사해서 위대한 기적을 일으켰다는 것입니다.

주님이 돌보와 주옵소서. 하고 가지고 나왔었습니다. 주님께서는 그 오병이어를 받으셔서 축복하시자 기적이 일어났습니다. 그 오병이어를 나주어 주자 그 많은 군중이 다 배불리 먹고 결국 남은 것을 모아보니 열두 바구니에 가득 찼더라는 것입니다.

오늘 우리 사람들은 그 가슴 속에 방송국 안테나 3개를 가지고 있습니다. 그리고 우리가 다이얼을 틀면 세 곳에서 방송이 들립니다. 육신의 사람이 되어서 방송이 들려옵니다. 눈으로 듣고 귀로 듣고 코로 냄새 맡고 입으로 맛보고 손으로 감각하는 육신의 사람인 것을 끝임 없이 방송이 들려옵니다. 이것은 현실적이고 환경적인 것을 자꾸 말해주면서 현실은 이렇다. 환경은 이렇다. 아무것도 못한다. 그러므로 두려워하라. 언제나 우리에게 방송이 들려옵니다. 그런가 하면 또 다이얼을 틀면 또 우리 마음속에 언제나 혼의 방송이 들려옵니다. 무엇이든지 지식적으로 생각하라. 과학적으로 생각하라. 이성적으로 생각하라. 그러므로 너의 현실적인 이성으로 바라볼 때 지식적으로 이성적으로 과학적으로 주판을 튀겨보니, 끝장이 났다. 너는 광야에 있다. 돈도 없다. 너는 낭패하다. 너는 실패했다. 너는 그러므로 할 수 없다. 못한다. 안 된다. 부정적인 음성이 들려옵니다.

그러나 영의 사람의 다이얼을 틀어놓으면 영의 사람의 다이얼에서 들려오는 것은 창세기부터 계시록까지 하나님의 약속이신 것입니다. 할 수 있거든이 무슨 말이냐. 믿는 자에게는 능치 못하심이 없느니라. 네 믿음대로 될지어다. 라는 말씀이 들려오는 것입니다. 죽은 자를 살리시며 없는 것을 있는 것 같이 부르시는 하나님 음성이 들려오는 것입니다. 그리고 예수님이 함께하시니 나는 할 수 있다. 하면 된다. 해보자. 내게 능력주신 자 안에서 능치 못하심이 없다는 하나님의 음성이 들려오는 것입니다.

95장 왜 신천지를 두려워하나요

Q. 목사님! 안녕하세요. 저는 부산에 사는 권 집사입니다. 목사님이 저술한 "불같은 성령의 기름 부으심"을 통하여 목사님을 알게 되었습니다. 영적인 깊이가 있는 책을 출간하여 주셔서 감사드립니다. 많은 성도들도 동일한 생각을 가지고 있을 것입니다. 저는 한 가지 궁금하기도 하고, 이상하기도한 이해할 수 없는 일이 있습니다. 그것은 다름이 아니라 신천지입니다. 우리 교회목사님도 신천지에 대하여 말씀을 많이 합니다. 국민일보를 보면 거의 매일 신천지에 대하여 언급합니다.

제가 알기로는 성도들이 자신의 교회에서 영의 만족을 누리면 다른 곳을 기웃거리지 않는다고 생각합니다. 그런데 왜 그렇게 신천지를 두려워하는지 이해가 안 됩니다. 왜 그럴까요? 목사님! 목사님은 영적치유를 오래 하셨으니 성도들의 영적인 면과 심리를 잘 아실 것입니다. 이해가 가도록 알려주시면 감사하겠습니다.

A. 목사님들이 신천지를 두려워하는 것이 아닙니다. 분별력이 없는 성도들이 미혹되어 잘못되지 않게 하려고 노력하는 것입니다. 성도들을 너무나 사랑하기 때문에 관심을 많이 갖는 것

입니다. 넓게 생각하여 좋은 면으로 이해하시기를 바랍니다. 세상에 어느 목사가 신천지를 두려워하겠습니까? 그것은 지극히 오해에서 비롯된 것입니다. 그런데도 신천지에 빠지는 사람이 있습니다. 어떤 유형의 성도가 그렇게 잘못된 곳이라고 강조해도 갈까요?

첫째, 어떤 사람들이 신천지에 빠지느냐 입니다. 저는 말씀과 성령으로 치유를 하여 영적으로 바꾸는 사역을 전문으로 하는 치유사역자입니다. 제가 나름대로 분석한 신천지에 빠지는 사람들은 상처가 많은 사람들입니다. 조상의 영향(무당, 점쟁이, 스님, 남묘호랭객교 등)으로 영적인 문제를 가지고 있는 사람입니다. 사람은 영적인 존재입니다.

상처가 많고, 영적인 문제가 많으면 영적인 면에 관심이 많게 됩니다. 그런데 상처와 영의 문제로 영이 막히게 됩니다. 영이 막히면 말씀이 들리지를 않아 방황하는 영혼이 됩니다. 여기 저기 영의 만족을 찾으려고 돌아다닙니다. 그래서 제가 늘 강조하는 말이 영의통로를 뚫으라고 하는 것입니다.

우리가 잘 몰라서 그렇지 많은 성도들이 영의만족을 찾아서 유명하다고 하는 곳은 거의 다 다닙니다. 정통교회 목회자들은 이것을 알아야 합니다. 담임목사님이 그런 곳에 가면 잘못된다고 합니다. 그러면 그럴 수 록 더 가보고 싶어 합니다. 호기심이 발동해서 그러는 것입니다. 그런데 여기 가서 들어보아도 영이 만족하지 않습니다. 저기 가서 들어보아도 답답한 가슴이 뻥 뚫리지를 않습니다. 갈급하여 돌아다닙니다. 그러다가 신천지 추수꾼에게 걸려듭니다. 이들이 접근하여 서서히 대화하며 인간관계가 맺기 시작을 합니다. 말이 통하면 정통교회의 말씀을 탓하면서 같이 불평을 합니다. 불평을 하다가 어느 정도 마음이 열리면 영적인 이야기를 꺼냅니다. 신천지에 대하여 들어보니 한번 가서 보고 듣고 싶습니다. 한번만 가보고 싶습니다.

그래서 날짜를 정하여 따라갑니다. 가서 말씀을 들어보니 들어보지 못한 신비한 말만합니다. 신천지 교주 이만희는 이것을 노리고 신비한 성경 구절을 잘 조합하여 전하기 때문입니다.

성도는 분별하지 못하고 신비한 말에 귀가 쫑긋하게 서서 듣습니다. 서서히 빠져 들어가는 것입니다. 그 정도가 되면 신천지 훈련된 사람들이 감언이설로 세뇌합니다. 세뇌되면 이만희 교주가 세상에서 제일 하나님과 가까운 사람이라고 믿게 됩니다. 자기의 영을 맞기고 구원할 사람은 이만희 교주 밖에 없다고 단정합니다. 분별력을 상실하게 됩니다.

둘째, 왜 신천지에 빠지면 나오지 못하느냐 입니다. 신천지에 들어가서 신비한 말을 1달 2달 3달 들으면서 서서히 신천지 영에게 사로잡힙니다. 원래 상처가 많고, 조상의 영향으로 영적인 문제를 가지고 있는 사람들이 신비한 것을 좋아합니다. 신비한 말을 듣다가 신천지 영에 사로잡히면 분별력을 상실하게 됩니다. 신천지에 역사하는 귀신이 3달이 지나면 거의 장악하게 됩니다. 이를 어떻게 알 수 있습니까? 신천지는 성령의 역사를 강조하지 않습니다. 성령의 역사가 일어나면 신천지 귀신이 떠나가기 때문입니다. 이는 어떻게 알 수 있느냐. 신천지는 영육의 병이 있는 성도와 나이 많은 성도를 포섭하지 않습니다. 귀찮고 쓸모없는 존재들이기 때문입니다.

치유하려면 시간이 걸리고 성령의 역사가 일어나야 하기 때문입니다. 치유해보았자 자기들의 목적달성에 이득이 없는 사람들이기 때문입니다. 그래서 상처와 영적인 문제는 있지만 멀쩡하여 쓸모 있는 사람만 포섭하는 것입니다. 영적인 면에 관심이 많은 건강하고 젊은 사람들을 모아다가 오로지 말씀, 말씀하면서 율법의 말씀으로 옭매기 시작합니다.

이렇게 하여 6개월이 지나면 완전히 신천지 귀신에 사로잡히고 세뇌되어 이만희가 하나님이라고 해도 믿어버립니다. 분별하려고 생각을 해도 몸과 마음과 생각이 따라주지 않는 로봇이 됩니다. 신천지 귀신이 그 사람을 장악했기 때문입니다. 그래서 가정도 팽개치고, 직장도 팽개치고, 학교도 팽개치고, 자녀도 팽개치게 되는 것입니다. 사람이 영적인 것에 빠지면 사리분별이 혼돈되기 때문입니다.

내세를 강조하니 현실은 안 보이고 오로지 내세를 위하여 정열을 투자하기 때문입니다. 이만희 교주는 이런 사람들의 심리를 알고 내세와 영적인 것에 관심을 갖도록 말씀을 전합니다. 사람의 심리를 이용하는 것입니다. 사람은 심리적인 존재이기 때문에 교묘한 공작에 넘어가는 것입니다.

셋째, 신실한 성도들이 신천지에 빠지지 않게 하기 위하여 어떻게 해야 하느냐 입니다. 말씀과 성령으로 성도들의 영을 깨워야 합니다. 성령으로 세례를 받게 하고 내면의 상처를 치유하여 영의통로를 열게 해야 합니다. 말씀과 성령의 역사로 영의통로를 열어 깊이 있는 영의 말씀을 전하여 영을 깨워야 합니다. 영을 깨워 영의만족을 누리게 해야 합니다. 어찌하든지 성령으로 치유하여 영의 말씀이 들리게 하여 교회에서 영의만족을 누리게 해야 합니다. 성령의 세례를 받고 심령을 치유하여 마음의 평안을 찾아 영의만족을 누리면 신천지에 가라고 해도 가지 않을 것입니다. 말씀 말씀할 것만이 아니라, 생명의 말씀이 되게 해야 합니다. 생명의 말씀이 되려면 성령이 역사해야 합니다. 말씀에서 성령의 역사가 일어나면 심령이 치유되어 성도가 영적으로 바뀌게 되어있습니다. 영적으로 바뀌면 분별력이 생깁니다. 분별력이 생기면 자기의 영을 지킬 수가 있습니다.

반드시 모든 교회가 성령의 역사가 일어나야 합니다. 성령의 역사로 말씀의 비밀을 깨닫게 하면 정통교회에서도 영의 만족을 누릴 수 있으니 신천지에 가라고 해도 가지 않을 것입니다. 자기가 다니는 교회에서 만족을 누리는데 누가 잘못된 곳에 가겠습니까?

그렇기 때문에 신천지에 가면 잘못된다만 홍보할 것이 아니라, 신천지에 가지 않아도 영의만족을 누리게 하는 것이 중요합니다. 우리 정통교회 목회자들의 수준을 올려야 합니다.

빼앗기지 않으려고만 할 것이 아니라, 빼앗아가지 못하도록 해야 할 것입니다. 그래서 정통교회 목회자들의 노력과 수고가 필요합니다.

이 책을 통해 예수님이 땅끝까지 전파 되기를 소원합니다.
(출판으로 인한 이익금은 문서선교와 개척교회 선교에 사용합니다.)

영적인 궁금증과 명쾌한 답변

발 행 일 | 2014.04.15초판 1쇄 발행

지 은 이 | 강요셉

펴 낸 이 | 강무신

편집담당 | 강무신

디 자 인 | 강은영

교정담당 | 강무신

펴 낸 곳 | 도서출판 성령

신고번호 | 제22-3134호(2007.5.25)

등록번호 | 114-90-70539

주   소 | 서울 서초구 방배천로 4안길 20(방배동)

전   화 | 02)3474-0675/ 3472-0191

E-mail | kangms113@hanmail.net

유   통 | 하늘유통. 031)947-7777

ISBN | 978-89-97999-21-7 부가기호 | 03230

가   격 | 18,000원